渋沢栄一とフランス

渋沢栄一とフランス

SHIBUSAWA Eiichi

三浦信孝＋矢後和彦 編

日仏会館創立百周年記念論集

水声社

序
――渋沢栄一、国際主義者にして愛国者

三浦信孝

本書は二〇二四年三月七日と八日の二日間、東京恵比寿の日仏会館ホールで開かれた日仏会館創立百周年記念シンポジウム「渋沢栄一とフランス」での報告をもとにした記録論文集である。渋沢栄一の最初の渡欧が一八六七年のパリ万国博覧会の折であることはよく知られているが、五百社近い民間企業を起こし、約六百の教育や医療・福祉の社会公共事業に関わった晩年の渋沢が、日仏会館の創立者でもあることを知る人は少ない。

本書の元になったシンポジウム初日が三月七日に設定されたのは、今から百年前の一九二四年三月七日に日仏会館が財団法人としての設立が認可された記念日にあたるからで、本シンポジウムは二年以上前から、日仏会館創立百周年記念行事の一つとして企画され準備された。

しかし日仏会館という組織をご理解いただく上で重要なことは、日仏会館は日本の公益財団法人で、設立当初から一九九五年に御茶ノ水から恵比寿に移転するまでは、長期・短期で来日するフランスの学者・研究者に宿舎を提供し、日仏共同で文化交流事業を推進してきたことであり、二〇二三年から二四年にかけて行われた数ある百周年記念行事のなかで、このシンポジウムは「公益財団法人日仏会館」と会館内に拠点を置く「フランス国立

日本研究所」との共催で行われた唯一の記念行事であることである。

日仏会館（Maison franco-japonaise）は一九二四年に「日本資本主義の父」渋沢栄一（一八四〇―一九三一）と「詩人大使」ポール・クローデル（一八六八―一九五五）の協力によって設立されたことになっている。その設立目的は、同年一月に十八人の設立委員が名前を連ねた「日仏会館設立趣意書」(1)にあるように、フランスから一流の学者を招いて先進的学術文化を日本に紹介し、合わせてフランスの若手日本研究者を受け入れて育成し、学術文化の人的交流をはかり、ひいてはフランス語を通して日本文化の対外発信に寄与することにあった。設立当初から相互的な日仏協力がうたわれ « réciprocité » が合言葉だったが、それが実現されるにはかなりの時間を要した。このことは、一九六六年に創設された「クローデル賞」がフランス語の文学や人文書の翻訳に与えられる翻訳賞だったのに対し、会館創立六十周年にあたる一九八四年に創設された「渋沢・クローデル賞」が、日仏それぞれ相手国の文化の優れた研究成果に贈られる学術賞に衣替えして現在に至っていることにも表れている(2)。

それでは、なぜ今回のシンポジウムが「渋沢栄一とフランス」をテーマにしたかと言えば、ポール・クローデルと日仏会館に関しては、一九六八年に日仏会館の雑誌『日仏文化』二三号がクローデル生誕百年記念号にあてられ、二〇〇五年には没後五十年、二〇一八年には生誕百五十年の国際シンポジウムが開かれ立派な論文集が出ている(3)のに対し、渋沢栄一と日仏会館の関係には十分光があてられてこなかったという暗黙の反省があったからだと思われる。

もちろん会館創立八十周年記念出版『近代日本と仏蘭西――10人のフランス体験』（大修館書店、二〇〇四年）には、巻頭にフランス文学者・鹿島茂の充実した講演「渋沢栄一　日本版サン＝シモン主義者」を掲載しているし、二〇一一年には同氏の二巻本の評伝『渋沢栄一』（文藝春秋）が完成した機会に再び「渋沢栄一とサン＝シモン主義」について講演してもらっている。『民間外交のパイオニア　渋沢栄一の国民外交』（藤原書店、二〇一三年）の著者・片桐康夫氏には刊行の翌年に「渋沢栄一の対外態度――フランスとのかかわりを中心に」と題して講演していただいた。他方、二〇一〇年にはシンポジウム「渋沢栄一とアルベール・カーン――日仏実業家の交流と社会貢献」が、二〇一七年には渋沢の渡仏百五十年記念シンポジウム「一八六七年パリ万国博覧会と幕末日本」が日仏会館ホールで開かれ、それぞれ報告書が出ている。しかし、これらはいずれも北区飛鳥山にある渋沢史料館で企画展を開いた渋沢栄一記念財団の主催で行われたもので、日仏会館は会場をお貸しして協力したにすぎない。そこで会館創立百周年にあたる二〇二四年には、福沢諭吉に代わって渋沢栄一が新一万円札の顔になることが予告されていたこともあり、その機会をとらえ会館の創立理事長である「渋沢栄一とフランス」に焦点をあてたシンポジウムを日仏会館の主催で企画することにしたのである。

一　日仏会館の創立理事長・渋沢栄一

事実、日仏会館は一九〇九年に設立された日仏友好団体「日仏協会（Société franco-japonaise）」を母体として、一九二三年九月一日の関東大震災の災禍にもかかわらず、その半年後の一九二四年三月七日に当時の文部大臣から「渋沢栄一子爵ほか二名」に「財団法人日仏会館の設立が民法第三四条により許可」されている。ほか二名というのは、いずれも明治初年にフランスに留学した工学博士の古市公威《こい》男爵と法学博士の富井政章《まさあきら》（二六年に男爵）で、二人とも後の東京帝大の学長ないし学部長経験者だが、当時は枢密顧問官だった。[4] 男爵や子爵といった爵位は、華族制が廃止されて久しい現代に生きる我々には煩わしく感じられるが、百年前の歴史的文脈において日仏会館の誕生を位置づける上であえて記載する。世襲制の爵位は三井・三菱（岩崎家）でも実業家は男爵どまりと決まっていたが、渋沢だけは例外で一九二〇年に子爵に昇格（陞爵《しょうしゃく》）した。[5]

古市公威（一八五四―一九三四）は姫路藩の貢進生として大学南校でフランス語を学び、明治八年に文部省の最初の留学生として渡仏、フランス革命期にできたエンジニア養成の名門校エコール・サントラルとパリ大学理学部を卒業した。帰国後は内務省土木局の技師・技監として河川治水や港湾建設の土木行政を牽引し、帝国大学工科大学初代学長を兼ねたほか、一八八六年に文部次官の辻新次と共に仏学会（Société de langue française）を設立して東京仏学校（法政大学の前身の一つ）の校長になり、一九〇九年に仏学会が日仏協会に改組されるとその理事長を長く務めた。渋沢との関係では、一九〇三年に渋沢が手掛けていた京釜《けいふ》鉄道株式会社総裁に就任し、京城・釜山間の鉄道を二年で速成し、全線開通させた。趣味は能楽で、一九〇五年に京釜鉄道が完成すると、その竣工式に日本から観世流の能楽師を呼び寄せ、能舞台を設けて祝能を催した。一九二三年一月には、能楽に詳しい法学者の杉山直治郎と連れ立って、クローデル大使を浅草の能楽堂で「翁」と「羽衣」の舞台に招待している。

　富井政章（一八五八―一九三五）は京都市生まれ、京都府仏学校で元長崎フランス領事のレオン・デュリーにフランス語を習い[6]、デュリーの跡を追って明治七年、東京外国語学校に入学、明治九年に来日したリヨンの実業家で仏教美術の収集家エミール・ギメの通訳をした縁で、翌年私費でリヨンに留学した。ギメ仏教博物館で働きながらリヨン大学法学部に学び、成績優秀ゆえに奨学金を得て博士課程に進み、都合四年かけて法学博士の学位を取得した。富井のすぐ後には、司法省法学校を首席で卒業した梅謙次郎（一八六〇―一九一〇）がリヨン大学に国費留学し法学博士号を取得している。富井・梅の二人とも、英国とドイツに留学した英法派の穂積陳重（一八五六―一九二六）に続いて、帝国大学法科大学教授から学部長を務めるが、一八九〇年公布のボアソナード民法が「法典論争」で施行延期が決まると、穂積・富井・梅の三人は法典調査会の主査委員に任命され、明治民法の起草にあたった。

　ついでながら、帝国学士院長から最後には枢密院議長を務めた穂積陳重（男爵）は、渋沢栄一の長女歌子の婿で、渋沢家の家法を定めるなど渋沢の法律顧問的役割を果たした。渋沢の経済顧問的役割を果たしたのは、次女琴子の婿の大蔵官僚・阪谷芳郎（一八六三―一九四一）である。一九〇六年に西園寺内閣の大蔵大臣にまで登りつめた阪谷は、東京市長を経て一七年に貴族院男爵議員に選出されるが、他方で一九一二年に大日本平和協会に渋沢を引き込み、日米関係委員会に参加し、国際連盟協会では添田寿一（一八六四―一九二九）と共に副会長として渋沢を支えている。穂積も阪谷も添田も親仏派学識人サークルの一員ではないが、渋沢の実業界のみならず学界・官界の豊富な人的ネットワークを知る上で鍵になる、記憶にとどめておくべき名前である。

さて、第一次世界大戦が終わった翌一九一九年に、フランス政府は連合国側に立って共にドイツと戦った日本にリヨン大学使節を派遣して、東京に日仏の知的接近のための共同文化機関を設立する可能性を調査させる。そのとき大学使節を岳父渋沢に取り次いだのは帝国学士院長だった穂積である。渋沢は八月四日に大学使節のリヨン大学区長ポール・ジューバンとリヨン大学東洋語教授モーリス・クーランを飛鳥山邸の午餐会に招き、穂積・阪谷や親仏派重鎮の古市・富井と共に大学使節の話を聞いて、原則的に協力を約束する。渋沢が五年後に設立される日仏会館のプロジェクトにかかわることになるきっかけである(7)。

一九二四年三月七日に財団法人としての設立認可が下りたあと、丸ノ内の東京銀行倶楽部で創立委員会を開き、渋沢栄一が日仏会館理事長に選出され、渋沢は古市と富井を副理事長に任命する。しかし三月七日は書類の上での日仏会館の誕生日であって、公式の設立式典は同年十二月十四日に丸の内の日本工業倶楽部(8)で、閑院宮殿下の主催により、加藤高明首相、幣原喜重郎外相、岡田良平文相、辻新次枢密院議長の出席を得て盛大に執り行われた。閑院宮載仁《ことひと》親王（一八六五―一九四五）は一八八二年から八年間サンシール陸軍士官学校、ソーミュール騎兵学校、フランス陸軍大学校に学んだ軍人皇族で、一九二一年の皇太子裕仁《ひろひと》親王の欧州外遊に随伴している(9)。閑院宮は日仏協会の総裁だったが、そのまま日仏会館の総裁を兼ねることになった。一九二四年に渋沢は八十四歳、晴れの開館式に風邪をこじらせ出席できず、副理事長の古市が代わって挨拶に立ったが、「詩人大使」クローデルの雄弁な演説が人々の記憶に残ることになる。クローデルは日仏会館の名誉理事長に推されてこれを受諾し、翌年一月に遠隔地の外交官に許される賜暇《しか》を得て帰国している(10)。

しかし、日仏会館が「煙草王」こと富豪村井吉兵衛が提供する永田町赤坂山王台の広壮な洋風別邸に居を構え、実質的な学術交流活動を始めるのは、開館式から一年おいて一九二六年のことである。関東大震災の災禍を免れた村井邸は、二五年まで内務省帝都復興局が使用していた。二六年になってフランスが派遣した留学生や学者が次々に到着する。留学生は会館に寄宿するので「パンショネール（pensionnaire）」と呼ばれるが、一月に若手日本学者のシャルル・アグノエル、二月に地理学アグレジェ（高等教育資格保持者）のフランシス・リュエランが夫妻で到着する。同じ二月にはフランス医学アカデミー代表幹事のシャルル・アシャール博士が来日し、四月まで各地で巡回講演をする。初代フランス人ディレクターに任命されたコレージュ・ド・フランス教授のインド学者シルヴァン・レヴィが九月に到着するまでは、レヴィの弟子でガンダーラ仏教美術の発掘にあたっていたアルフレッド・フーシェがアフガニスタンから直行して臨時ディレクター代理を務めた。渋沢栄一はフランスの学術スタッフが出揃った二六年三月に、アシャール、フーシェの両教授と、一年間の休暇から帰国したクローデル大使を飛鳥山邸の午餐会に招き、日仏会館の役員と共に会館の順調な出発を祝っている。

九月にシルヴァン・レヴィが夫妻で到着すると会館主催により日仏会館で歓迎午餐会が催され、六十名が参加する。しかしレヴィは既に一九二三年一月から四月まで東大と京大の招きによる講演旅行で来日したとき、夫妻で飛鳥山邸の午餐会に招かれており、また東大宗教学講座初代教授の姉崎正治（一八七三―一九四九）の仲介により民間のフォーラム組織「帰一協会」でフランスにおける宗教について講演している。姉崎は一九一九年にレヴィの招待によりコレージュ・ド・フランスで講義した最初の日本人学者で、日仏会館の設立準備で渋沢を助け、設立当初から常務理事の任にあった。

「会館の順調な出発を祝って」と書いたが、実はシルヴァン・レヴィが着任する前の二六年七月に、渋沢・古市・富井とクローデルの間で日仏会館の運営をめぐりやりとりがあった。本書第三章のミッシェル・ワッセルマン「クローデル、渋沢栄一、日仏会館」に詳しいが、フランス人ディレクターの肩書きと権限に関する協議である。仏外務省の対外事業部内に設置された日仏会館パリ委員会が二六年二月の会合後、日仏会館日本委員会（会館理事会を指す）宛に発した書簡で、日仏会館はフランスが派遣する大学教授がディレクターとして、フランス人と日本人のセクレタリーに補佐されて管理運営すると言ってきたのに、日本側は反発する。理事長の渋沢は自らを「ディレクター」、副理事長の古市と富井は「サブディレクター」として署名する七月二十四日付のクローデル大使宛で、日仏会館は日本側が土地・建物を取得してフランス人学者に宿舎を提供するのだから、フランス人ディレクターがもっぱら会館の運営にあたるというのは筋違いであると抗議する。この書簡を受け取ったクローデルは二日後に常務理事の木島孝蔵（元リヨン駐在日本領事）に宛てて、日仏会館の土地・建物は日本側が提供して管理し、館内での学術活動はフランス人ディレクターが仕切るという「容器と中身」の分担方式を提案した。「容器」は日本側、「中身」はフランス側の分担という、フランス語で《 contenant/contenu 》と呼ばれるクローデル方式である。日本側理事会には第一級の学者が多く（それは現在も変わらない）、日本人が「中身」に参加しないのであれば、日仏会館理事長はフランス人学者に宿舎を提供するだけのホテルの支配人にすぎなくなるではないか。七月三十日に日本側とクローデルの間で会合が持たれ、フランス人ディレクターは会館の理事会メンバーになり、日本側常務理事と協議して学術交流プログラムの作成にあたるという合意が成立する。

クローデルは一九二七年二月、大正天皇の大喪の礼に参列したあと次の任地ワシントンに向けて離日するが、問題は彼の在任中には解決しなかった。一九三〇年七月二十九日に渋沢はクローデルの二代後のド・マルテル大使宛に、日仏会館は理事会の長が「主人」であり、フランスが派遣する碩学を会館の「客人」として迎え協力して事業にあたるという「主人と客人（maître et hôte au sens d'invité）」の関係にあることを喚起する。[11] 書簡は法学者の富井かその弟子の東京帝大法学部フランス法教授の杉山直治郎常務理事（一八七八—一九六六）が書いたものだろうが、「主人と客人」の表現は、数多くの外国の賓客をもてなし信頼関係を築いた渋沢の発想と見て間違いないだろう。翌三一年七—八月にようやくフランス人ディレクターの肩書きを「Directeur français à la Maison franco-japonaise 日仏会館フランス学長」とすることが渋沢理事長とド・マルテル大使の間の書簡で確認された。

にもかかわらず、フランス側は通称の「Directeur de la Maison franco-japonaise」を使う傾向があった。日本語に訳せば「日仏会館館長」になってしまう。[12] 会館の宿舎最上階に家族で住まい、寄宿研究員を指導し講演会や出版など学術事業を取り仕切るフランス人の碩学を「館長」と呼ぶ習慣がいつの間にか生まれ、戦後まで長く続いた。フランスの学術文化の移植に熱心で、フランスが先生で日本が生徒という「maître et élève」関係にあった時代の名残りである。

赤坂山王台の村井邸は一九二七年の金融恐慌で村井銀行が倒産すると、東京府が中学校建設用の敷地として買い取る。建物は解体されて部材は仏大使館に保管され、一九二九年にそっくり御茶ノ水に移転され再建される。しかし三十年後にはさすがに老朽化が進み、一九五八—六〇年に鉄筋コンクリートの新館に建て替えられる。その時期にフランス学長だったソルボンヌ大学法学部教授ルネ・カピタンは、ドゴール政権の文相、帰任後に法相を務めた大物で、日仏会館中興の祖とも言うべき存在である。カピタンは前置詞の à と de の違いに注意を促し、自らは「Directeur français à la Maison franco-japonaise」と署名し、決して「Directeur de la Maison franco-japonaise」を名乗らなかった。しかし会館内のフランス研究所には行政上の名称がなく、そのためフランス外務省はこれを日仏会館そのものと見なす傾向があり、日本側との間で時に生じる軋轢の元になっていると書いている。[13]

正式の機関名称がないので便宜的に「日仏会館フランス事務所」と呼ばれていたフランスの研究組織は、二〇〇七年にフランス外務省と国立科学研究センター（CNRS）の管轄下にあるフランス共同海外研究所の一つUMIFRE 19として位置づけられ、二〇一八年に「Institut français de recherche sur le Japon à la MFJ 日仏会館・フランス国立日本研究所」を名乗ることになる（ただし中黒「・」は at の意味）。かつての「日仏会館フランス学長」の肩書きは「フランス国立日本研究所所長」に変わった。重要なことは、日仏会館の土地・建物のオーナーは民間の会員組織「公益財団法人日仏会館」であって、同じ屋根の下でフランス国立日本研究所に活動の場を提供し、協力して日仏間の学術文化交流事業を行っていることである。

日仏会館はビジネス用語で言えば日仏が半々で資本参加する「合弁事業《ジョイントベンチャー》」ではなく、持続可能な組織づくりのベテラン渋沢が「合本主義」に基づいて作った日本の公益財団法人で、フランス国立日本研究所との関係は「容器と中身」ではなく、まさしく渋沢のいわゆる「主人と客人」の対等な関係として再定義されている。本書の元になった会館百周年記念シンポジウム「渋沢栄一とフランス」は、日仏会館創立者としての渋沢栄一の承認要求の試みであり、それが「官」のフランス国立日本研究所と「民」の財団法人日仏会館の共催で行われたことの深い意義はそこにある。

シンポジウム初日の開会式には、中島篤志（公財）日仏会館理事長とフィリップ・セトン駐日フランス大使、トマ・ガルサン フランス国立日本研究所長が挨拶に立ち、二日目最後の閉会の辞で渋沢栄一財団・渋沢史料館の井上潤顧問に全体の見事な総括をしていただいた。二日間を通し、日本側六人、フランス側六人（正確にはうち一人は英国人）の計十二人が登壇し、経済史から文学、社会思想、国際関係にわたる学際的アプローチで渋沢栄一の多面性を浮き彫りにした。三月のシンポジウムに先立つ新春早々に、渋沢栄一財団の樺山紘一理事長に日仏会館の教養講座で「渋沢栄一の時代——世界と日本の歴史のなかで」と題し四回講義していただいたので、「福沢諭吉と渋沢栄一」について本書に執筆をお願いした。井上潤顧問の総括とともに本書終章に掲載している。

二　親仏派実業家・渋沢栄一の九十一歳の生涯

渋沢栄一とフランスの関係で決定的に重要なのは、言うまでもなく、栄一二十七歳のとき、一八六七年のパリ万国博覧会に将軍徳川慶喜の名代として派遣された徳川昭武一行の随員として渡仏し、一年半滞在した留学経験である。若い時の留学は、功成り名遂げてからの外遊とはわけが違う。

ナポレオン三世のフランス第二帝政期（一八五二―一八七〇）は、皇帝自らが唱導し、経済顧問のミッシェル・シュヴァリエが推進するサン＝シモン主義によって、飛躍的に産業化が進んだ時代だった。オスマン男爵による大改造が行われたパリで一八六七年に開かれたパリ万博はその成果を国内外に誇示する集大成的事業だった。慶応三年一月に横浜を出航した昭武一行は、スエズ運河は建設中だったのでアレクサンドリアまで汽車で行き、海路五十二日かけてマルセイユに到着すると、汽車でパリに向かい、リヨンで一泊し、パリに着くとグランドホテルに投宿する。渋沢は、スエズ運河が株式会社による事業であることを知って驚くが、スエズ運河を構想したのはサン＝シモンの高弟プロスペル・アンファンタンで、実現したのがフェルディナン・ド・レセップスであることも、パリ・リヨン・地中海鉄道（ＰＬＭ）を建設したのがエコール・ポリテクニック出のサン＝シモン主義者ポーラン・タラボであることも知らなかったかもしれない。日本で初めて鉄道が開通したのは、一八七二（明治五）年の新橋―横浜間だから、物質的技術文明における我彼の差を渋沢は痛いように感じたに違いない。見るもの聞くものすべて新しかったが、渋沢は特にパリの日本名誉総領事として昭武一行の世話をした銀行家フリュリ＝エラールから、フランスの経済・金融の仕組みを実地で学んでいる。

しかし、大政奉還に続く王政復古で政権が明治新政府に移ったため、やむなく留学を中断した徳川昭武に従って翌年、すなわち明治元年の秋に帰国した。帰国後は駿府静岡に謹慎蟄居していた主君徳川慶喜を訪ね、その地に止まって銀行と商社を兼ねた「商法会所」を設立して藩の財政を支援する。しかし一年もしないうちに明治新政府から呼び出され、大隈重信に説得されて民部省に出仕し、租税正と改正掛長を兼ねて八面六臂の働きをする。だが藩閥政府内での出世は望まず、大久保利通と予算をめぐって対立し、四年後の明治六年に井上馨と共に大蔵省を退官すると、日本最初の第一国立銀行を設立して総監役に就任し（バンクを「銀行」と訳したのは渋沢だといわれる）、官尊民卑の風を打破するため、「民」の立場に立って国の経済発展に尽力する。『論語』の教えを読み替えて「道徳経済合一説」を唱え、「合本主義」によって五百社近い企業を設立し、六百近い教育や福祉の社会公共事業や国際交流に関わった。一九二四年に設立された日仏会館は、「公益の追求者」だった渋沢[14]が後世に残した遺産のうち後者の例の一つ数えられる。

日仏会館は非営利の公益財団法人だが、渋沢の道徳経済合一説で驚くべきは、営利目的で設立される私企業にも「公益」との合致を求めていることである。「合本主義」は渋沢がフランスで発見した「株式会社」とまったくの同義ではなく、それより広い組織原理である。渋沢栄一財団研究部の「合本主義研究プロジェクト」の成果『グローバル資本主義の中の渋沢栄一』[15]（東京経済新報社、二〇一四年）で、木村昌人は合本主義を「公益を追求するという使命や目的を達成するのに最も適した人材と資本を集め、事業を推進していくという考え方」と定義し、人的ネットワークの重要性を強調している。島田昌和は岩波新書『渋沢栄一』（二〇一一年）の「はじめに」で、「企業に営利・非営利を含めた社会的問題に対処する事業体」との定義を与え、本の副題で渋沢を「社会企業家の先駆者」と呼んでいる。営利と非営利を問わず公益に資する「事業の立ち上げから安定的な運営に至る過程すべてに責任を持つ「社会企業家（ソーシャルアントレプナー）」だというのである。ただし社会企業家は単独では起業しない、「合本主義」により協力者を集めて起業する。日仏会館は初めこそ政府の助成金があったが、渋沢栄一の「合本主義」の考えによって起業された、日仏文化交流の発展を公益目的とする民間の財団法人だと言える。

実業界のリーダーとしての輝かしい経歴に終止符を打って、渋沢は二つの機会を捉えて実業界から引退する。最初は、古稀を迎える一九〇九年に、第一銀行を除く大半の関係会社役員の辞任を宣言する。その動機は三つあり、「第一は幕末史を著述して恩主徳川慶喜公の進退を明らかにしたい為、第二には、済貧恤救《せいひんじゆつきゆう》の事業に多くの力を注いでみたい為、第三は及ばずながら教育にも一臂《いちひ》の力を添えたい為」と『青淵百話』八七「老後の思い出」にある。『徳川慶喜公伝』全八巻の刊行は一九一八年で、慶喜公の死から五年後のことだった。

二つ目の機会はそれから八年後、喜寿を迎える一九一六年で、第一銀行頭取も辞し、実業界を完全に引退する。この時は、自分が取り組む「老後の三事業」として、「経済と道徳の一致」「資本と労働の調和」「細民救済手段の統一」を挙げている。「経済と道徳の一致」は道徳経済合一説の普及活動、「資本と労働の調和」は一九一九年に設立する「協調会」による労使関係の調整と改善、「細民救済手段の統一」は養育院をはじめとする社会福祉事業への取り組みを指す[16]。

しかし一九一六年は欧州大戦が始まって三年目であり、その帰趨はまだ見通せない。この時はまだ大戦後にはじまる日仏会館の計画や国際連盟協会での国際平和への取り組みは予想もされていない。「国民外交」による国際協調の仕事は、大戦前から始まってはいたが、一九一九年から、いわば老後の四番目の事業に追加され、渋沢の主要な関心事になっていく。

明治の終わりを待たずに亡くなった福沢諭吉と違って、日露戦争を経て大正デモクラシーから昭和の初めまでを生き、満州事変が起きた一九三一年に亡くなる渋沢の生涯は、偉大な実業家の一生として括れきれないほど長く変化に富む。渋沢の年譜は巻末に掲げるが、その生涯を幾つかの時期に分けるなら、以下のようになるだろう。

第一期　一八四〇—一八六三（誕生から二十三歳まで）……漢籍を学び家業に従事し攘夷運動に走るまで。

第二期　一八六四—一八六八（二十四歳から二十八歳まで）……一橋家仕官から幕臣として渡欧した時期と一八六九—一八七三（二十九歳から三十三歳まで）大蔵省に出仕した時期。この二つの時期を合わせ、今年百歳を迎えられた渋沢雅英氏は「奇跡の十年」と呼ぶ（『渋沢栄一、奇跡の10年』二〇二〇年）。

第三期　一八七三—一九〇八（三十三歳から六十八歳まで）……実業家として活躍した時代。

第四期　一九〇九—一九三一（六十九歳から九十一歳まで）……社会公共事業と国民外交に尽力した時代。

三　渋沢栄一の多面性を映す本書の構成

以上を長い前置きとして、四章から成る本書の構成を順に説明していくことにする。

第一章は一八六七年の渡欧経験から近代日本に資本主義経済を植え付けた渋沢の足跡をたどる。最初の報告は、幕末維新以降の日仏交流史の第一人者クリスチャン・ポラックによる「渋沢栄一とフランス企業」で、一八六七年のパリ万博使節団の一員として渡仏した渋沢の日々の行動をたどり、一九〇二年のフランス再訪時と合わせ、渋沢がフランスのどのような企業を訪ねたかを追跡する。渋沢にフランスの経済・金融の仕組みを教えたのは、駐日フランス公使レオン・ロッシュの推薦でパリの日本名誉総領事に任命された銀行家フリュリ＝エラールとされるが、ソシエテ・ジェネラル銀行頭取で帝国郵船（一八七一年にメサジュリ・マリティムに社名変更）の取締役ジャック・クーレの役割も重要だとする。

ポラックは最後に、渋沢が帰国後大蔵省に出仕した時に関わった官営富岡製糸場を引いて、渋沢がフランスで学んだことを日本でどう活かしたかの最初の例としている。

続いて、本書の共編者でフランス経済史の矢後和彦は、渋沢が最初に渡仏した一八六七年と三五年ぶりに再訪した一九〇二年における日本とフランスの資本主義のありようを歴史的に検証する。それぞれの経済成長率、四〇〇〇万人台までの人口増、円とフランの交換レート、「金本位制」への移行時期が比較され、以上を踏まえた上で矢後は「自由主義と保護主義」に関する渋沢の視点の変化を分析する。

一九〇二年のフランス再訪では、その収穫の一つとして、一八六三年の創業以来四十年間にわたってクレディ・リヨネ銀行の頭取だったアンリ・ジェルマンとの面会があげられる。

矢後論文の大きな貢献は、日本の「社会国家への歩み」における渋沢栄一と大蔵官僚のエコノミスト添田寿一（一八六四―一九二九）との対立と協力関係を明らかにしたことである。日本における労働者保護の「工場法」は一九一一年に制定されるが、はじめのうち推進派の添田と時期尚早という渋沢は対立した。しかし一九一九年に渋沢が資本と労働の調和を目指して「協調会」を設立すると、添田は理事として参加している。渋沢は一九一三年のカリフォルニア州排日土地法に対処するため、添田をアメリカに派遣しており、さらに一九一六年に立ち上げる日米関係委員会に添田を誘っている。第一次大戦後のパリ講和会議には渋沢によってパリに派遣され、一九二〇年に渋沢を国際連盟協会の会長に押し立て、自らは副会長として協会の活動を支える。一九二一年十月に添田は、ワシントン会議視察で四度目の渡米を果たす渋沢に随行するなど、宗教学者の姉崎正治が渋沢の右腕だとすれば、経済学者の添田寿一は渋沢の左腕だった。

三番手は、前掲書『渋沢栄一、社会企業家の先駆者』や『原典でよむ渋沢栄一のメッセージ』（岩波書店、二〇一四年）の著書で知られる日本経済史の島田昌和である。島田は渋沢栄一の視点から見た「近代日本におけるフランスとドイツ」という、これでまで渋沢研究で取り上げられなかったテーマに挑戦する。

渋沢は最初の渡仏で昭武に随行してスイス、オランダ、ベルギー、イタリー、イギリスを巡歴しているが、ドイツまでは行けなかった。一九〇二年の米欧視察旅行で初めてドイツを訪問してクルップ社を見学し、「獨逸の商工業が実に盛んなることは亜米利加に続いて驚くべきこと」、「今後欧羅巴で獨逸が一番盛んなる所になりはせぬか」との感想を残す。日露戦争の時は、フランスは露仏同盟ゆえに日本の外債を引受けなかったが、日英同盟を結んでいたイギリスは日本の外債を引受けた。フランスは日本が大国ロシアを破ったのを見て一九〇七年に日仏協約を結び、一二年には日仏銀行が設立される。一九一七年に欧州大戦が始まると、渋沢はドイツ軍の中立国ベルギー侵略占領の暴虐を批判して、日本のドイツに対する宣戦布告を支持する。正義人道に悖るドイツに対する批判は、一九〇〇年にドイツに留学し皇帝ヴィルヘルム二世のキール軍港での黄禍論演説を聞いてドイツ嫌いになった東大宗教学教授姉崎正治の影響もあるだろう。

第二章は、道徳・経済・宗教をキーワードに渋沢の思想に光をあてる。

「渋沢栄一とフランス」をテーマにした本書に、主人公である渋沢自身の言葉がないのはおかしいので、晩年の渋沢が行った二本の有名な講話を掲載することにした。一九二三年六月十三日の「道徳経済合一説」と、一九二八年十一月十一日の国際連盟の平和の精神を説いた「ご大礼に際して迎うる休戦記念日について」である。「ご大礼」とはその前日、京都御所で行われた昭和天皇の即位式で、高齢の渋沢は参列を見合わせたが、一九二六年から世界大戦の休戦記念日に欠かさず行なっているラジオ放送には出向いたのである。

日仏会館でのシンポジウムには参加していないが、フランスには日本語の原資料を読み込んで『渋沢栄一、日本資本主義の建設者』と題する大部の評伝を書いた優れた渋沢研究者クロード・アモンがいる。[17] アモンの評伝は本書でもデュフルモン、フリダンソン、ハンターが参照ないし引用している。幸いアモンには渋沢の経歴と思想を簡潔に紹介する形で上記二本の渋沢の講話を解説した論文 Claude Hamon, « Éthique et diplomatie chez Shibusawa Eiichi (1840-1931) », *Ebisu*, nº 34, 2005 がある。[18] そこでこれを「渋沢栄一における経済倫理と民間外交」として訳出掲載した。アモンは渋沢の思想の特徴を「伝統主義的イデオロギーと近代的アソシアシオン主義の結合」のうちに見ている。

続くエディ・デュフルモンの「渋沢栄一と中江兆民の利義思想」は、明治の日本に導入された資本主義と儒教の関係を論じる。デュフルモンはルソーの『社会契約論』を『民約訳解』として漢文訳し、自由民権運動に影響を与えた中江兆民の研究者で、『三酔人経綸問答』『一年半後・続一年半後』仏訳の共訳者である。兆民は渋沢より七歳下で、維新前の一八六七年に渡仏した渋沢の四年後に岩倉使節団の留学生として渡仏しているが、第二帝政期と第三共和政初期では学んだものは異なるだろう。帰国後、仏学塾を開いた兆民と実業家の道を選んだ渋沢の間には、一九〇一年に兆民が没するまでなんの交流もなかった。

デュフルモンによれば、兆民はルソーを漢文訳する前に三島中洲の二松学舎で漢文を習い、一八八〇年に二松学舎の雑誌に「論公利私利」を発表、「利に依《よ》って行えば恨み多し」という孔子の言葉を引いて「利」が「義」と合致すべきことを説いた。三島中洲はそれから遅れて一八八六年に東京学士院で「義利合一論」を発表しており、さらにその後、渋沢は三島中洲の影響を受けて「道徳経済合一論」を唱えた。「論公利私利」（デュフルモンによる仏訳は《Sur l'intérêt public et l'intérêt privé》で兆民は、「義」にかなった「利」でなければ「公利」ではなく、個々人の「私利」から「公利」が生じるとするベンサムやミルの功利主義を批判する。他方、同じ『論語』里仁篇の一句を引く渋沢は『論語講義』で、企業活動の動機として私利の追求を認めるが、私利の追求が公利を無視して行われれば他から恨まれるとした[19]。

「利（intérêt）」と「義（justice）」をめぐるデュフルモンの問題設定は普遍的な政治哲学の問いで興味深い。しかしその論文の第一部と第二部は、兆民が門下生と翻訳紹介した十九世紀フランスの自由主義経済学と共和主義哲学からいかにして「アソシアシオン（結社）」に基づく兆民の「リベラル社会主義」が生まれたかの分析にあてられ、肝心の渋沢と兆民の「利義思想」の比較は第三部に回される。結論は見てのお楽しみにせざるを得ない。

三番手は、『ライシテ、道徳、宗教学――もう一つの十九世紀フランス宗教史』（勁草書房、二〇一〇年）で翌年「渋沢・クローデル賞」を受賞した宗教学の伊達聖伸による「渋沢栄一の精神的右腕・姉崎正治のフランス・ネットワーク」である。

姉崎正治（一八七三―一九四九）は、島田論文にあるように東大宗教学講座の初代教授で、渋沢が日本女子大学校を創立した成瀬仁蔵の呼びかけに応じて一九一二年に設立したフォーラム組織「帰一協会」で、渋沢の右腕となって活動を支えた。一九〇七年には、フランスの親日派銀行家アルベール・カーンが東大に寄附した世界周遊奨学金で二度目の外遊を果たし、フランスやイタリアのラテン系文化に深い親近感を覚えている[20]。一九一三年から二年間、渋沢も関係している日米交換教授プログラムでハーバード大学の日本文明講座で講義し、渋沢が三回目の訪米から帰って立ち上げた日米関係委員会にその委員として参加している。一九一九年、姉崎はコレージュ・ド・フランス教授シルヴァン・レヴィの招聘により日本の宗教史について講義しているが、同時に渋沢の依頼により、ブーローニュのカーン邸に滞在して、パリ講和会議周辺の平和主義思想の動向を調査しており、それが翌年四月、渋沢を会長にする日本国際連盟協会の設立につながっている。姉崎は渋沢の日仏会館設立準備を手伝い、その設立後は常務理事として会館の運営に携わった。レヴィを日仏会館の初代仏人ディレクターに推薦任命したのはクローデル大使だが、姉崎を介して渋沢のレヴィとの交流はそれより早く、より親しいものだった。

ところが伊達論文の醍醐味はここから先にある。彼は、鹿島茂が渋沢栄一を「そうとは知らぬサン＝シモン主義者」と呼んだひそみに倣って、渋沢を「そうとは知らぬモース主義者」と呼びうるという大胆な仮説を立て、それを姉崎正治の人的思想的フレンチコネクションを通して明らかにしようとする。『贈与論』で知られる協同組合社会主義者マルセル・モースと渋沢はどう繋がるのか。ここから先の論証は伊達論文で味わっていただく。

第三章は渋沢栄一の社会思想に焦点をあてる。

フランス社会科学高等研究院（EHESS）教授のパトリック・フリダンソンは、前掲の共編著『グローバル資本主義の中の渋沢栄一』所収の論文「官民の関係と境界」で、渋沢栄一とサン＝シモン主義との類似性と接点を検討していたが、今回は「渋沢栄一とサン＝シモン主義」をめぐる論争を跡づけている。

フリダンソンは類似性ありの典拠として、①原輝史の一九九六年の先駆的仏語論文にある「サン＝シモンの思想と類似していないわけはない」という一行、②クロード・アモンがその評伝で記述した一八六七年パリ万博のサン＝シモン主義的環境、③二〇一七年の渋沢渡欧百五十年記念シンポジウムにおける鹿島茂講演の英語による紹介記事の三つをあげる。アモンは二〇〇七年刊の評伝の参照文献に、鹿島茂が『諸君』に一九九九年八月号から連載した「サン＝シモン主義者 渋沢栄一」をあげており、フリダンソンは日本語が読めないにもかかわらず、今回はさらに二〇一一年に出た鹿島茂の二巻本の評伝『渋沢栄一』を参照文献にあげている。しかし他方で、島田昌和の英語による評伝はサン＝シモンに言及していないと言い、典拠にしているはずのアモンの評伝の該当ページに『渋沢栄一伝記資料』全六十八巻にはまったく言及していないと言う。たしかに渋沢はサン＝シモンについて一言も語っていない。

そこで、鹿島茂のシンポジウム初日冒頭での報告テーマは「渋沢栄一の都市論——鉄道建設から田園都市構想へ」だったが、本書掲載用には前半にサン＝シモン主義とは何かについて大幅に加筆してもらった。論文第Ⅰ部の表題「そうとは知らぬサン＝シモン主義者・渋沢栄一」こそ鹿島の議論のポイントで、渋沢がサン＝シモンについて何も言っていないことが渋沢とサン＝シモン主義の関係を否定する根拠にはならない。しかし鹿島には渋沢に関するフランス語論文が一本もないから、翻訳しないとフリダンソンには伝わらず、フランス語で言う「耳が遠い人同士の対話」に終ってしまう。

フリダンソンは最後に鹿島の本を読んで首肯している法哲学者・嶋津格の興味深い英語論文 Itaru Shimazu, "The Most Succesful and Moralistic Merchant at the Dawn of Japanese Capitalism. Shibusawa and his Confucianism" (2019) を紹介し、渋沢栄一とサン＝シモン主義および儒教に関する議論は未決着だが、さまざまな点で実り多いと締めくくっている。

次は、パリ国立東洋語東洋文化研究大学（INALCO）教授ベルナール・トマンの「一九二〇年代日本の国際主義者とフランスの自由社会主義者」である。フランス国立日本研究所前所長のトマンは、二〇一五年刊のフランス語の著書『近代日本における社会国家の成立（一八六八—一九四五）』で、渋沢栄一と「協調会」についてページを割いているので、その報告は期待通り、あるいは期待以上のものだった。

トマンが「日本の国際主義者」に上げるのは親仏派の渋沢栄一、若槻礼次郎、稲畑勝太郎であり、「フランスの自由社会主義者」に上げるのは、国際連盟の生みの親で一九二〇年のノーベル平和賞レオン・ブルジョワと連盟の国際労働局長（ILO事務局長）のアルベール・トマである。一九二〇年代に日仏双方の間でどのような接触や交流があったのか、思想的影響関係はあったのか、これをトマンは「接続された歴史（histoire connectée）」と呼ばれる方法で探り、渋沢の家父長主義的「温情主義を排し、平等な人格の尊重をもとに労使の権利を認める」協調主義とレオン・ブルジョワの「連帯主義」との類似性を明らかにする。

渋沢が会長の国際連盟協会は一九二四年にカント『永遠平和論』の本邦初訳を連盟協会パンフレットとして出すが、一九二六年には『レオン・ブルジョワ氏論文集――ソリダリテその他』をやはり協会パンフレットとして出してブルジョワの「連帯主義」思想を広めている。一九一九年末の「協調会」の設立は、国内で労働争議が多発し勢いを増す労働組合運動に対処するためだったが、国際連盟の専門機関であるＩＬＯの設立と同時期であることにトマンは注意する。一九二八年十二月にアルベール・トマが来日すると、渋沢は日仏会館の主催でトマとの労働問題懇談会を東京銀行倶楽部で開き、添田寿一や協調会常務理事の添田敬一郎、友愛会（後の総同盟）の鈴木文治が参加して自由に発言している。トマにとっては日本工業倶楽部での團琢磨との会談より実りがあったと見えて、渋沢に丁重な礼状を送っている。

トマン論文による新しい発見は親仏派の平和主義者で労働組合法を議会に上程するなど社会政策に熱心だった政治家の若槻礼次郎である。一九二六年と三一年の二度首相だった若槻は、一九三五年から四五年まで日仏会館の第四代理事長だっただけに、もっと知りたい人物である。

第三章の最後はロンドン・スクール・オブ・エコノミクス（ＬＳＥ）教授で近代日本の社会経済史を専門とするジャネット・ハンターである。彼女は前掲『グローバル資本主義の中の渋沢栄一』での論文「公正な手段で富を得る」では、日本の貿易業者は商業道徳に欠けるという英国からの批判に直面した渋沢栄一における企業道徳を検討したが、今回は一転して渋沢栄一の女子教育論である。シンポジウム当日は日本語で報告いただいたが、提出論文は英語である。

一九一一年十月七日の渋沢の日記によれば、数日前に添田寿一宅での食事会に夫妻で参加とあるので、フェビアン社会主義者ウェッブ夫妻の来日は、ケンブリッジ大学でＡ・マーシャルに師事し、帰国後『エコノミック・ジャーナル』の通信員だった添田の差配によるものと思われる。渋沢はウェッブ夫妻を養育院と日本女子大学校に案内しているが、これは一九〇八年来日のアルベール・カーン、一九一六年来日のタゴールと同じコースである。渋沢が女子教育に力を入れたのは、官尊民卑を嫌うのと同様に男尊女卑の遺風も改めるべきと思っていたからだろうが、自身、渡欧するまでの儒教的な女性観が段階を経て変化したと言っている。一つは、「日本婦人をして欧米の夫人の享有する所と同等の教育および家庭の訓練を受けしむること」を目的に一八八八年に開校した東京女学館の運営に参加したこと、もう一つは、成瀬仁蔵の熱意に負けて一九〇一年創立の日本女子大学校を一貫して支援したことである。ハンターは一九〇六年以来の日本女子大学校での講演三本から、二六年の女学館、二九年の川村学園での講演までを集めて、渋沢の女子教育の考え方の進化を追う。一九〇二年と〇九年の二回、妻兼子同伴でのアメリカ旅行の経験も転機になっただろう。また一九一一年のウェッブ夫妻以外にスタンフォード大学総長ジョルダン夫妻、翌年のハーバード大学エリオット名誉総長との交流、アメリカの銀行家トーマス・ラモント夫妻との出会いなどを通じて、渋沢は伝統的「良妻賢母」の理想は守りながら、日本女性に内外の「時をよく知る」ことを勧め、「世の中の時代が如何なる有様であることを知る」ことの重要性を強調したという。

第四章は渋沢晩年の国民外交による国際協調への取り組みをまとめる。

本稿第一部で紹介したミッシェル・ワッセルマンの「クローデル・渋沢栄一・日仏会館」は、クローデルと渋沢を共同創立者とする日仏会館設立の経緯をその始まりから記述する。しかしその記述は一九二一年十一月から二七年二月までフランス大使だったクローデル寄りになっていて、渋沢はあまり出てこない。日仏会館の運営にはフランス外務省内に設置される「日仏会館パリ委員会」(その座長はクローデル大使)と「日仏会館日本委員会」と呼ばれる日仏会館理事会が協力してあたることになっていて、「日仏会館パリ委員会」が東京にディレクターとして派遣する一流の学者と巡回講演の講師および留学生として送る寄宿研究員を決定する。ところがパリ委員会は、そのフランス人学者がフランス人の秘書と日本人の秘書に補佐されて日仏会館の指揮運営(direction)にあたると一方的に日本委員会に伝えたため、日本側は反発し、クローデル大使に抗議する。そこでクローデルが考え出した和解のための妙案が、日本側が建物の「容器」を管理し、フランス側が会館の知的学術的「中身」を指導するという一見平等な « contenant/contenu » 方式だった。それで日本側は納得したかどうかは、ワッセルマン論文に譲る。

続くのは、元日仏会館常務理事で本書の共編者である三浦信孝の「一九二四年の日仏会館設立と排日移民法の衝撃」である。三浦はワッセルマン論文を補完して渋沢側から見た日仏会館の設立経緯を説明し、文部省から日仏会館設立の認可が下りた一九二四年三月の二カ月後に米国議会を通過した排日移民法の衝撃を語る。一九二四に設立された日仏会館の歴史について書かれた著作は数々あるが、同じ年に米国議会で可決された「排日移民法」の衝撃について言及しているものは皆無である。逆に、民間経済外交のパイオニアだった渋沢の「国民外交」に関する著作は日米関係が中心で、日本からの移民を完全に禁じる「一九二四年移民法」の成立に至る経緯は詳しいが、そこには当然のことながら日仏会館についての言及はない。「渋沢栄一とフランス」を日仏二国間関係だけに閉じ込めると、歴史記述にそうした死角が生まれてしまう。

日米関係の悪化を振り返るとき渋沢は、米国西岸に排日移民運動が起こるのは日本が日露戦争に勝った後であると繰り返し述べている。しかし渋沢は、日本は大国ロシアを破った時からアメリカの潜在的敵になったことに気づいていただろうか。第一次大戦が終わった翌一九一九年の夏、フランスは共にドイツと戦った友邦日本との接近を図るためリヨン大学使節を派遣し、渋沢は日仏協力の文化機関計画に協力を約束する。翌年四月に渋沢が日本国際連盟協会の会長になったのは、大戦後の平和秩序構築における国際連盟の役割に期待したからだ。しかし国際連盟に加盟しなかったアメリカはアジア太平洋の新秩序構築のためワシントン軍縮会議を招集し、日英同盟を破棄させて日本の封じ込めにかかる。既に日清戦争に勝って台湾を領有し、中国山東省と南太平洋の南洋諸島におけるドイツの権益を継承した日本は、一八九八年の米西戦争に勝って、ハワイ、グアム、フィリピンを領有する太平洋国家になったアメリカにとって仮想敵になった。この地政学上の変化を、渋沢は意識していただろうか。一九一九年から二四年まで、渋沢の主要関心事は日仏会館の建設よりも悪化する一方の日米関係にあった。パリ講和会議には行かなかった渋沢が、一九二一年十一月のワシントン会議に行ったのはそのためである。

三つ目の報告は、シンポジウムの二日目最後に、ウクライナとガザの今に言及しつつ迫力ある報告で会場を沸かせた三牧聖子の「渋沢栄一と国際強調、ナショナリズム」である。アメリカの政治・外交が専門の国際政治学者がなぜ「渋沢栄一とフランス」シンポジウムに、と思った人もいるかもしれないが、シンポジウムを日仏二国間関係だけに閉じ込めないために、日米関係史に詳しい三牧氏に登壇願ったのである。彼女も三浦と同じく、日露戦争の後、米国西岸で起こった日本人学童隔離問題、一九一三年と二〇年のカルフォルニア州の排日土地法から一九二四年の排日移民法までを跡づけた上で、三浦が国際連盟協会会長の渋沢を中心に論じたのに対し、一九二五年のハワイ会議で始まった太平洋問題調査会（ＩＰＲ）に焦点をあてて議論を進めた。

三牧論文で、国際政治学の専門家でない者にとっての発見は、上述の国際連盟協会と太平洋問題調査会はもとより、それに先立つ大日本平和協会、日米関係委員会、日米協会など、両大戦間の「危機の二十年」に国際平和のために活動した「国際主義団体の役割」について網羅的に調査した緒方貞子の先行研究である。(21) 残念ながら帰一協会は入っていないが、緒方はこれら国際主義「民間団体の発展に対する渋沢の功績は誠に大なるものがあった」とし、「渋沢の周辺には実業家のみならず一流学者をも含めた支持者グループがあり、日米関係委員会の会員はこのような人々を網羅していた」と言う。しかし、満州事変で事態は一変し、「一九三一年秋から一九三二年春にかけて自由主義者グループのまとめ役だった渋沢栄一が老齢のため死去し、また井上準之助・団琢磨が血盟団の手で暗殺されるにおよび、中心的人物が一挙に失われてしまったことは、このグループにとってまことに大きな損失であった。」「日米関係が移民問題をめぐって緊張を見せた一九二〇年代にはきわめて活発であった自由主義的民間団体も、一九三〇年代には無力化するほかなかったのである。」しかし、「そもそも自由主義的グループが移民問題をめぐる日米の対立を重視したのは、人種差別が日本の国威に対する屈辱として彼らのナショナリストとしての矜持を傷つけたことに一つの大きな原因があった。」こうして緒方貞子は、ごく少数の例外を除いて「自由主義者はすべてナショナル・リベラルであった」ため、日本が国際協調路線から国家主義に大きく舵を切る三〇年代に彼らの努力は甲斐なく終わったのだと結論する。

それでは、「確かに渋沢はナショナリズムの限界を乗り越えられなかった「ナショナル・リベラル」であったかもしれない」とする三牧の渋沢評価はどうなるのか。百年前の日米中の対立と矛盾に満ちた国際環境の中で行なった渋沢の国際協調の努力は、今日まったく意味を持たないのだろうか。いや、そんなことはない、という三牧論文の結論はくれぐれも注意して読んでいただきたい。

【注】

（1）『日仏文化』九三号（日仏会館創立百周年記念号）、二〇二四年四月、四七—五〇頁に日仏両語で再録。

（2）坂井光夫・松原秀一「渋沢・クローデル賞の八年」（初出一九九二年）、前掲『日仏文化』九三号所収。

（3）大出敦・中條忍・三浦信孝編『ポール・クローデル　日本への眼差し』水声社、二〇二一年。

（4）枢密院は一八八八年に創設された天皇の最高諮問機関で初代議長は伊藤博文、顧問官の数は二十五人程度。明治憲法体制下における日本の議会制は最上院たる枢密院と一八九〇年に開設される帝国議会（貴族院と衆議院）との二層構造を持っていた（三谷太一郎『日本の近代化とは何であったか』岩波新書、二〇一七年、一五四—一五五頁）。

（5）渋沢は一九〇〇年に男爵を授爵したとき五月十八日に東京商業会議所の祝賀会で演説し、士農工商を廃止し四民平等になった明治の日本に爵位や勲章は要らないと反対していたが、官尊民卑を打破し商工業者の地位を高めるための授爵であればありがたく受けると謙虚な言葉で述べている。東京商工会議所ウェブサイトの「渋沢栄一男爵祝賀演説」を参照。

（6）レオン・デュリー（一八二二—一八九一）は、長崎のフランス領事時代に広運館で渡仏前の西園寺公望がフランス語を習っている。明治四年から三年契約で京都府仏学校の校長を務め、その弟子にリヨン大学法学部に留学した富井政章、梅謙次郎、本野一郎（後の駐仏公使、駐露大使、外務大臣）がいる。デュリーは明治十年に八人の京都府派遣留学生を連れて帰国するが、その一人に十五歳で渡仏しリヨンで染色技術を学んだ稲畑勝太郎（一八六二―一九四九）がいる。渋沢栄一を師と仰ぐ稲畑産業社長の稲畑は大阪商業会議所会頭時代にクローデル大使と協力して関西日仏学館を創立した（開館は一九二七年）。

（7）モーリス・クーラン「一九一九年の仏政府リヨン大学使節の報告」中地義和訳、前掲『日仏文化』九三号所収。

（8）日本工業倶楽部は一九一七年に設立された会員制の企業家団体で、初代理事長は三井財閥の総師・團琢磨（一八五八―一九三二）。会員の渋沢も海外要人の応接などでしばしば利用した。團琢磨は五歳上の金子堅太郎（一八五三―一九四二）とともに明治四年、福岡藩留学生として岩倉使節団に同行し渡米、マサチューセッツ工科大学鉱山学科を卒業し、金子はハーバード大学法律学校を卒業したが、セオドア・ルーズベルトと同期だった。金子と團が二人で会話する時は帰国後も英語だったというが、二人とも渋沢が一九一六年に立ち上げた日米関係委員会の有力メンバーで、金子は翌年創立の日米協会の初代会長に就任し（渋沢は名誉副会長）、團は日仏会館設立委員の一人で設立後は大倉喜八郎と共に評議員・監事だった。

（9）クローデルは一九二一年一月に駐日フランス大使に任命されるが、マルセイユからの出発は九月、仏領インドシナに寄って滞在、東京着任は十一月で、十一月二十六日付公信でA・ブリアン首相兼外相に「裕仁皇太子摂政となる」を報告している。『孤独な帝国　日本の一九二〇年代――ポール・クローデル外交書簡（一九二一―二七）』奈良道子訳、草思社、一九九九年を参照。

（10）ありがたいことに、デジタル版で閲覧できる『渋沢栄一伝記資料』は第三六巻の二六六―三六七頁が一九一九年から一九三二年までの日仏会館の記録に当てられており、例えば二四年十二月十四日の開館式の模様から翌年一、二月のクローデルと渋沢の往復書簡までは二八六―二九三頁に読まれる。他方、クローデルの開会式演説は日仏両語で『日仏文化』三一号（一九七四年）に初出、同九三号（二〇二四年）に古市公威のスピーチと共に再録されている。

（11）この書簡は Jacques Robert, « Paul Claudel et la Maison franco-japonaise »,『日仏文化』二三号、一九六八年に初めて部分的に引用されたが、その草稿が見つかっている（『日本文化』九五号、二〇二五年九月にて公開予定）。

（12）Bernard Frank, « La Maison franco-japonaise : son histoire, ses buts, son fonctionnement »,『日仏文化』三一号、一九七四年、二五―二八頁。彌永昌吉訳、一五一―一五三頁。彌永は当時の慣習に従って「館長」と訳している。

（13）René Capitant, « La Maison franco-japonaise de Tokyo », *Revue de l'enseignement supérieur français à l'étranger*, 1959, No.3. 宇都宮彰子訳で前掲『日仏文化』九三号に所収。

（14）渋沢研究会十周年記念出版『公益の追求者・渋沢栄一――新時代の創造』（山川出版社、一九九九年）のタイトルを「公益の追求者」とした編者たちの達見に敬意を表したい。

(15) トロント大学出版から二〇一七年に出た同書の英語版タイトルは Ethical Capitalism : Shibusawa Eiichi and Business Leadership in Global Perspective なので、渋沢は『倫理資本主義の時代』(早川書房、二〇二四年)のマルクス・ガブリエルより百年前に「倫理的資本主義」を唱えていたことになる。

(16) 島田昌和『渋沢栄一』、前掲書、一八一頁以下。

(17) 原著は Claude Hamon, *Shibusawa Eiichi (1840-1931), batisseur du capitalisme japonais*, Paris, Maisonneuve et Larose, 2007.

(18) *Ebisu* は日仏会館のフランス事務所(現フランス国立日本研究所)が一九九二年に創刊したフランス語の日本研究誌で、Ebisu - revue d'études japonaises で検索すれば、創刊以来のすべての記事がネットで閲覧できる。

(19) 「利は人の性情なれば、利を謀るは当然のことなれども、自己のみに偏せず、公利を害せぬやうに心掛け、道理に照らし義に従うて事を行へば他より怨まるはずなし。」渋沢の「義」と「利」の用語法は兆民と同じである。松川健二「行動の指針としての『論語』——義と利の間」、前掲『公益の追及者・渋沢栄一』、三四〇頁に引用。

(20) 杉山直治郎「アルベール・カーン氏の追憶」『日仏文化』新第八輯、一九四二年を参照。

(21) 緒方貞子「国際主義団体の役割」『日米関係史 開戦に至る10年(一九三一—四一年)3』東京大学出版会、一九七一年、三〇七—三五二頁。新装版が二〇〇〇年に出ているが現在品切れのようである。

目次

第二章　道徳、経済、宗教

第三章　社会思想

第一章　近代日本と資本主義

渋沢栄一とフランス企業
——製糸業を輸出産業に育てるために投資する

クリスチャン・ポラック

シンポジウム初日の最後まで残って渋沢栄一の専門家ではない私の報告を聞いていただく皆さんに感謝する。私はかつて日仏会館の研究員として研究に従事し、渋沢栄一がその設立に貢献した一橋大学で博士論文を書いた者として、日仏会館創立百周年を記念する本シンポジウムに参加することをたいへん光栄に思う[一]。日仏会館内フランス国立日本研究所のベルナール・トマン前所長とトマ・ガルサン現所長、および財団法人日仏会館の矢後和彦教授には、私の能力不足を承知の上で私を報告者のひとりに加えていただいたことに感謝する。

私は半世紀来、日仏外交関係史、特に一八六〇年代以降の日本の産業近代化におけるフランスの貢献を研究するなかで、渋沢栄一に出会った。渋沢栄一が最初にフランスを訪れたのは、一八六七年のパリ万国博覧会に将軍徳川慶喜の名代として派遣された慶喜の末弟・徳川昭武一行の随員としてであった。この時のフランス滞在は大政奉還と明治維新によって打ち切られるが、それでも二十カ月になる[二]。

二年前に私に託された任務は、渋沢が一八六七—六八年と一九〇二年の二度訪仏した際に、博覧会場であれ、訪問や見学であれ、渋沢が接触したフランス企業を突きとめることだった。そこで私は滞仏中の渋沢の日々の行動をさまざまな史料館で探ることにした。

フランスではラ・クルヌーヴのフランス外交史料館、ヴァンセンヌとトゥーロンのフランス軍国防史編纂部、日本では外務省の外交史料館と北区飛鳥山の渋沢史料館、徳川昭武ゆかりの松戸市戸定歴史館である。

ところが、先月までの私の努力にもかかわらず、ただ一社を除いては、渋沢が接触したフランス企業の名前は上に挙げた史料館では見つからなかった。渋沢がフランス旅行中に毎日つけたメモや記録は渋沢史料館にあると思っていたが、日本橋兜町の渋沢邸と深川福住町の屋敷にあったそれらの資料は、一九二三年九月一日の関東大震災で焼失したことを知って、私は落胆した。

そこで私は、渋沢の一八六七―六八年の最初のフランス滞在と一九〇二年九月のフランス再訪時における渋沢の足跡を調べるため、徳川昭武の日記や他の使節団随員が残した日記、あるいは以下の三書のような既刊の記録を読み直した。

- ・須見裕著『徳川昭武――万博殿様一代記』中央公論社（中公新書）、一九八四年。
- ・宮地正人監修『徳川昭武幕末滞欧日記』松戸市戸定歴史館、一九九七年。
- ・高橋邦太郎著『花のパリへ少年使節――慶応三年パリ万国博奮闘記』三修社、一九七九年。

一八六七―六八年の最初のフランス滞在

一八六七年四月三日、マルセイユ港に到着したパリ万博使節団は（**図1**、四月五日撮影）、二十一発の祝砲と日本の名誉総領事で銀行家のフリュリ＝エラール（**図2**、在任一八六六年四月五日―一八七〇年）の出迎えを受ける。フランスの長崎領事レオン・デュリーと英国公使館付通弁のアレキサンダー・フォン・シーボルトが通訳として同行した。六日に一行は馬車に乗って軍港トゥーロンに向かい、軍艦に乗船し発砲訓練を見学する。一行は十日、

図 1　渋沢栄一は後列左端，中央が徳川昭武

図 3　洋装した渋沢栄一

図 2　フリュリ＝エラール

汽車でリヨンに向かいホテル「欧州館」に一泊する。渋沢は絹の街リヨンの製糸場や紡織場を見学したかったが、到着が夜だったので叶わなかった。

渋沢栄一は武蔵国（現在の埼玉県）深谷の血洗島村で養蚕業を営む富農の家に生まれ、従兄の尾高惇忠について漢籍の修養を積んだ。そのかたわら父に習って藍玉の商いのほか養蚕の仕事に従事していたから、繭の糸繰りと絹糸製糸の機械化に未来があることを理解していた。生糸ないし絹糸は一八六〇年の横浜開港以来、日本最大の輸出品目になり、製糸業は日本の国をあげての産業となって、日本の経済発展に貢献した。

一行は一八六七年四月十一日にパリに到着する。駐日フランス公使レオン・ロッシュが横浜からパリに派遣したもう一人の通訳メルメ・カションが一行を迎える。一行はオペラ座近くのグランドホテルに投宿する。（三）二日後の十三日に異変が起こる。渋沢は丁髷《チョンマゲ》を切って、西洋式コスチュームを注文したのである（図3）。

渋沢は使節団の庶務・会計係だったが、民部公子昭武の世話係として、公子がチュイルリー宮殿でナポレオン三世に謁見した四月二十八日を除き、昭武のすべての外出や見学に随行した。

六月十三日、昭武一行は経費節減のためグランドホテルを引き払い、ペルゴレーズ街五三番地の邸宅を借りて引っ越す。（四）

六月二十三日、渋沢は一八六四年に設立されたソシエテ・ジェネラル銀行頭取のジャック・クーレに会う。（五）クーレは一八六〇年から一八七六年まで帝国郵船の取締役を兼ねており、帝国郵船は一八七一年にメサジュリ・マリティームに改称する。昭武一行が二月十五日に横浜で乗り込んだ船は帝国郵船アルフェー号だった。ジャック・クーレは渋沢に、輸出振興のためには独自の商船隊が必要であり、一国の経済発展のためには交通インフラの整備が必要だと説いた。金融問題の専門家だったクーレはまた、渋沢に銀行と信用のメカニズムを説明した。渋沢はのちに独自の海運会社を設立し（共同運輸会社、日本郵船）、日本の海運業の発展に貢献する。

六月二十六日、渋沢はフリュリ＝エラールの案内でパリ市内の給水塔（六）と地中の水道管網を見学して、水道設備の重要性を認識する。当時の日本ではまだ井戸から水を汲んでいたので、渋沢の驚きは大きかった。続いて渋沢は、都市の公衆衛生に欠かせない地下の下水溝（égouts）を見学している。

パリの街路を明るく照らすガス灯に感銘を受けた渋沢は、昭武のお供をして、地下に張りめぐらされているガス管を見学する。渋沢は大蔵省を退官後、東京府のガス事業に関わり、一八八五年に東京瓦斯会社（現在の東京ガス）を設立している。

七月一日は、博覧会褒賞式が行われるシャンゼリゼのパレ・ド・ランデュストリー（七）とパヴィヨン・ド・ランデュストリーの見学である。渋沢は博覧会場でフランスと諸外国の最新の工業製品に眼を見張るが、特にイギリスの蒸気機関とアメリカの農業機械に強い印象を受ける。ただし、いかなる企業の名前も記されていない！

一八六七年九月三日、昭武一行は汽車でスイスに向かう途中でトロワに止まって昼食をとり、地方の名産シャンペンを試飲する。試飲した中にモエ・エ・シャンドンはあっただろうか。今回の日仏会館百周年シンポジウムに協賛いただいたＬＶＭＨ（モエ ヘネシー・ルイ ヴィトン・ジャパン）の記録文書係の質問に、私は答えることができなかった。

渋沢は民部公子の諸国歴訪に随行してスイス、オランダ、ベルギー、イタリア、マルタ島、イギリスをまわる（八）。十二月にパリに帰ると、昭武はヴィレット中佐の指導のもとに留学生活を始め、渋沢はフリュリ＝エラールからフランスの銀行システムについて、訪問や見学を通し実地教育を受ける。エラールは渋沢に株式会社の仕組みとブルス（証券取引所）の機能を説明する。のちに渋沢は勧められて政府公債と鉄道債券を買うが、半年後に売ると鉄道債券は相場が上がっていてかなりの売却益が出た。フリュリ＝エラールはまた、国内に鉄道網を建設することがいかに重要かを理解させた。

一八六八年八月に、昭武一行は再び視察旅行に出かける。今度は国内のノルマンディーとブルターニュである。八月二日にサン＝ラザール駅から出発し、マントで織物工場を見学し、シェルブールに到着する。翌日はシェルブールで造船所と造船用器械製造所、戦艦ロシャンボー、ルール要塞を見学する。八月六日にブレストでも海軍造船所、大砲製造の器械工場を見学する。渋沢は、ブレストの川を跨ぐ一〇四メートルの鉄橋と、長さ四〇〇メートルの製綱工場に強い印象を受ける。

八月十日はロワール河口のサン＝ナゼールで、一行はトランスアトランティック会社の客船ワシントン号を見学し、数キロ離れたアンドレにある海軍の蒸気船用機械の製鉄所を視察する。八月二十四日に渋沢はルーアンで、蒸気力による機械式の綿糸工場を見学する。綿糸の分離・洗浄から機織《はたおり》まで全部機械化され、時間あたり三〇メートルの綿布を生産できる。ついで化学染料製造所と綿布印刷機を備えた綿織物工場を見学する。八月二十六日にはル・アーヴルで電気使用のラ・エーヴ燈台を見たあと、一八六七年国際海洋展を訪問し、大アクアリウムが一行を魅惑した。

以上が八月のフランス産業視察旅行で、パリに帰ったあと、一行は帰国を決断した昭武がビアリッツの離宮に滞在する皇帝に謁見するため、十月十五日にパリのオルレアン駅を立ってボルドーに一泊する。翌日ビアリッツの「ヴィラ・ウージェニー」で皇帝・皇后・皇太子に別れの挨拶をし、バイヨンヌ、トゥールーズをまわってマルセイユに入り、十月十九日に日本に向けてマルセイユを出港する。(九)

一九〇二年九月のフランス再訪

一九〇二年、東京商業会議所会頭の渋沢栄一は米欧視察旅行を行い、三十四年ぶりにフランスを再訪する。滞在期間は九月七日から十七日まで。パリでは特に金融界の知人を訪ね、旧知のアルベール・カーンと再会する。カーンの招待によりオペラ座で観劇し、ブーローニュのカーン邸に招かれ歓待される。金融界では、初対面だったがクレディ・リヨネ銀行頭取のアンリ・ジェルマンを訪ね面談している。

九月十五日、パリからイタリアに向かう途中でリヨンに寄り二泊する。一日目は山田領事の案内でイゼール県のブロゴアンで織物機械製造所と製織工場を見学、二日目はパリでと同じようにリヨン商業会議所を訪問し、市内の製織工場と、染工会社「ソシエテ・ジェネラル・ド・タンチュール」を見学、先導する工場長マルナスの説明を受ける。

お分かりいただけたと思うが、私のこれまでの調査で、渋沢が訪問したフランス企業で名前を特定できたのは、二回目の短いフランス滞在の最後に見学したリヨンの染工会社だけだったのである。

渋沢の最初のフランス滞在は、発見に次ぐ発見で、見るもの聞くものすべて新しかった。彼はフランスで吸収できたものを日本に帰り、異なる文脈の中に移して実現しようとした。はじめは高級官僚として、ついで実業家として。

渋沢はフリュリ＝エラールとジャック・クーレという二人の銀行家から、資本主義経済のメカニズムを学び、株式会社のシステムと企業の資本調達のための金融システムを日本に移植しようとした。

大蔵省勤務中に構想した第一国立銀行を退官後につくり、その総監査役（のち頭取）になった。フランス第二帝政のモデルに従って、電信や鉄道や海運の交通システムによって国土整備と開発に貢献した。ここで渋沢が関わった五百にのぼる企業を列挙するには及ばないだろう。

渋沢は教育や社会事業の領域でも活躍した。教育の分野では、一八一九年に創立された世界最初の高等商業学校でパリ商業会議所に帰属するパリ高等商業学校（ＥＳＣＰ）をモデルに東京商業学校がつくられ、それが一橋大学の元になった。[一〇] 渋沢が初代会頭だった東京商業会議所はパリ商業会議所を参考にしている。

渋沢は最初のパリ滞在中にナポレオンの墓があるアンヴァリッド（廃兵院）を見学したが、傷痍軍人を収容する病院施設に注目した。渋沢は一八七四年に東京府が管轄する貧民救済施設「養育院」の経営を依頼され、一八七六年から院長として亡くなるまでこの社会福祉施設の発展に尽力した。[一一]

彼はまた、ナポレオン三世時代のフランスに倣って、実業界の重要性を認めさせるべく勉め、企業家の社会的役割を強調した。

富岡製糸場の例

結論にかえて、渋沢が関わった事業で私の話の主旨を示す具体的な例を取り上げたい。富岡製糸場である。渋沢は明治政府の高級官僚だった時期に、日本の新しい輸出産業の目玉として生糸ないし絹糸の輸出を推奨した。養蚕はほぼ日本全土に広がっていたからである。ただし生糸の生産はまだ手作業で行われており、生産量の増大が課題だった。渋沢がフランスで観察したように繰糸と製糸工程が機械化され、製糸場が各地に建設されれば、生糸の品質を安定させ、生産量は思うがままに増大するだろう。

明治政府は一八七〇年に官営の器械製糸場の建設を決定し、計画は渋沢の担当になった。渋沢は明治政府のお雇い外国人としてポール・ブリュナと雇用契約を結ぶ。ブリュナは一八七〇年末に、立地条件などさまざまな理由から、渋沢の郷里に近い富岡を建設予定地に選んだ。

三百台の繰糸機・製糸機がフランス・アン県セルドンのメン・エ・フィス社に注文される。そのうち繰糸機一台が長野県岡谷市の蚕糸博物館に保存されている。

一八七一年から一年半で建設された当時世界最大の富岡製糸場は翌年十月に生産を開始する。工場長は尾高惇忠だった。ここにお見せするのは富岡製糸場の登録商標である（**図4**）。

これは一八七三年六月に昭憲皇太后が訪問見学された時の画像である。渋沢栄一とポール・ブリュナが背中向きに写っている（**図5**）。ポール・ブリュナとそのチームは三年後に富岡製糸場を後にするが、富岡モデルの製糸場が国内二十箇所に建設され、この新しい産業の基礎を築く。一八八〇年に日本は世界一の生糸生産国になり、

図 4　富岡製糸場の登録商標

図 5　富岡製糸場を訪問見学する昭憲皇太后と，それを迎えるポール・ブリュナと渋沢栄一

以後半世紀にわたりフランス向け生糸の最大の輸出国であった。

富岡製糸場は一八九三年に渋沢と関係がある三井物産に払い下げられ、その後一九〇二年に横浜の原合名会社に譲渡され、最終的には一九三九年に片倉製糸紡績会社に合併されて、一九八七年まで絹糸の生産を続けた。製糸場は百十五年間操業したことになる。

富岡製糸場は二〇〇六年に重要文化財に、二〇一四年には国宝に指定されるが、その数カ月前にユネスコの世界遺産に指定された。

一九〇二年にフランスを再訪したあと、渋沢は絹織物工場に投資し、日本の最大の輸出品である生糸に付加価値を加えた。

（三浦信孝訳）

【訳注】

（一）　クリスチャン・ポラックは一九七一年にパリ国立東洋言語文化研究院（INALCO）を卒業し、日本政府給費留学生として来日、一九七九年から一九八一年まで日仏会館研究員、一九八〇年に一橋大学法学部で論文『フランスの極東政策と日仏関係　一九一四―一九二五』（指導教授は細谷千博）により「優」の成績で博士課程を修了した。専門は幕末・維新以来の日仏関係史で、著作のうち日仏バイリンガルのもののみ上げるなら、『絹と光（*Soie et Lumières*）』（二〇〇二）、『筆と刀（*Sabre et Pinceau*）』（二〇〇五）、『百合と巨筒（*Lys et Canon*）』（二〇一三）の三部作のほか『一九一八―二〇一八　日仏企業百年史（*Un siècle d'histoires d'entreprises au Japon*）』（二〇一八）がある。ポラック氏は本シンポジウムの発案者のひとりである。

（二）　徳川昭武一行の横浜出港は一八六七年二月十五日（慶応三年一月十一日）、マルセイユ到着は四月三日、パリに入ったのは四月十一日、帰国はマルセイユ発が一八六八年十月十九日、横浜到着は十二月六日（明治元年十一月三日）である。したがって渋沢のフランス滞在は往路五十二日、復路四十九日を含めると二十カ月以上になるが、往路と復路を除けば正味約一年半になる。

（三）　**Grand Hôtel** は一八六七年パリ万博で外国の賓客を迎えるために一八六二年に建てられた。**Opéra-Garnier** と呼ばれるオペラ座は一八六七年には起工中で一八七五年に完成した。

（四）　ただし渋沢自身はホテルが高すぎるので、杉浦愛蔵、山内六三郎ら随員三人と共に五月十五日、凱旋門に近いシャルグラン通り三〇番地のアパルトマンに引っ越している。

（五）　ソシエテ・ジェネラルのジャック・クーレ（Jacques Coullet）は一八六六年（慶応二年）日本との生糸貿易の窓口になる「フランス輸出入会社」設立準備のために来日、公使レオン・ロッシュの支援をうけ幕府の勘定奉行小栗上野介忠順《ただまさ》と交渉し、翌年帰国してパリで株式を募集するが、折からの経済不況のため計画は実現しなかった。他方、クーレが六六年六月に横須賀製鉄所の建設にあたっていた小栗と結んだ六百万ドルの借款協定も、幕府の崩壊で翌年破棄される。

（六）　『航西日記』では「飲用水の溜」「飲用溜」と表現されている。渋沢栄一・杉浦譲『航西日記　パリ万国博見物録（現代語訳）』講談社学術文庫、二〇二四年、七九―八〇頁。

（七）　**Palais de l'industrie**（産業宮）は一八五五年のパリ万博の主会場として建設され、一八七六年、一八八九年のパリ万博でも使われ、その跡地に一九〇〇年のパリ万博用にグランパレとプティパレが建てられた。

（八）　前掲『航西日記』第九章から第十二章を参照。

（九）　帰国を決断した徳川昭武のこの最後の旅行には、昭武の教育係だったレオポルド・ヴィレットが同行し、マルセイユで乗船する昭武を見送った。この間の経緯については、寺本敬子『パリ万博博覧会とジャポニスムの誕生』（思文閣出版、二〇一七年）の一五四―一六四頁を参照。

（一〇）　一八七五年に森有礼がつくった私塾「商法講習所」を渋沢は支援し続け、それが一八八四年に東京商業学校に改名され文部省の所管に移り、一九二〇年に東京商科大学に昇格した。大学同窓会の「如水会」は渋沢が『礼記』の「君子交淡如水」から命名したという。

（一一）　東京養育院は一九〇〇年に感化教育部を設置しており、渋沢が一九〇二年九月の短いパリ再訪時に、一日がかりでノルマンディーの国立ドエール感化院を訪問したのはそのためと推測される。

渋沢栄一が邂逅したフランス

――グローバル経済史の文脈から

矢後和彦

渋沢栄一は二回渡仏している。一度目は幕末の一八六七年に徳川昭武の随員としてパリの万国博覧会に赴いた際、二度目は一九〇二年に米欧視察の外遊に出かけた際である。一回目の訪仏時に渋沢は二十七歳、二回目の際は六十二歳になっていた。このふたつの訪仏を手掛かりに、「渋沢が邂逅したフランス」そして「渋沢が構想した日本」をグローバル経済史の文脈に位置づけるのが本稿の課題である。

渋沢の訪仏については、本稿のような経済史・経営史のアプローチに限ってもすでに重要な先行研究がある。(1)本稿では、これらの研究との重複を避けながら、これまであまり強調されてこなかった論点を中心に、渋沢と日本・フランスの資本主義のありようを歴史のなかで検証する。焦点となるのは、最初の訪仏から二度目の訪仏にいたるあいだの「フランスの変化」、そして「渋沢自身の変化」である。

グローバル経済史からみた日本とフランス

渋沢が訪仏した際の日本とフランスは世界経済のなかではどのような位置にあったのだろうか。グローバル経済史という、新しい経済史の分野で開拓されている手法を概観しておこう。

まずフランスと日本の国内総生産（GDP）を、渋沢の二回の渡仏時について比較してみる。アンガス・マディソン・プロジェクトという世界経済史の研究プロジェクトが採用している手法で、通時的に比較可能な数値を算出してみると興味深い事実があらわれる。フランスについては、一八六七年のGDPはおよそ一一〇五億ドル、一九〇二年はおよそ一八〇〇億ドルで、この間のGDP成長率は六三パーセントだった（ここでいう「ドル」は購買力平価をもとにした「ゲーリー・カーミス・ドル」という特殊な単位である）。同じ時期の日本は、統計上最も近い年次を取ると一八七〇年におよそ五四四億ドル、一九〇二年はおよそ九一一億ドルであり、この間の成長率は六七パーセントとなっている。明治維新後の日本の経済成長はめざましいものだったが、同時代のフランスもまだ成長の途上にあり、渋沢が二度目に渡仏した一九〇二年においても、フランスは日本のおよそ二倍のGDP規模を有する経済大国だったことがわかる。[2] 日本のGDPがフランスを凌駕するようになるのは一九六〇年代を待たねばならない。ちなみにStatistaという統計データベースの推計から日仏の人口を調べると、渋沢の一回目訪仏の一八六七年に日本の人口は三四三〇万人、フランスの人口は三七九〇万人でフランスがやや優っているが、渋沢二回目の訪仏時の一九〇二年には日本が四五三〇万人、フランスが四〇一〇万人と日本が大きく逆転している。[3] 十九世紀後半におけるフランスの出生率の低さ、同時代の日本における人口圧の高さは、それぞれの国の産業の在り方や社会国家の設計にも大きな影響をおよぼすことになる。

国力のひとつの反映ともいえる通貨はどうだろうか。渋沢の二度の訪仏時を通覧できる統計として、横浜にお

ける パリ宛て四カ月満期銀行為替のレートを取ると、一八六八年四月に一〇〇フランが一八・七八円、同年の平均相場が一七・六三円であるのに対して、一九〇二年四月には一〇〇フランが三八・一七円、同年の平均相場が三八・〇七円となっており、この期間はフランに対して円安が進んでいることがうかがえる。(4) ところが、第一次大戦を機にフランは暴落する。同じ横浜のパリ・リヨン宛て一覧払い銀行為替のレートは一九一五年四月に一〇〇フランが五〇・〇〇円、同年の平均相場四〇・〇二円を記録してから、円に対してフランは続落し、一九一九年の年平均相場が三〇・九六円、渋沢の没年にあたる一九三一年には一〇〇フランは七・九九円にまで下落する。(5) 渋沢の最初の訪仏から二度目の訪仏までの間にフランの値打ちは円に対して二倍以上に上昇し、二度目の訪仏から渋沢の没年までの間に今度は五分の一程度に下落するという推移をたどっていることになる。このことは、第一次大戦が欧州に残した惨禍を示すとともに、渋沢の地政学的な世界像にも影響をあたえずにはおかなかっただろう。

グローバル経済史の視点からもう一つ指摘しておこう。英米流の経済史の視点では「金本位制」「代表政府」「自由貿易」の三つの制度を近代資本主義の牽引力とみる一群の実証研究がある。(6) ところがこの視点からみると、渋沢が最初にフランスを訪問した一八六七年の時点では、日本はもとよりフランスもまたこの「金本位制」「代表政府」という、これらの三つの基準のうち二つを満たしていなかったのである。日本が「代表政府」と呼べるものを有するようになるのは大日本帝国憲法の制定以降であり、フランスもまた第三共和制憲法の制定を待たねばならない。ここでいう「代表政府」の基準に「憲法」があるのは、所有権に基礎を置く資本主義社会にあって、たとえば君主の恣意によって財産が没収されたり増税が課されたりすることなく、憲法と議会による牽制がはたらくことが重要とされているためだが、ここではその詳細には立ち入らない。他方、日仏両国が「金本位制」を採用したのは、日本は日清戦後の一八九七年、フランスも一八七八年である。フランスはそれまでは金銀複本位制と呼ばれる体制にあり、イギリスを中心とする金本位の国際秩序とは距離があった。日本も一八七一年に新貨条例を制定して名目的には金本位制を掲げたが、正貨不足のため金兌換を行うことができず、日清戦争後の貨幣法によってようやく金本位制を確立して国際金融秩序に本格的に参入する。当時の覇権国イギリスを基準に置くこうした視点には議論の余地はあるものの、渋沢の最初の訪仏時には日本もフランスもまだ形成途上の資本主義体制だったといってよいだろう。

上記の基準の三つ目の「自由貿易」についても、フランスは一八六〇年の英仏通商条約（コブデン＝シュヴァリエ条約）によって自由貿易秩序に組み込まれたばかりであり、日本も一八五八年の幕末開港によって世界の貿易ネットワークにまきこまれていった。フランスは一八九二年からメリーヌ関税という保護関税を導入してイギリス中心の自由貿易秩序から抜け出すこととなり、日本も一九一一年の条約改正によって関税自主権を手にして一方的な自由貿易体制から抜け出すことになる。不平等条約下の貿易はいわば「強制された自由貿易」であったのだが、ともあれ、ここでは日本もフランスも十九世紀末に、イギリス中心の世界秩序と異なる方向を模索していたことを確認しておきたい。

こうした日本とフランスの位置をふまえて、以下では「渋沢が邂逅したフランス」を渋沢の視点からみていこう。

自由貿易と保護主義――渋沢栄一の視点

渋沢の二度目の訪仏については、最初の訪仏時の強烈な印象にくらべると、むしろフランスの停滞性への感想がみられることは先行研究でもふれられている。(7) 二度目の訪仏の直前に、渋沢が当時の新興国アメリカを周遊したばかりだったことも、この冷めた印象の背景にあるだろう。

ところが、この二度目の訪仏にいたるまでにフランスの経済・社会は、たんなる経済成長を超えて実は独自な変化を遂げていた。本節では、この「フランスの変化」と渋沢の視点がどのように交錯していたか、という点に注目する。その際に手掛かりになるのは渋沢の自由貿易論である。

渋沢が明治の日本で活躍していた時代、すなわち十九世紀後半の時代にフランスは先にふれたメリーヌ関税（一八九二）を契機に農業保護に回帰していった。その背景には一八七二年ころから明らかになった深刻な景気後退、いわゆる十九世紀末大不況があった。この大不況に際会してフランスは、すでに十九世紀初めから様々に始まっていた社会国家への歩み、すなわち貿易制限による農民保護あるいは労働者の社会的保護といった方向にすすんでいくことになる。「渋沢が邂逅したフランス」は、このように変化していくフランスだったのである。

保護主義については、フランスの歴史研究においても評価が分かれるが、[8]渋沢が鋭敏に感じ取ったフランス社会の停滞と見える動きは、こうした十九世紀末の社会情勢を反映していたといえよう。以下では自由貿易・保護主義をめぐる渋沢の言説をたどりながら「渋沢が邂逅したフランス」を渋沢の視点から吟味していこう。

渋沢は一八七九年に「自由貿易ノ如キ英国ニ於テハ最上ノ主義ナルモ、他国ニ従テハ或ハ適切ナラザルアリ」[9]と述べており、もともと単純な自由貿易論者ではなかった。一八九二年にはさらに進んで、当時の東京商業会議所における関税論争に言及して「予は寧ろ我が現今の国情に照らして保護貿易主義を持せり、何となれば工業の未だ振起せざる我国の如き所に於ては輸入物品は重もに製造品にして輸出する所のものは粗製品ならざるはなし」[10]と述べて、日本の製造業の現状に照らして自由貿易は時期尚早という立場を鮮明にしている。そして渋沢は、二度目の訪仏直前の一九〇一年に独自な保護主義論を展開している。

我国には維新以来アダム・スミス派の自由主義、経済界を支配し来りたるも、近時列国の経済的競争の趨勢より観察し、我国現時の状態より考ふるときは、今後の経済政策は内国生産品の輸出奨励上、若くは外国品の輸入に対する内国品の発達上、国家が保護的方針を採るの要あることを認めざるを得ずして、自分も従来

は自由主義を崇尊したる一人なりしも、近来稍々此主義の適当せざるを疑ふに至りたる。(11)

自由貿易論者だったみずからを振り返りながら、同時代に自由貿易への疑義を強めていったことが率直に表れている。こうした渋沢の心情は、フランス訪問を終えた一九〇二年の十二月には、以下のように海外視察をふまえた奥行きのある議論に発展している。この議論は「臨時商業会議所聯合会」における渋沢の談論の速記録に遺されたものであり、実業家の仲間内で率直に心情を吐露した記録として資料価値が高い。やや立ち入って検討しよう。

まず議論の前提として渋沢は、日本が農業国として自給自足の体制に向かうことができるか、と自問してただちにこれを否定する。「併シ農本国トシテ農業ヲ以テ将来ノ日本ヲ維持スルコトガ出来、又之ヲ発達セシムルコトガ出来ルカト云フコトヲ考ヘテ見マシタナラバ、到底此小面積ニ過大ノ人口ヲ有シタ日本ノ国情ニ於テ、農業ヲ以テ将来国ヲ発達セシメルコトガ出来ヌト云フコトハ、殆ド争ノナイ問題デアラウト考ヘマス」。まさに「農本国」として農業保護に乗り出したフランスを見た直後の印象として、フランスと同様の農業立国は不可能、という覚めた認識がうかがえる。

「農本国」が無理なら製造業に頼るほかない。「サウスルト勢ヒ商工立国即チ世人ノ今唱道シテ居ル商工立国ト云フ事ハ、遂ニ之ヲ実ニシナケレハナラヌ国柄デアラウト思ヒマス」。ところが、渋沢がいう「商工立国」には「保護主義」が必要だという。「其商工立国ノ実ヲ備ヘントスルニハ、即チ商工業ノ発達ヲセシメナケレバナラヌ」「之ヲ発達セシムルニハ、目下ノ形勢即チ世界ノ大勢ヲ考ヘ、彼我ノ状況ヲ対照観察スルニ、保護政策ヲ断行スルノ外手段ナキモノト信ジマス」。ところが、渋沢の観察によると当時の日本では「官民一致或ハ政府ノ中ニモ各省同一ノ意見ト同一ノ方針トヲ以テ終始一貫シタル保護政策ガ未ダ行ハレヌ」という状態だった。「何ガ故ニ保護政策ガ本当ニ行ハレヌカ」、それは渋沢によれば、日本に最初に導入されたのが自由貿易論であり「殊ニ学者要路ノ人ノ間ニ其持論ヲ主張スル者ガアル、ソレガタメニ此保護政策ノ実行ニ今尚大ニ障害ヲ与ヘテ居ルト考ヘル」という事情があったという。[12] 実際、東京商業会議所においても、同時代の三井物産を率いた益田孝らは自由貿易論を唱えており、渋沢の発言は商業会議所内の論争を意識した側面もあった。[13] いずれにせよ、渋沢は二度目の訪仏を経て、保護主義を強く主張するようになったことがうかがえる。

ただし、ここで急ぎ付け加えなければならないのは、渋沢は晩年にふたたび自由貿易論に近づいていることである。一九一六年に『竜門雑誌』に寄せた論考で渋沢はこう述べている。「私は国情を無視せる保護貿易政策にも亦同様の自由貿易政策にも共に反対」「種苗の間は之に適当の保護を加へねばならぬのと同じ道理である。種苗でも既に成長して大木に成つてしまへば、もう保護の必要無く、保護が却て蛇足になる」。[14] ここでは、それまで保護主義が必要だとしていた「国情」認識を改めて、自由貿易と保護主義のバランスをとる見方が押し出されている。この見方はまた、渋沢におけるもうひとつの世界像、すなわち国際関係のなかで有利な側を見極めようとする地政学的な展望にもつながっていく。

銀行経営――クレディ・リヨネと渋沢

「渋沢が邂逅したフランス」について、自由貿易と並んで重要なのは銀行経営である。渋沢自身が近代日本を代表する銀行家だったことは広く知られているが、[15] 本節ではその渋沢がフランスの銀行経営から何を読み取っていたか、という点に注目しよう。この点で好個の参照対象となるのがフランスの大銀行クレディ・リヨネ（Crédit Lyonnais）である。

クレディ・リヨネは以下の点で渋沢の視点と交錯する。同行の創業は一八六三年であり、渋沢の最初の渡仏のごく数年前のことである。そして渋沢の二度目の訪仏の時点で、同行は資産規模において世界最大の銀行に成長していた。何よりも渋沢は、クレディ・リヨネの創業者であり、渋沢の二度目の渡仏のころまで実におよそ四十年間にわたって頭取の地位にあったアンリ・ジェルマン（Henri Germain, 1824-1905）と面会している。以下では、渋沢とのかかわりを中心にこれらの史実を敷衍してみよう。

第一に、渋沢の最初の渡仏のころに創業していたクレディ・リヨネについて。一八六七年の時点では同行はまだリヨンを拠点とする地方の銀行にとどまっており、渋沢一行が同行を訪問した形跡はない。実はこの一八六七年という年はクレディ・リヨネの創業者アンリ・ジェルマンにとっても重要な意味を持っていた。ジェルマンは、リヨンの裕福な絹商人の家に生まれ、リヨン証券取引所の公認仲買人を皮切りに数々のビジネスに参画し、一八六三年にクレディ・リヨネを創業して筆頭株主・創業頭取に就任する。しかし渋沢訪仏時の一八六七年に最初の妻を病気で喪ってから、一八六九年に再婚する。この再婚相手が、ナポレオン三世治下で大蔵大臣・フランス銀行総裁を歴任したアドルフ・ヴィトリ（Adolphe Vuitry）の娘だった。この縁組の後押しで、ジェルマンはパリにクレディ・リヨネの拠点を設け、また政界にも進出する。[16] 一八六七年は、ジェルマンとクレディ・リヨネがパリに雄飛する直前の時点だったのである。

第二に、創業者ジェルマンの政治思想について。政界に進出したジェルマンはアン県選出下院議員を一八六九年から一八九三年まで（中断をはさみながらも）歴任する。ジェルマンの政治思想は「中央左派」とよばれたもので、オルレアン派ブルジョワジーと共和派の中道をいくものだったといわれる。またジェルマンは若き日にサン＝シモン主義にふれており、クレディ・リヨネの創業期の主要株主にもアンファンタン（Barthélemy Prosper Enfantin）、ミシェル・シュヴァリエ（Michel Chevalier）らサン＝シモン主義者がひしめいていた。創業株主についての「サン＝シモン主義者」という形容は、クレディ・リヨネの公式行史が与えているものである。[17] 渋沢自身がサン＝シモン主義をどのように受容したかについては、本書の鹿島茂論文のように様々な議論があるわけだが、ことアンリ・ジェルマンに関する限りは筋金入りのサン＝シモン主義者だったといってよいだろう。ジェルマンはまた、当時としては例外的に植民地領有に向けた軍事行動や銀行による植民地投資に反対した銀行家でもあった。[18]この人物と渋沢が一九〇二年に面会するのである。

第三に、渋沢とアンリ・ジェルマンの面会である。渋沢は二度目の訪仏時にクレディ・リヨネにジェルマンを訪ねて懇談している。渋沢の回顧によれば、ジェルマンは日本の経済成長を評して、「日本は二十七年戦役〔日清戦争〕以後の進歩といふものは実に驚いたものである、数年前に比して、其歳出入が三倍になつて居る、何処の国でもそれ程に進むものではない、もし夫程に日本全体の実力が四・五年にして三倍以上に進むものならば真に羨むべき国である」と述べたという。対する渋沢は「私は人に謂はれて大に心持が悪い」などと述懐している。[19]この面会でジェルマンが日本の銀行経営のずさんなことを指摘した、という点は先行研究でも言及されているが、[20]もうひとつ、渋沢はクレディ・リヨネの投資業務に注目していた点にもふれておこう。渋沢はいう。『『クレヂー、リオネー』が大は世界各国の財政及経済上の現況から小は一会社の信用の程度に到るまで綿密に取調べて〔……〕『インヴエスト』せんとする際には」「此等の調査は決して銀行自身の為めのみならず、其銀行と取引を開くもの丶為にして居ると云ふても宜しい」「此銀行は非常に多くの支店を有し、非常に盛なる営業振であつて又其銀行か得意先の便利を計つて居ることは敬服の到り」。[21]綿密な投資業務の要諦、信用調査の貸借双方へのメリット、そして銀行における多店舗展開の意義――これらは渋沢を通じて我が国の銀行業界に伝えられることとなる実践である。

クレディ・リヨネと交錯した渋沢が会得した銀行経営のあり方は、興味深いことに、渋沢のフランス認識とも分かちがたく結びついていた。訪仏から帰国した一九〇七年の演説から引用しよう。

仏蘭西の哲学者「コント」の説に社会を支配するには一種の階級制度を以てする、そして其階級は一般的広汎なる性質のものが上位に置かれ、特種的性質の階級が下位に置かれて其支配を受くるが自然の道理である、即ち精神界に於て最も広き権能を有するものは教育者にして之と同時に実業界に於て最も共通的性質のものは銀行者であるから、精神界を支配する者は教育者、実業界を支配するものは銀行家であると言つて居る。[22]

これは銀行倶楽部に招待された際の演説なので、多少割り引いて聴かなければならないとはいえ、渋沢が独特な階級秩序や銀行の役割にフランスの特質をみていたということは「渋沢が邂逅したフランス」を考える上でも非常に重要な論点になるだろう。

社会国家への歩み——渋沢栄一と添田寿一

「渋沢が邂逅したフランス」とつないで「渋沢が構想した日本」を考える際に欠かすことができないのが労働者の保護など、いわゆる社会国家への歩みである。先にふれたように、フランスは十九世紀末にイギリスを中心とする世界秩序とは異なる方向に向かいはじめ、貿易における保護主義や農業保護に進んでいく。ここで確認しておくべきは、保護主義は単に関税を高めて農産物の輸入を防遏するだけではなく、農業を国家の基本に置き、農業教育や農業信用の制度を整えていく政策体系につながったことである。保護関税に名前を残した前述のメリーヌ（Jules Méline, 1838-1925）は一八九四年には農業信用地域金庫の制度を設けて、農業信用を供与する協同組合の仕組みを整えており、この農業信用地域金庫がのちのクレディ・アグリコル（Crédit Agricole）につながる（周知のとおり、このクレディ・アグリコルは前述のクレディ・リヨネを傘下に収めて現在では世界屈指の投資銀行に発展している）。[23] 農業保護とならんで労働者保護など、福祉国家への歩みもフランスにおいて十九世紀後半に独自な展開をみせる。[24]

ところが、この社会国家への歩み、具体的には日本における工場法の制定について、渋沢は当初慎重な立場を崩さなかった。[25] のちに渋沢は態度を変更し、一九一一年の工場法成立(施行は一九一六年)を歓迎し、一九一九年には協調会を設立して労使協調路線を推進するが、この経緯で重要なのが、当初工場法に反対していた渋沢に対して工場法推進の側から渋沢と対立した学者・官僚が添田寿一(一八六四―一九二九)だったことである。

添田寿一とはいかなる人物か。幕末の筑前に生まれた添田は、東京大学で理財学(現在の経済学)を修め一八八四年の東大卒業とともに大蔵省に入省する(渋沢の女婿になる阪谷芳郎と同期入省である)。その後、ケンブリッジ大学とハイデルベルク大学に留学し、大蔵省に復帰してからは一八九八年の金本位制実施に参画し、第一次大隈内閣、いわゆる隈板内閣の成立時には大蔵次官に登り詰める。添田は大蔵省在職中から大学で経済学等を講じてエコノミストとしても知られ、台湾銀行(一八九九年創設)の初代頭取、日本興行銀行(一九〇二年創設)の初代総裁などを歴任した。フランスとのかかわりでは、日仏銀行(一九一二年創設)の設立にも関与している。社会政策学会(一八九七年創設)にも参画し、同学会のなかではいわゆる右派の代表格と目されつつ、上述のように工場法を推進する立場を取った。添田は渋沢の二十四歳年下であるが、没年は渋沢より二年早く、公職に就いていたころの年代はほぼ重なっている。渋沢が民間、添田が官界、という違いがあり、上述の工場法をめぐる論争でも対極に立ったふたりだが、第一次大戦前後の国際関係については歩みを共にすることが多かった。すなわち一九一三年にカリフォルニア州で排日土地法が可決された際には、渋沢が東京会議所内に日米同志会を作って添田と神谷忠雄を米国に派遣し、現地調査とロビー活動をさせて帰国後には報告もさせている。添田はまたパリ講和会議に際して民間代表の一員として姉崎正治とともに訪仏しており、人種差別撤廃条項を求めた日本の提案が却下された経験を渋沢とも共有している。[26] この添田・姉崎の訪仏を勧めたのが渋沢であり、ここには渋沢を軸にして官界の添田、学界の姉崎が手を結んだネットワークをみることもできる(姉崎正治については本書所収の伊達論文を参照)。添田は渋沢が創設した日米関係委員会や渋沢が会長を務めた日本国際連盟協会に渋沢の求めに応じて加わっている。[27]

工場法をめぐる渋沢と添田の関係については、一般的には「保守的な渋沢」に対する「開明的な添田」、あるいは民間の自主性を重んずる「実業家・渋沢」に対して国家による規制を唱導する「官僚・添田」という対照がなりたつだろう。添田の社会政策上の主張に、同時代の条約改正に向けた意図、すなわち社会政策においても欧米の水準に肩を並べることを重視する考えを見出した最近の研究も、こうした「官僚・添田」の一側面を照らし出したものといえよう(28)。

他方で、添田はフランスではなくイギリスとドイツに留学しており、ここでの工場法をめぐる当初の対立の背後には、フランス経由の労使関係観とイギリス・ドイツ伝来のそれとの微妙な相違がみてとれるのではないか。本節では試論的ながら、添田の著作を通じてこの点を検討してみよう。

添田は『経済学原理』なる講義録において「社会主義」を「穏和」と「極端」の二類型に分類し、「穏和」の社会主義に「慈恵的社会主義」「自助的社会主義」「国家的社会主義」を、「極端」のほうに「共進社会主義」「民主社会主義」「無政府社会主義」「虚無社会主義」を割り振る。現在との用語の違いや時代的制約はひとまず措くとして、注目すべきは「欧州大陸にては多く極端なる社会主義」がみられるが「英国にては穏和なる社会主義を以て労力問題を解決するの傾向がある」と論じている点である。添田は同書でビスマルク社会保険を高く評価しながらも「動もすれば労力問題に政治的分子を加味するに至り」と、全体としては欧州に批判的である(29)。

次いで『破壊思想と救治策』という一九一一年の著書で、添田は上記の社会主義論を敷衍して興味深い国際比較を提示している(30)。まずイギリスを取り上げて「英国に於ける社会主義は他国に於けるよりも頗る穏健に且つ平和的」と持ち上げて、協同組合による「自助的社会主義」、それを支える「善良穏健なる気風性質」を称賛している。他方ドイツについては、産業発展はイギリスにはまだ及ばないとしながらも「学説として或いは社会政策としての研究は多いに進歩して寧ろ英を凌駕する」と述べる。添田は、ビスマルクが主導したこれら社会政策の実践は、日本としても「大に模範とすべき」と評価する。ところが、フランスについては「産業の程度英独に比するときは一層の低き」にあるとしながらも、フランスの社会問題は「一旦発生するときは却って他より猛烈なるを例とす」と指摘する。その背景について添田は「激し易く熱し易き同国人心気風の然らしむる所」と片付けているが、添田の別の著作『応用経済論』では「佛の小農は国の基礎にして舟の下た積みの如し」という小農経済論を展開し、こうした小農層の存在が「幾度となく佛国なる舟が外国との風波に漂うて困難に突き当たり足る時に於ても遂に能く安然を得せしめた」と評価している。この『応用経済論』の添田は、こうした小農的社会としてのフランスの性格は、強力な陸軍国を成す背景になりつつも、みずからの居村にとどまろうとする性質や宗教的情熱につながる「愚鈍」の原因と断じている。(31)

こうした添田の認識は、渋沢はもとより、同時代の日本の認識とは際立って異なっていた。横浜正金銀行頭取だった高橋是清は一九〇六年に外債公募との関連で「世界中で勤倹貯蓄に富んで居る国民は仏蘭西の右に出る国はない」「仏蘭西の農民は一たび公債を持てば其公債が利息が払はれて居る間は其公債が幾ら高くなつても売るといふ国民ぢやない」と述べて、フランスの小農の貯蓄性向を評価している。(32) 札幌農学校に修学中の穂積貞三より一九〇七年に渋沢に送られてきた「夏季休暇中十勝方面旅行日記」には「仏国が農業国として天稟の肥沃気候の良好を能く利用し農業の大進歩を致したのは、一は革命の為めに大地主廃滅して自作農制の起りたる為め」と記されて、小農経済の優位と農業における労資の協調が報告されている。(33) 渋沢自身もまた一九一四年に学習院の学生・校友組織である輔仁会の大会で学生向けに講演して、以下のようにフランス国民の「節倹」「貯蓄」とフランスの「資本の優勢」を評価する。

仏国はと申すと、米人の批評に依りますと、現時に在つては同一程度のところを徘徊して居るなぞと申して居りますが、国民が一方に於いては節倹であつて貯蓄を励むと同時に、一方に於いては、種々の手段に依つて其の富の増進を計つて居りますのです。かのモロッコ問題の如きも、つまりは仏国の資本の優勢を証するやうなもので、経済上に於いては独逸も一籌を輸すと言つた有様なのであります。[34]
では添田の工場法推進論は、上記の特異な欧州認識とどう結びつくのだろうか。『応用経済論』に興味深い展開がある。添田は欧州各国における工場法（当時の用語で「工場条例」）の実効性を比較し、フランスにも工場法があるとはいえ、その成果についてはイギリスに軍配を上げる。それは「英国の工場条例が大に好結果を奏したるは監督官の権力を強めたるか故」であり、イギリスにはインフラ整備等の裁量は地方自治体にゆだねられながらも財務等については中央政府の監督権限が強いことを指摘している。添田によれば、大陸欧州の工場法はこうした中央の監督が弱く実効性に課題があるとされている。[35]

このように渋沢と添田を対比すると「フランスの渋沢」がフランス在来の小農経済・自助的な貯蓄を評価するのに対して、「イギリス・ドイツの添田」は「破壊思想」の蔓延を警戒し、地域社会の「善良穏健」な気風を中央政府の監督下に育てるという観点を維持していた。フランスでは国家的な社会保障の導入はドイツに比べると遅れを取り、社会保険制度も第一次大戦後に（それもビスマルク社会保険が適用されていたアルザス・ロレーヌの返還に伴って）あわただしく導入された。[36]ここで重要なことは、イギリス的な地域の自助とドイツ的な国家管理の組み合わせを称揚する添田に対して、渋沢が訪問した第一次大戦前のフランスはそのいずれとも異なっていたということである。実際、渋沢が第二回目の訪仏時に訪れたドエール国立感化院（La Colonie des Douaires）は、法務省の管轄下にありつつ、農作業を中心とした「農作業矯正監獄施設」であり、社会的な福祉制度というよりは、矯正・慈善を目的としたものだった。[37]渋沢がのちに工場法賛成に転ずる事情も、フランスにおける社会保険の導入など第一次大戦後の変化と重なる。渋沢の社会政策観についてはなお考究の余地はあるが、従来の視点に「渋沢が邂逅したフランス」という補助線をあてがうことで見えてくる論点もありそうだ。

変化するフランスと変化する渋沢――「地政学的思考」をめぐって

本稿では、保護主義・銀行経営・社会政策の諸側面から「渋沢が邂逅したフランス」を渋沢の視点から検討した。いずれの領域においても、フランスは渋沢に強い印象を与え、渋沢の思考も大きな影響を受けた。同時に強調しておかねばならないのは、これらの領域ではフランスもまた急激な変化の途上にあったということである。自由貿易からメリーヌ関税による保護主義へ、地方の銀行クレディ・リヨネから大投資銀行へ、そして自助・慈善の福祉政策から第一次大戦後の社会政策へ――時期や担い手には「ずれ」があるとはいえ、渋沢と同時代のフランスはグローバル経済の只中で大きく屈曲する進路を選択する途上にあり、日本もまたそうだったのである。渋沢自身の変化、すなわち、自由貿易と保護主義のあいだを揺れ動き、工場法に反対・時期尚早の立場から賛成・推進の立場へと変わっていった変化も、こうしたフランスの変化と重なるところが少なくない。

ここで最後に避けて通れない問いが、渋沢の「地政学」である。二度の訪仏ののち、第一次大戦後の国際関係の変動を目の当たりにした渋沢は、フランスに対してどのようなまなざしを向けていたのだろうか。若き日の渋沢が、フランスに合本主義や銀行経営のひとつの理想型を見出していたことは疑いないが、フランスの変化とともに、あるいは渋沢自身の変化とともに、この認識はどう変わったか。複雑で多面的な渋沢の認識をひもとくことは容易ではないが、ここでは以下の点を展望しておこう。

第一に、地政学的な思考は渋沢の晩年になってあらわれたものではなく、渋沢の生涯を貫いていたことである。たとえば横須賀製鉄所（後の横須賀海軍工廠）や富岡製糸場の建造は日仏友好の顕彰的な見方からふれられることもあるが、当時の国際情勢においては、これらの重要施設の建造にかかる外債は、ひとたび返済に失敗すれば施設ごと接収される「債務の罠」でもあった。そこで明治政府はフランスによる接収を回避するためにイギリス系の銀行に支援を仰ぎ、また別の外債をロンドンで起債した。さらにこうした債務を回避するためにフランス系商社の介在を排除して富岡製糸場が官営工場として立ち上げられた経緯は、若き日の渋沢も直接にたずさわったところであった(38)。

第二に、しかしながら渋沢においてこうした地政学的思考は晩年に至っても国際協調の理想と共存していたことである。一九一九年、先にふれた工場法問題の論敵だった添田寿一がパリ講和会議に日本から民間代表の一員として姉崎正治とともに渡欧する際に、当時七十九歳の渋沢はこう述べている。パリ講和会議の意義を「世界の適材は皆此所に集中された」「其議する所のものは一国の安危興亡に関するのであります」と強調した渋沢は「幸ひ我国は五大列強の中に加はりまして、此場合我国威を伸張するには絶大の好機会であります」と続ける。添田の渡欧を慶賀しつつ、渋沢は日本の行く末と外交的使命についてこう述べている。

我国民は平素に於きまして平和主義を採つて居ります、又正義を以て国本として居るのであります、然るに列国の中には我国を目して或は軍国主義の国なりとし、若くは武断主義の国なりと認めて居るのでありま す、此時、此場合に於きまして、此誤解を氷釈し、相互の意志の疏通を計ると云ふことは最も必要でありま す、博士の如き御方が公平の見地に立たれまして此誤解を氷釈し、相互の事情の疏通を計られましたならば、其効果や蓋し大なるものであると思ふのであります(39)。

「渋沢栄一とフランス」という視点からは、渋沢の「地政学」を国際協調や合本主義の理想像と一体のものとして、そして変化するフランスと日本とのダイナミズムのなかで見通す課題があらわれたといえよう。

【注】

（1） 原輝史「日仏経済交流——フランスの銀行家たちとの接触」、渋沢研究会編『新時代の創造——公益の追求者・渋沢栄一』山川出版社、一九九九年、一一八—一三五頁。原輝史「渋沢栄一のフランス訪問——一九〇二年を中心に」『渋沢研究』第一三号、二〇〇〇年。木村昌人「渋沢栄一と日仏関係——一九〇二年のフランス再訪とアルベール・カーンとの交流を中心として」、渋沢栄一記念財団編『渋沢栄一とアルベール・カーン——日仏実業家の交流と社会貢献』シンポジウム報告書、二〇一一年。

（2） https://www.rug.nl/ggdc/historicaldevelopment/maddison/releases/maddison-project-database-2020（二〇二四年四月十九日閲覧）

（3） https://www.statista.com/（二〇二四年五月十六日閲覧）

（4） Jürgen Schneider, et. al., hrsg., *Währungen der Welt. IV, Asiatische und australische Devisenkurse im 19. Jahrhundert*, Franz Steiner Verlag, Stuttgart, 1992, S. 182.

（5） Jürgen Schneider, et. al., hrsg., *Währungen der Welt, V, Asiatische und australische Devisenkurse im 20. Jahrhundert*, Franz Steiner Verlag, Stuttgart, 1994, S. 94.

（6） Robert Allen, “Progress and Poverty in Early Modern Europe”, *Economic History Review*, vol. 56, no. 3, 2003, pp. 403-443; Maurice Obstfeld and Alan Taylor, “Sovereign Risk, Credibility and the Gold Standard, 1870-1913 versus 1925-1931”, *Economic Journal*, vol. 113-487, pp. 1-35, etc.

（7） 木村昌人「渋沢栄一と日仏関係」、前掲論文。

（8） Vincent Bignon et C. Garcia-Penalosa, “Le coût à long terme du protectionnisme sur l’education”, *Revue de la Banque*, no. 47, septembre 2017.

（9） 「東京商法会議所要件録　第三号・第七—一二丁」明治十二年四月一日刊、『渋沢栄一伝記資料』第一七巻、一一三頁。

（10） 「渋沢商業会議所会頭の関税意見」『東京日日新聞』六一六三号、明治二十五年五月五日、『伝記資料』第二〇巻、一〇六—一〇七頁。

（11） 「本社第廿七回総集会記事」『竜門雑誌』第一六二号、三二—三三頁、明治三十四年十一月、『伝記資料』第二六巻、二八三頁。

（12） 明治三十五年十二月開設「臨時商業会議所聯合会議事速記録」一四〇—一八〇頁、『伝記資料』第二二巻、八七七頁。当該期の渋沢の保護主義を「日清戦後経営」とのかかわりで論じた研究として、島田昌和「日清戦後期の経済観——経済政策への意見と行動」、渋沢研究会編『新時代の創造——公益の追求者・渋沢栄一』山川出版社、一九九九年。

（13） 「渋沢商業会議所会頭の関税意見」、前掲。

(14) 青淵先生「戦後の貿易発展策」『竜門雑誌』第三四二号、二二―二八頁、大正五年十一月、『伝記資料』第五四巻、三一頁。
(15) 武田晴人『渋沢栄一』ミネルヴァ書房、二〇二一年。佐藤政則「地域銀行の誕生と渋沢栄一」『日仏文化』九一号、二〇二二年。鎮目雅人「金融人としての渋沢栄一――朝鮮半島へのまなざしをふまえて」『日仏文化』九二号、二〇二三年。
(16) Bernard Desjardins, et al., eds., *Le Crédit lyonnais, 1863-1986, Etudes Historiques*, Droz, Genève, 2003, pp. 33-47.
(17) Crédit Lyonnais, *Un siècle d'économie française: 1863-1963*, Paris, 1963, pp. 18-19.
(18) 原輝史「日仏経済交流」、前掲論文、一二二頁。
(19) 「青淵先生欧米視察談（承前）」『竜門雑誌』第一七七号、一―八頁、明治三十六年二月、『伝記資料』第二五巻、四三八頁。
(20) 木村昌人「渋沢栄一と日仏関係」、前掲論文。
(21) 「欧米銀行談（男爵渋沢栄一）」『銀行通信録』第三四巻二〇六号、八八三―八八八頁、明治三十五年十二月十五日、『伝記資料』第六巻、五五六頁。
(22) 「銀行倶楽部教育家招待会演説」明治四十年三月十五日、『伝記資料』第七巻、一五頁。
(23) 初期の農業信用金庫については以下を参照。André Gueslin, *Les Origines du Crédit Agricole (1840-1914)*, Annales de L'Est publiées par l'Université de Nancy II, Nancy, 1978.
(24) Henri Hatzfeld, *Du paupérisme à la Sécurité Sociale, 1850-1940. Essai sur les origines de la Sécurité Sociale en France*, Presses Universitaire de Nancy, Nancy, 1989; 齊藤佳史『フランスにおける産業と福祉 1815-1914』日本経済評論社、二〇一二年。
(25) 渋沢の労使関係・社会政策観については、島田昌和「渋沢栄一の労使観と協調会」『渋沢研究』創刊号、一九九〇年、四一―五八頁。
(26) 「添田博士送別午餐会」『東京商業会議所報』第一一号、一五―二〇頁、大正八年三月、『伝記資料』第五六巻、五七頁。
(27) 廣瀬四郎『添田寿一君小伝』実業同志会、一九二四年、二二―二九頁。
(28) 毛利拓臣「日清戦後の工場法と農商務省――農商工高等会議での議論に即して」、小林和幸編『葛藤と模索の明治』有志舎、二〇二三年、二六二―二九九頁。
(29) 添田寿一講述『経済学原理』、出版年不詳。同書は東京専門学校（一九〇二年に早稲田大学に改称）における講義録である。
(30) 添田寿一『破壊思想と救治策』博文館、一九一一年。
(31) 添田寿一『応用経済論』、出版年不詳、一一七―一一九頁。
(32) 横浜正金銀行頭取高橋是清「第三回以来英貨公債募集顛末　附倫敦金融事情」（銀行倶楽部晩餐会席上演説）『銀行通信録』

第四一巻二四六号、五八〇―五八九頁、明治三十九年四月十五日、『伝記資料』第六巻、六三一―六四一頁。

(33)「北海道移住民の概況（穂積貞三）」『竜門雑誌』第二二五号、二五―二八頁、明治四十年二月『伝記資料』第一五巻、五八〇―五八三頁。

(34)「学生諸君にのぞむ」（輔仁会大会の席上にて）男爵渋沢栄一『輔仁会雑誌』第九三号、大正三年七月『伝記資料』第四六巻、二一八―二二三頁。

(35) 添田寿一『応用経済論』、前掲書、二一四―二一五頁。

(36) Hatzfeld, *op. cit.*

(37) 原輝史「渋沢栄一のフランス訪問――一九〇二年を中心に」、前掲論文、一〇八―一一三頁。ドエール施設については以下を参照。Ministère de la Justice, *Monographies de la Colonie Pénitentiaires des Douaires et de la Colonie Correctionelle de Gaillon*, Melun, 1913.

(38) 石井寛治『資本主義日本の歴史構造』東京大学出版会、二〇一五年、二五―二七頁。

(39)「添田博士送別午餐会」『東京商業会議所報』第一一号、一五―二〇頁、大正八年三月、『伝記資料』第五六巻、五七頁。

近代日本におけるフランスとドイツ
――渋沢栄一の視点から

島田昌和

検討の視座

渋沢栄一はよく知られたように幕末に幕府の使節団の一員として一年半程フランスに滞在し、ヨーロッパの多くの国を訪れた経験を持つ。彼は一九〇二年に再び、ヨーロッパを訪れたが、三十四年ぶりにもかかわらず、変化の乏しいフランスにある種の失望を持った。あわせて訪問した米国の眼を見張る勢いに日本にとっての今後の最重要国に位置づけている。(1) 一方、日本の政府は近代国家形成のモデルとしてドイツ（プロイセン）を設定し、君権主義国家であるドイツをモデルとして、帝国大学という「国家の大学」において「国家官僚の養成」に邁進した。法律・医学・経済・教育・軍事など多方面でドイツ語が必修化され、有為な人材がドイツに留学していった。(2)

国家がこのような姿勢を示す中で渋沢は、ドイツという国をどのように評価して、関係性を持とうとしたのか、ドイツという国に対する発言や行動を検証し、対比的に失望を語ったフランスにはどのように関与を持ち続けたのかを検証していく。この二国を取り上げることで渋沢がヨーロッパ全体を凌駕しようとする米国の勢いを良く自覚しながら、大陸・ヨーロッパの強国をどのように評価し、経済面を中心にどのように付き合うべきと考え行動したのかを検証する。イギリスに関しては多くの植民地の存在や経済や技術の世界基準を持ち続ける国として、日本全体のみならず渋沢自身も「イギリスはどう考えてみても欧米中で一番重きを置かれるかと想像します」と発言して、畏怖と尊敬を持って対処していることがわかり、今回の検討からは除外する。(3)

一九〇二年（明治三十五年）の米欧訪問

渋沢栄一は、幕末の一八六七―六八年の滞仏以来、三十四年ぶりに欧州を訪問した。同時に初めて米国を訪問した。この目的は同年が日英同盟締結の年であり、日本への外資導入を促進するためであった。(4) ヨーロッパでの訪問を概観しておくと、英国では、ベアリング商会と外資導入を協議したが、ロンドンの商業会議所等で日本の商業道徳の低さへ苦情を度々言われている。(5) フランスではフランス中央銀行、クレディ・リヨネなどを訪問するが、相手は日本への投資に消極的であった。あわせて、ユダヤ系銀行家であるアルベール・カーンとの交流を深めた。

この時に渋沢は初めてドイツを訪問した。ドイツ訪問の旅程は以下の通りである。(6) 八月二十四日、ベルギーより列車でエッセンへ到着し、翌日、クルップ・コロニーと呼ばれたクルップの工場と寄宿舎を見学し、夜にはクルップ邸での夕食会に招かれている。八月二十六日にはラインとウエストファリア二州から出品されたデュッセルドルフの博覧会を見学し、エッセンに戻って夜行列車でベルリンへ移動した。ベルリンに入ると市内の博物館や動物園等を観光し、翌日にシーメンスの工場と電気製造業のアルゲマイネ社の工場を見学している。八月二十九日に、ドイツ帝国銀行副総裁と面会し、経済学者のヒッシャーと会って経済に関する意見交換をしている。ドイツ銀行も訪問している。翌日も経済関連の訪問が続き、財政家のメンデルソン氏やベルリン商工会議所会頭等と面談した。八月三十一日にはハンブルグに移動し、イリス商会主の歓待を受け、翌日は港湾施設を見学している。さらに九月二日にはハンブルグの商業会議所を訪問して渋沢一行のドイツ訪問は終了している。

これらの見学を通じて渋沢は「独逸の商工業が実に盛んなることは亜米利加に続いて驚くべきこと」、「今後欧羅巴で独逸が一番盛んなる所になりはせぬか」、「独逸の進歩は秩序的にいっているので、基礎は堅い」と好評価の感想を残している。(7)

欧米訪問からの帰国後の一九〇三年二月に、「独逸は段々と進歩して参っているようであります。殊に秩序的に進んでいると申してよかろうと思います、盛大とか奇麗とかいう方に就きましては他国にも優れたる所もあるに違いないが、順序だって進むという点に置きましては、或いは独逸は第一としなければなりませぬかと思われる、独逸の国は総ての事物が沈着して、且つ勉強心が多いように見えます」と先と同じように高い評価を語っている。(8)

この時の対仏接触に関して、原輝史の先行研究を交えながら少し深く検討していきたい。原は、日本側のみならずフランス側の資料を活用して、他の研究の追随を許さない高い実証性に基づく事実の発掘と客観的な分析を成し遂げている。

フランス訪問であるが、以下のような日程であった。九月七日にロンドンよりドーバー海峡を渡ってパリに入った。翌八日に旧知の堀越商会の駐在員や日本公使館の書記官と面会している（本野公使の祝宴は九日）。九月十一日にクレディ・リヨネを訪問し、頭取のアンリ・ジェルマンと面会したが、日本の財政状況を「論難され」、日本への投資には極めて消極的な姿勢を示された。その日の午後にユダヤ人の銀行家アルベール・カーンと面会している。

十三日にバンク・ド・フランスを訪問し要人と面会、さらにパリの商業会議所を訪問し会頭等と面会した。十五日にはリヨンに移動し、翌日イゼール県のブルゴワンで織物機械工場と製織工場を見学した。十七日にリヨンを離れローマへ移動し、フランスの滞在は終了している。

この日程中の十一日のクレディ・リヨネのジェルマン頭取との面談であるが、日清戦争後の日本の財政状態への懸念を問い詰められた。その背景としては、フランスがロシアと同盟を結んでいることによって日本への協力の消極姿勢が明白に表明されたというのが通説である。これに対して原は、ジェルマンが特別な反日感情に基づく日本批判ではなく、そもそも彼自身がフランスの植民地経営全般へ懐疑的な姿勢を取っていて、銀行家として植民地投資そのものに反対していた事を指摘している。[9]

日仏接近への道筋

しかしフランスはモロッコをめぐってドイツとの関係が切迫しており、インドシナの植民地を自力で保全する余裕がなく一九〇七年六月に日仏協約を成立させた。日本側は日露戦争時の高利の外債償還資金を必要とし、それをフランスに求めたものであった。日本はフランスの保有するインドシナ植民地を認め、かわりにフランスはパリ金融市場を日本に解放したのであった。[10]
フランスはすっかり態度を変え、合計三十人もの日本人に勲章を授けたが、そのほとんどが政治家に贈られた中で渋沢も叙勲し、民間人からは他にないレジオン・ドヌールでも高位のコマンドール勲章であった。[11]これは日仏協約成立への高い貢献によるものであり、日仏銀行の開設の呼び水ともなった。パリバ銀行を中心とする調査団が日本に派遣され、渋沢は飛鳥山の自邸で彼らの歓迎夕食会を催している。[12]三カ月という長期の調査の末に日仏銀行開設の道筋が整えられた。[13]パリバ銀行頭取ユジューヌ・ゴワンの孫アンドレが第一銀行で実務研修をし、彼には英語を正しく話せる優秀な行員を用意してサポートし、両国・両行の急接近を象徴する扱い方となった。[14]
同様の時期、一九〇八年に渋沢は雑誌『商業界』に寄稿している。[15]その中でフランスに対し「日本と大工業で力を争うということとはほとんど縁の遠い」と述べている。方やドイツに対しては、ドイツを代表する企業クルップに対しその巨大さ、施設の充実ぶりを語り、特に労働者への処遇の良さを「職工は此のクルップを神のように敬い、所謂幸福を君に祈る」とほめたたえ、皇帝さえもクルップの労働問題に注力していることを書いている。(16) フランスを工業国としてでなく、金融大国とみなし、その付き合いをしていく姿勢が見て取れる。この時点でのドイツの評価は高いわけだが、のちに激変することは後述する。

渋沢とフランスであるが、アルベール・カーンというユダヤ系の金融家を通じての交流が続いた。カーンは、一八九七年と一九〇八年に来日していて、それに挟まる一九〇二年にパリにおいて渋沢と再会をしている。カーンという人物は、日仏両国間の官民双方において主軸的な立ち位置にいたとは言えない銀行家であったが、一八九四年以降、日本の複数の銀行家たちと友好関係を築いていた。彼は日本にとって困難な対仏関係の中で日本に対する文化・学術面での巨額の支援を含めて、独自の親日的な行動を示し続け、その存在は決して小さいものではなかった。(17)

再度、フランスとの金融的なつながりに話を戻そう。国内の資金不足解消のため日本興業銀行以外の様々な外資導入ルート開設を模索したが、日英同盟が成立したにもかかわらず日英銀行を設立しての外資の直接導入は、うまくいかなかった。それはこの構想に対して英国側が日本への投資の仲介業務に徹して、大型の投資に結び付けるような積極的な投資団形成をすることができなかったからであった。(18)

日仏銀行の設立と渋沢の懸念

それに対して日仏間での銀行設立、日仏銀行は一九一二年に成立した。日本側としては日仏間の為替取引の便宜、日本企業への個別の外資導入、日本の有価証券等のパリ市場での上場や日本国債取り扱い手数料の節約が期待され、大きな希望を抱くものであった。[19] フランスの政府サイドはインドシナ植民地の権益と利害がぶつかる可能性を大いに懸念して難色を示し、それに対して日本側は大きく譲歩して権益を侵食しないことを確約せざるを得なかった。[20]

同行はフランス商法に基づく株式会社銀行であり、資本金が二五〇〇フラン、出資比率としてはフランス側六〇パーセント、日本側四〇パーセントで、本社はパリに置かれた。取締役会長はフランス人、副会長は日本人とし、日本にも支店を開設した。[21]

当初の出資者は、フランス側がソシエテ・ゼネラルとパリバ銀行、日本側は日本興業銀行が独占していた。しかし権益侵食の懸念を持つインドシナ銀行に対しても株式を開放して陣営に取り込んだ。また日本側でも三井、三菱、第一の民間銀行に株式が一部解放され、横浜正金銀行は取締役会メンバーにも加えられた。渋沢も東京委員会会長添田寿一の私的諮問委員会「日仏銀行相談会」の一員として関与した。これは日本興業銀行と民間銀行間の調整役を担うものであった。[22] 一九一二年に日仏銀行が開設されると、ヨーロッパの金融業界は好意的な反応を示し、同行の株式の売り出しは即座に埋まり、運営も円満に滑り出したようであった。[23]

開設初年度に東洋拓殖会社の五〇〇〇万フランの社債発行を実現し、初年度から利益を計上することができている。[24] 二年目には通常営業のみで前年並みの純益を上げた。第一次世界大戦中も継続して東京支店が好成績をあげて利益を確保し続けた。[25] 日本は連合国側に与し、日露戦争での膨大な対外債務を有利な条件で償却していき、それは日仏銀行にも多大の利益をもたらした。[26] 続く一九一九—一九三〇年の間も大きな利益をあげ続けた。[27] さらに世界恐慌や戦争の足音の近づく中でも一九三八年に至るまで毎年一定の利益をあげ続けた。[28]

この銀行に対する渋沢の関与だが、渋沢側に残る資料によると渋沢は一九一二年の二月、すなわちフランス側と正式な交渉の始まる前から日仏銀行の設立に関し政府サイドから相談を受けていた。[29] 三井や三菱という他の主要銀行もすぐに協議に加わり三行が出資者として参加することが決定していった。[30] また、同年八月頃には、これらの三行に横浜正金銀行が加わって定款にはない相談役が置かれることが決定している。[31]これ以降、毎月一回相談役会が開かれ、渋沢は欠かさず出席した。[32]

ところが十月の相談役会の議事録には、「日仏銀行日本興業銀行契約ニ関スル件」とのタイトルで、渋沢がこの両銀行間の契約を事前に知らされておらず、「日本興業銀行ノ手先タルニ過キサルノ感アリ」とあからさまな不快感を述べ、それは横浜正金銀行に対しても同様となっていて両行に自動的に手数料が入る仕組みになっており、それでは自分は辞任するしかないと抗議を含んだ態度を示したことが記されている。[33]営業科目が広範すぎてリスクの大きいこと、日本の中国投資へクレームが入ることの懸念、フランス側の日本側相談役の位置づけへの疑念など広範囲に不満があったことを原は指摘している。[34]

さらに翌年八月の同会では、日本の会社の有価証券が政府保証なしにフランスで発行できない現状、手形の期限が三カ月と短すぎること、担保金を日本の支店ではなくフランスに送金しなければいけないこと、割引利率がイギリスより不利な点など、具体的に複数に渡る不満を挙げて日本の企業にとって必ずしも有利となっていないことを訴えている。[35]さらに翌年の一九一四年には中国における日本の経済開発を担った官民あげての国策会社・東亜興業株式会社（一九〇九年発足）や袁世凱政権を相手とした中日実業株式会社（一九一四年発足）の名前が日仏銀行の相談役会でのフランス側との協議事項に登場し、これらの渋沢が深く関与した対中事業を日仏銀行と協議せざるを得ない状況を窺わせる。実際のところ、日仏銀行はその後は日本植民地・アジア投資は一切おこなわれなかった。その末に一九一七年七月に渋沢は同職を辞任したことが記されている。[36]

日露戦争時の戦時外債の戦後償還のため、低利の資金調達を求めてフランスに接近した日本であったが、複雑な国際情勢の中で一筋縄ではいかなかったものの、ある種の利害が一致して日仏両国は日仏銀行の設立に至った。この銀行は第一次世界大戦に至る道筋の中で比較的安定的に好成績を続けるものの、それは日本興業銀行や横浜正金銀行などの政府系銀行に利益をもたらすものであった。渋沢は日本の民間ビジネスや中国での民間投資案件への資金導入を期待したのだったが、それは見事に裏切られ、ついに渋沢はこの銀行からの離脱を決めている。

同時期のドイツと渋沢の態度

それでは、この時期のドイツに対して渋沢はどのようなスタンスを持っていたのかを検討しよう。渋沢は「実験論語処世談」という連載の中でたびたびドイツに対しての言及を行っている。

一九一七年には「ウイルヘルム皇帝学院と称せられる一大科学研究所の設立」を理化学研究所のモデルの一つとしていることに言及している[37]。これは一九一一年設立のカイザー・ヴィルヘルム協会を指していると思われる。この時点では好意的な引用であるが、同年に「ドイツ軍がベルギーを侵略占領してから〔……〕掠奪やら婦女子を辱める事やらが勝手次第になってしまった」、「折角今日まで進歩してきた個人道徳までが根本的に破壊せられてしま」ったと、始まった世界大戦の中でドイツに対して手厳しい論評を述べている[38]。

続いて一九一八年にはドイツが第一次世界大戦で非人道の弱肉強食の蛮行を行っていると非難している。それを「宗教改革の急先鋒たるマルチン・ルーテルを出した独逸が『国の為』という得手勝手な口実の下に侵略政策の張本人となり」と、ルターの宗教改革を成し遂げた国にもかかわらずの非道であり、「各国の軍国主義は戦後も依然として改まらず、互いに財力兵力をのみ競って宗教の威力も、道徳の権威も、行われるに至らぬだろうと思う」と、世界の平和が遠いことを悲観している[39]。

一九一九年には第一次世界大戦の戦況に対して「独逸の勢力が一時は如何に旺盛の如くに見えても、到底道理によって立つ聯合国側に勝ち得らるべき筈無く」、連合国の勝利は「富力の勝利」ではなくて「正義の力遂に勝」ったものだと評している。すなわち、米国のウィルソン大統領によって代表せられた正義と人道とが、ドイツのカイゼル（ヴィルヘルム二世）によって代表された横暴と不仁とに勝ったと論じている。渋沢は「道徳の伴う富力の勝」ちと表現し、「連合国側の富力には道徳力が伴っていたから、それで其の富力が頗る有力なる勢力となり、遂に敵を降参させることのできるまでに成った」、言い換えれば「連合国の勝ったのは其の道徳の力で独逸の不道徳を破れるもの」と位置づけた。よって「日本も戦後は単に物質上の富力を涵養するのみに力めず」国民道徳を涵養していかなければいけないと結んでいる[40]。

ドイツ皇帝に対する非難は驚くほど多い。一九二〇年には「独帝カイゼルは勢いに乗じて天命を無視し、中欧にドイツ大帝国の建設を夢みて非望を遂げんとし、世界の大動乱を惹起するに至ったが、マンマと失敗に帰し、身は累世の憂き目を見るに至った」と、最後まで手厳しい[41]。

軍事力増強による帝国主義的な膨張政策を推進したドイツ皇帝ヴィルヘルム二世に対する見方は世間一般と同様、実に厳しい。第一次世界大戦はドイツが単独で膨張主義的に引き起こした広域戦争ではない。であるが、欧米においてもヴィルヘルム二世が大戦の張本人と見なされた[42]。また日本においても同様かそれ以上に知識人を中心にドイツを嫌悪する風潮は強かった[43]。であるが、他方、米国の経済力よりもその正義と人道の姿勢を対置しているところが特徴的であろう。渋沢がこの時期頃から社会における道徳の重要性を強く意識し始めていることがよく現れている。

このようにドイツ、中でもカイゼルの横暴ぶりが世界を混乱に導いたことをかなり強い調子で非難している。一九〇二年のドイツ初訪問時から、渋沢はドイツの工業力の高さや人々の勤勉さを高く評価していたにもかかわらず、こうも手厳しくドイツを批判するようになったのはどうしてなのだろうか。特にヴィルヘルム二世に対して名指しで執拗に攻撃しているのは渋沢には極めて珍しい。先にも記したように第一次世界大戦への海外の世評や国内の知識人の論調に合致しているが、何か確固たる情報源がないとここまで激しい批判を繰り返さないように感じられる。その根拠の可能性として姉崎正治（一八七三—一九四九）との接点を検討してみたい。

姉崎正治との出会いと関係性

渋沢栄一と姉崎正治の出会いは、一九一一年九月の帰一協会設立の準備会合と思われる。[44] 帰一協会とは、「国内外の諸問題を、学者・宗教者・実業家などが集い、議論し、その成果を社会に発信しようとした団体」と位置づけられる。[45] 日本女子大学を創設した成瀬仁蔵が渋沢栄一その他に呼びかけて発足し、姉崎正治は五人の「幹事」の一人であり、刊行物の編集を担い、事務局は姉崎の小石川の自宅や教授を務める東京大学宗教学研究室に置かれた。[46] また、この会の名前「帰一」は姉崎が王陽明の「万徳帰一」からとって命名したとされている。[47]

姉崎正治は、東京帝国大学宗教学講座の初代教授に就任した。一八九三年に東京帝国大学・文化大学哲学科に入学した。学生時代に執筆した論文を学術雑誌に発表し、一八九六年に大学院に進学して宗教学を研究テーマとした。一九〇〇年から三年間、ドイツ・イギリス・インドに文部省留学生として海外留学をしている。その間、助教授に任ぜられ、ドイツ滞在中の一九〇一年に学位論文を提出し、翌年に文学博士の学位を取得している。[48] 帰国直後の一九〇四年に教授昇格、翌年に宗教学講座が増設された。また、姉崎は一九〇七年から渋沢との親交も深いフランス人銀行家のアルベール・カーン奨学金により一年間の世界周遊旅行へ出かけている。これは日本人として第一号の受給者であった。[49]

渋沢と姉崎の接点であるが、渋沢は第一次世界大戦の勃発に対し、一九一五年三月に帰一協会内で「時局問題研究委員会」を組織し、姉崎も委員として九カ月にわたる答申取り纏めを依頼している。文案起草を姉崎が担い、最後の取り纏めを渋沢自身が行っている。姉崎は後年、帰一協会に関する渋沢の思いなどをかなり克明に談話や原稿として残しており、帰一協会を通じての交流の深さを十分に感じさせる。[50]

姉崎は三年間の留学を北ドイツのキール大学のパウル・ドイッセンのもとで開始した。このドイッセンが痛烈な反ヴィルヘルム二世批判者であった。姉崎自身がヴィルヘルム二世に対するドイッセンの憤慨によって「自分のドイツ反対に拍車をかけ、その前にカイゼルの黄禍の面で、カイゼル反対の意を持っていたのが一層盛んになり、〔……〕自分の前時代ドイツに対する崇敬に比例して、現代ドイツ反対が強まって行ったのは、一つはドイセン先生の感化から来たものであった」と書き残している。一九〇〇年にヴィルヘルム二世はキール軍港で有名な黄禍論演説をしていて、このストレートな黄禍論はドイツ国民からも冷笑されていたようでもあったが、一般にも特にプロイセンにおいてはアジア人蔑視の偏見は強かった。姉崎自身が「下走卒児童に至るまで、支那人黄色人種を悪み、路行く我等に対してまでも石を投じ、罵言を放つ」と書簡に書き残している。[51]このようなドイツでの留学経験を経て姉崎は高慢なプロイセン意識の色濃く反映したドイツに幻滅し、「反ドイツ的な言動を生涯貫」いた。[52]

渋沢と姉崎であるが、欧州の帝国主義的な軋轢による第一次世界大戦の勃発という文明の破壊的状況に対して宗教の役割に着目した共通点をもつ関係であった。二人の思想性にどこまで一致を見出すべきかについては異論もあるが、共通の意識に基づいて帰一協会で何らかの成果を出そうと積極的に動いた二人であった。ドイツに関して発言の場面はそれぞれ違うものの同じような捉え方が言説から感じられる。渋沢が姉崎からこの時期のドイツの実情と感想を聞いていた可能性を推測することにさほど不自然さはないのではなかろうか。この仮説の提示はここまでにとどめるが、プロイセンを中心に短期間で軍事力の行使によって大国に昇りつめようとして大きくつまずいたドイツに限界と失望を感じたとも言えよう。二人の関係はその後も場面をかえて継続した。一九二五年の太平洋問題調査会でも共に関与した。この二人は民間にあっても国際関係に果たすべき役割はあるとの考えを共有し続け、民間外交にける「理想主義的な立場を共有」したと評されている。[53]

小括――渋沢とフランス・ドイツ

十分な論考ができたわけではないが、この小稿によって浮かび上がった点をまとめよう。渋沢はドイツの工業力やその担い手としての気質を高く評価していた。一方、フランスの工業力の進展のなさに大いに失望していた。しかし、第一次世界大戦を引き起こしたドイツを厳しく批判した。技術はあっても道徳心のない皇帝が率いる国として悪しき例としてやり玉にあげた。これは姉崎正治の影響による部分も感じられる。

一方、フランスとは工業技術は高くなくとも、欧米の大国の一つとして金融面での期待を持ち続けた。とはいえ、渋沢の期待する植民地や対中投資に日仏銀行は役立ったとは言えない。フランスからの足かせは大きく、同時に日本サイドも政府系銀行の出先のように機能しており、渋沢の意図する民間の経済権益に自由に投資できる銀行とはならなかった。

列強の帝国主義的な軋轢が大規模な武力衝突となり、国際的な民間経済活動に基づく軋轢の歯止めはまったく無力であった。宗教や倫理面での軋轢回避の道を模索するが、これも成果はまったくなかった。渋沢の国際平和に基づく自由な経済競争の実現は遠のくばかりであり、それに対して有効な手段も見出せなかった。これを致し方ない限界と考えるべきか、それとも中国や朝鮮半島の日本の経済権益を守った上での投げかけが説得性を持たないと批判すべきか、それを判断するのはきわめて難しい。結果として渋沢に残された道は理想主義的民間外交路線とならざるをえなかった。

【注】

(1) 木村昌人『渋沢栄一』筑摩書房、二〇二〇年、一七八―一八六頁。
(2) 天野郁夫『大学の誕生(上)』中央公論新社、二〇〇九年、九一―九三頁。
(3) 渋沢青淵記念財団竜門社『渋沢栄一伝記資料』第二五巻、渋沢栄一伝記資料刊行会、一九五九年(以下『伝記資料』と略記)、四二三頁。なお、『伝記資料』からの引用文は現代仮名遣いに改めた。また渋沢は一九〇二年の訪英時に、外資導入のための基盤として鉄道抵当法の施行のための準備交渉に取り組んでいる。詳しくは島田昌和『渋沢栄一の企業者活動の研究――戦前期企業システムの創出と出資者経営者の役割』日本経済評論社、二〇〇七年、ならびに島田昌和『渋沢栄一――社会企業家の先駆者』岩波書店、二〇一一年を参照。
(4) 前掲、島田、二〇〇七年、三五〇―三六三頁。
(5) 前掲、『伝記資料』第二五巻、三一五―三一七頁、前掲、島田、二〇〇七年、三五八―三六三頁、前掲、木村、一八四頁。
(6) 前掲、『伝記資料』第二五巻、三三四―三三八頁。
(7) 「渋沢男爵の断片四」『中外商業新報』一九〇二年十一月五日、『伝記資料』第二五巻、三二三頁。
(8) 「青淵先生欧米視察談」『竜門雑誌』、『伝記資料』第二五巻、四三七―四三八頁
(9) 原輝史「日仏銀行(一九一二―一九五四年)の経営史」『早稲田商学』第三八二号、一九九九年、一二二頁。
(10) 波多野善太「日露戦争後における国際関係の動因」『国際政治』(三)、一九五七年、一六四頁。
(11) 前掲、原、一九九九年、一二三頁。
(12) 同前、一二七―一二九頁。
(13) 同前、一二四頁。
(14) 同前、一三〇頁。
(15) 渋沢栄一「予の眼に映じたる仏国」『商業界』一九〇八年三月、『伝記資料』別巻第六、三九六頁。
(16) 渋沢栄一「クルップ植民地を観る」『商業界』一九〇八年三月、前掲、『伝記資料』別巻第六、三九六―三九七頁。
(17) 原輝史「日仏銀行(一九一二―一九五四年)の設立・経営をめぐる社会経済史的考察(上)」『早稲田商学』第三八八号、二〇〇一年、五九三頁。アルベール・カーン銀行であるが、世界恐慌のあおりを受けて一九三〇年以降、不調となって行き、資産を差し押さえられる結果となってしまう。
(18) 同前、五八五―五九八頁。

(19) 同前、五九九頁。
(20) 同前、六〇一—六〇二頁。
(21) 同前、六一三頁。
(22) 原輝史「日仏銀行（一九一二—一九五四年）の設立・経営をめぐる社会経済史的考察（下）」『早稲田商学』第三八九号、二〇〇一年、五六頁。
(23) 前掲、原（上）、六一四—六二三頁。
(24) 前掲、原（下）、四—五頁。
(25) 同前、五—一〇頁。
(26) 同前、一〇—一一頁。
(27) 同前、二四頁。
(28) 同前、三四—三五頁。
(29) 前掲、『伝記資料』第五〇巻、三二〇頁。
(30) 同前、三二〇—三二七頁。それぞれが二五〇〇株、五〇万円の出資。
(31) 同前、三二九頁。
(32) 同前、三三〇—三五六頁。
(33) 同前、三四一—三四四頁。
(34) 前掲、原（下）、五七頁。
(35) 前掲、『伝記資料』第五〇巻、三五一—三五四頁。
(36) 同前、三五五—三五七頁。
(37) 前掲、『伝記資料』別巻第七、一九〇頁。
(38) 同前、一五三頁。
(39) 同前、二八六頁。
(40) 同前、三三一—三三三頁。
(41) 同前、四〇六頁。
(42) 竹中亨『ヴィルヘルム二世——ドイツ帝国と命運を共にした「国民皇帝」』中央公論新社、二〇一八年、一六五頁。

(43) 同前、一二二頁。
(44) 前掲、『伝記資料』第四六巻、四一五頁。
(45) 見城悌治編著『帰一協会の挑戦と渋沢栄一——グローバル時代の「普遍」をめざして』ミネルヴァ書房、二〇一八年、一頁。
(46) 島田昌和「渋沢栄一の労使観の進化プロセス」(八三—一〇五頁)『進化の経営史——人と組織のフレキシビリティ』(共編著)有斐閣、二〇〇八年、八六—八九頁。ならびに、前掲、見城、四—五頁。
(47) 前掲、『伝記資料』第四六巻、七一八頁。
(48) 磯前順一・深澤英隆『近代日本における知識人と宗教——姉崎正治の軌跡』東京堂出版、二〇〇二年、一六—三二頁。
(49) 同前、五五—五七頁。
(50) 前掲、島田、二〇〇八年、九一—九三頁。
(51) 前掲、磯前・深澤、三五—三六頁。
(52) 同前、三六頁。
(53) 同前、八〇頁。

第二章　道徳、経済、宗教

渋沢栄一における経済倫理と民間外交
——渋沢の講話「道徳経済合一説」と「国際連盟の精神」について

クロード・アモン

並外れた実業家

日本橋の金融街の中心にある常盤橋公園に渋沢栄一（一八四〇—一九三一）の等身大の銅像が立っている（図1）。渋沢は、その長い経歴を通して五百社近い企業を設立し、六百件近い多方面の社会貢献事業に関わった「日本資本主義の父」として崇められている。その多彩な活動は狭い意味での企業家《アントルプルヌール》の枠にはとどまらず、より広く政治経済学が対象とする領域に及んでいる。渋沢栄一は伊藤博文（一八四一—一九〇九）ら明治政府で力を振るった寡頭政治家たちと同世代に属している。

武蔵国（現在の埼玉県深谷市）血洗島村の富農の家に生まれた渋沢は、年少の頃から儒学の基礎を学び、父の家業を手伝って藍玉の生産と販売に従事した。血気盛んな青春期には尊王攘夷論に傾き、一時は横浜の外国人居留地の襲撃を計画した。しかし一八六四年に縁あって一橋家に仕え一橋慶喜の家臣になるが、慶喜が将軍になった翌年の一八六七年、徳川慶喜の末弟昭武に随行してパリ万国博使節団に加わり渡仏、ヨーロッパ各地を訪問する

図1　渋沢栄一像（常盤橋公園）

機会に恵まれる。大政奉還による政変により明治元年秋に帰国するが、幕臣だったにもかかわらず、明治政府に請われて出仕し、その財務能力を発揮する。民部省（のち大蔵省）の高級官吏として大隈重信（一八三八―一九二二）、井上馨（一八三五―一九一五）、伊藤博文のもとで租税制度の改正など行政改革にあたるが、予算編成をめぐる大久保利通（一八三〇―一八七八）との対立を機に一八七三年、井上馨とともに大蔵省を辞し、第一国立銀行（のちの第一銀行）を開業、商工会議所や証券取引所、海運会社や保険会社など日本の経済発展に資する団体や組織を作るため全力を傾注する。野放しの経済自由主義が支配し真の行政府の枠組が不在の環境のなかで、[一] 一八七八年に東京商法会議所（のちの東京商工会議所）を設立しその会頭に就任、一八九〇年代に国家が軍備拡張政策に走るのに対し、民間の産業支援策を推進してやまなかった。疲れを知らぬその活動により、渋沢は一九〇〇年に男爵に叙せられる。[二]

この節目の年に六十歳を迎えた渋沢は実業界の責任あるポストから引退しはじめる。[三] 一九〇〇年に伊藤博文が設立した新政党の立憲政友会に入党を勧誘されるが断り、その翌年、首相の大命降下を受けた井上馨が大蔵省時代に右腕だった渋沢に大蔵大臣としての入閣を求めたが、渋沢が固辞したため、井上は組閣を断念し大命を拝辞した。[四] 以後渋沢は一九三一年に九十一歳で亡くなるまで、様々な集会の講師として、実業家団体による民間経済外交のリーダーとして、アメリカの日本人移民の利益代弁者として、[五] 国際文化交流や労使協調の欠くべからざる仲介者として、[六] 新しい多彩な経歴を歩みはじめる。

儒学の教養を身につけた渋沢は、西洋の政治思想との直接対話を行なった福沢諭吉（一八三四―一九〇一）ほどの知的スケールは持たないが、研究者のなかには、渋沢のうちにフランスのサン＝シモン主義の影響を見てとる者もいる。（七）サン＝シモン主義は、ナポレオン三世の第二帝政期に、金融と鉄道と海運の経済的基盤づくりと、産業化の担い手となるエンジニアや管理職養成の指導理念になった。（八）渋沢の活動の広がりを見ると、ダーウィンやスペンサーの名前を直接引くことはないが、十九世紀末の社会進化論や社会有機体説の幾ばくかの痕跡を見て取ることができるだろう。

渋沢のうちには優れた企業家精神と同時に、豊富な経験に裏打ちされたプラグマティズムを認めることができる。それは、グラント将軍、アンドリュー・カーネギー、またセオドア・ルーズベルトのような偉大な人物との出会い（九）から学んだプラグマティズムである。孫文や蒋介石、さらにタゴールとの出会い（一〇）も忘れることはできない。こうした開かれた姿勢による海外の要人との交流は、一九〇二年の日英同盟、一九〇四—〇五年の日露戦争、さらには一九一〇年代から一九二〇年代に開花する「大正デモクラシー」と同時代のものだった。しかし渋沢の行動は、日露戦争後の個人主義や享楽主義の蔓延に歯止めをかけ、勤勉と節約の徳を説く一九〇八年の「戊申詔書《ぼしんしょうしょ》」（一一）の文脈の中に位置づけられる。それはおそらくイデオロギー上の伝統主義と近代的アソシアシオン主義（一二）を結びつける立場であり、それが彼ほどの資質をもつ人格のなかに共存するとき、その結びつきは一見理解しがたいものに思われる。しかし渋沢を国家主義や民族主義の「ナショナリスト」とみなしたり、閉ざされた国民国家建設の追従者の役割に還元することはできない。というのは、歴史の長期的視野に立つ渋沢の展望は、日本を取り巻く朝鮮や中国など隣国の他者性を考慮に入れたものだったからである。

渋沢はその論述において歴史学と戦略的地政学の二つに準拠していた。一方の拠り所は、彼が尊重する中国の伝統的儒教であり、他方の拠り所は、彼が実業家として学ぼうとした、二十世紀初めに登場したアメリカモデルの西洋である。こうしたヴィジョンは、日本の最初の貿易相手国であったアメリカ合衆国、中国、インドとの経済交易の分析によって裏打ちされていた。一九〇五年の日露戦争での勝利は直ちに最初の日米対立を引き起こす。

対立の火種は中国市場への参入をめぐる競争やアメリカにおける日本人移民の問題で、やがて対立は一九二一年十一月に始まるワシントン会議での太平洋における海軍軍縮交渉に及ぶ。[一三] こうした地政学的変化を背景に、渋沢は列強間の協調によるヨーロッパ中心の世界はその円環を閉じつつあると考えたが、にもかかわらず、第一次世界大戦の後にできた国際連盟の平和活動を支援し、一九二四年の事実上日本からの移民を締め出すアメリカの排日移民法に強く抗議した。

以下に紹介する二つのテキスト（本書、九八―一〇八頁）は、そのスタイルが西洋人から見れば文化的に異質な、著しく道徳訓話的性格のものではあるが、以上のような考察の全体によって光をあてると、その興味深さと豊さが理解できる。言語学的レベルにおいて、演説の仏訳はよくできているが、原文の古風な味わいは、ラテン語にでも訳すのでない限り、うまく表現できない。[一四] というのは、フランス語は十八世紀以来安定しているが、渋沢の文章には、漢籍の古典の読解に特有な慣用表現や、それとは別にいくつか古い日本語の特徴が散りばめられているからである。

第二に、これら二つのテキストは、講演を起こしたものなのでむしろ講話というべきだが、渋沢にとっていささかも例外的な性格を持つものではない。五十年を超える期間に語られた、時局的談話や記念日の演説や儒教の講話など、数千もの講話を目録にすることができるだろう。一九二〇年代の雰囲気を少しでも知っている者なら、これらの演説の際しばしば見られた会合の流儀や演出を思い描こうとするだろう。広い宴会場で、黒いフロックコートをまとい白シャツにプラストロン（胸当て）を付けた数百人の紳士たちが、山高帽を脱いで、演者が話す演壇と垂直に置かれた大テーブルに並んで着席している。演壇の後方には、祝賀される行事を記念するスローガンを大書きした横断幕が吊るされている。

したがって、最初の講話「道徳経済合一説」が一九二三年六月十三日に録音されLPレコードに残されたことを知って驚く人もいるだろう。一九二八年十一月十一日にラジオ放送された第二の講話「ご大礼に際して迎うる休戦記念日について」も同様である。これらの講話は渋沢栄一記念財団によって大切に保存され、現在はコンパクトディスク（CD）で入手可能である。そのおかげで、録音には鼻にかかったような雑音が入っているが、私たちは約八十年後に渋沢の名演説家としての才能を評価することができる。

私見によればより重要と思われる最初の講話のテキストは、『論語と算盤』というタイトルで広く知られている議論の総括的な要約になっている。「道徳と経済は完全に合一する」とする渋沢の考えは、「正義と利益は合一する」とする明治時代の漢学者・三島中州（一八三〇―一九一九）の「義利合一説」と響き合う。三島の学説は王陽明（一四七二―一五二九）の「知行合一」に由来するもので、その判断基準は孔子の「利を見ては義を思う」（『論語』憲問第一四の一三）に依拠している。三島は著書『中洲講話』の「義利合一論」の章で、この主題について興味深い解説を展開している。

義理ということとは、学者が常に口にすることで、陳腐の極であるが、そこに一つの冤罪がある。なにゆえかというと、支那の宋の時代に、義理の説が盛んに行われてから、利害を説くことをいさぎよしとせず、それからは義理と利害が判然と分かれてしまい、漢学者は義理だけを主張し、利害得失には関係しない者のように世間からは見られている。しかし、昔の聖人賢人といわれる人の言うところを見れば、義理と利害は相まって離れないものである。そういうことを言うのは、学者もまた理屈ばかりでなく、実行をしなければならないからである。そしてその理由として、人間には誰にも利欲の心はあるのであり、聖人君子にも皆あるのである。それゆえに『荀子』に、「利を好み害を悪むは、これ君子小人の同じきところなり、そのこれを求むる所以の道は、すなわち異なり」とあり、そのこれを求むる所以の道とに義のことがある。そこで義に従い利を求むならば君子となり、不義に従って利を求めることになれば、それは小人となるのであって、ただ義の有無によって、君子と小人が別れることになるのである。(一五)

図2　昭和3年11月11日，東京放送局放送室にて

三島中洲の解釈は実業家渋沢の解釈をより体系的に述べたもので、渋沢の「経済」と「道徳」は三島の「利」と「義」に対応する。しかしながら、孔子の『論語』は経済の問題について論じるのに徳の問題から出発している。儒教の古典は常に「利」を悪い意味で扱う。『孟子』でさえそうである。だからこそ渋沢は、公共の福祉と時間を割いて貢献してきた社会事業に言及して自説を正当化したのである。「博施於民而能濟衆」（「博く民に施し、而して能く衆を済う」『論語』雍也第六の三〇）。これこそが、認識論的に言って、江戸時代に確立した表現「経世済民」（世を治め民を救う）の定義であり、その最初と三番目の漢字が近代の「経済」概念を形成している。

二つ目の原稿は、渋沢が国際連盟協会会長として行った演説をＮＨＫが録音し、一九二八年十一月十一日にラジオ放送した（**図2**）ものを書き起こしたものである。渋沢は一九二〇年四月に設立された日本国際連盟協会の会長を引き受け、以後十年間、平和のための世論を喚起する活動に力を注いだ。国際連盟はヴェルサイユ条約の第一編をなす二十六カ条の連盟規約に基づいてジュネーヴに設立されている。一九二〇年一月に発足した国際連盟は、軍縮と集団安全保障と仲裁による紛争解決を柱に国際平和の維持を目的とした。ウドロー・ウィルソン米大統領は連盟設立の提案者だったが、米国議会がヴェルサイユ条約を批准しなかったためアメリカは連盟に参加しなかった。[一六] 日本では、渋沢の周りに設立された国際連盟を支援する協会組織が、海外の国際連盟協会と活発に交流した。

ここで強調すべきは、一九二〇年代の渋沢の思想において「協調」の概念が特別のキーワードだったことである。渋沢は一九二四年から一九三一年まで外務大臣だった幣原喜重郎の「協調外交」と連動して、労働問題を労使の協調によって解決しようとした。これは労働基準の制定における国際労働機関（ＩＬＯ）の主導的役割を考えると驚くにはあたらない。財閥のパターナリズム的温情主義にも階級闘争の信奉者にも反対の立場だった渋沢は、労働組合の存在を承認した上で社会対話の考えを擁護した。一九二〇年に設立された「協調会」は、これら一連の願望を集約する表現である。それだけに、長寿とは言え渋沢の志なかばでの死は、残念でならない。渋沢が亡くなるのは一九三一年十一月十一日の、世界大戦の休戦記念日である。満州事変から二カ月後のことだった。

満州事変の勃発後、国際連盟理事会は中国の提訴を受けて現地調査のためリットン調査団を派遣する。リットン報告書は日本の侵略の正当性を認めず、国際連盟総会は日本に対する非難決議を採択し、それを不服とする日本政府は、一九三三年三月二十七日に一方的に連盟脱退を連盟事務局に通告する。

（三浦信孝訳）

【参考文献】

Claude Hamon, « Confusius et la règle à calcul – Sagesse et vertu dans les affaires selon Shibusawa Eiichi », dans Jean-Jacques Tschudin et Claude Hamon, *La nation en marche - études sur le Japon impérial de Meiji*, éd. Philippe Piquier, 1999, pp. 79-93.

三好信浩『渋沢栄一と日本商業教育発達史』風間書房、二〇〇一年。

山田琢・石田梅次郎『日本の思想家41　山田方谷・三島中洲』明徳出版社、一九九七年。

【訳注】

(一) 明治新政府は復古的太政官制をとったが、一八八五年これに代わり内閣制度が発足した。初代内閣総理大臣は伊藤博文。

(二) 一九〇〇年の渋沢栄一男爵祝賀演説は東京商工会議所のサイトに掲載されており、渋沢の人柄を知る上で興味深い。https://www.tokyo-cci.or.jp/shibusawa/shiryou2/ なお渋沢は一九二〇年に実業家としては異例の子爵に叙せられる。

(三) 渋沢は七十歳の古希を迎える一九〇九年に実業界からの引退を表明して、民間外交や教育・福祉・医療の社会事業に軸足を移し、一九一六年、七十七歳の喜寿に第一銀行頭取も辞任する。

(四) 官尊民卑の風潮を嫌った渋沢は大蔵省を辞任したあとは民間の実業家に徹し、政治には直接関わらない方針を貫いた。渋沢は一八九〇年十一月の帝国議会開設を前に貴族院勅選議員に任じられるが、貴族院には初回に出席しただけで翌年十月に辞任する。

(五) 一九一三年の米国カリフォルニア州の外国人土地所有禁止法に始まる排日運動は一九二四年の排日移民法に結実する。日米関係の悪化を憂慮した渋沢は、一貫してアメリカにおける日本人移民の利益を擁護する代弁者だった。

(六) 日本最初の労働組合は一九一二年に鈴木文治を中心に結成された「友愛会」だが、第一次大戦後、労働運動が急進化するなかで渋沢は一九一九年に労使協調のための組織「協調会」を設立する。

(七) この記事の執筆は二〇〇五年だが、クロード・アモンは二〇〇七年刊の仏文著書『渋沢栄一、日本資本主義の建設者』の参考文献に鹿島茂が『諸君!』に一九九九年から二〇〇四年まで連載した「サン=シモン主義者 渋沢栄一」をあげている。

(八) サン=シモン主義は特にエコール・ポリテクニック(理工科大学校)やエコール・デ・ミーヌ(鉱山大学校)の学生に浸透した。ナポレオン三世の経済顧問だったミシェル・シュヴァリエと、その盟友で一八六七年パリ万博の組織委員長フレデリック・ル=プレがその代表例である。

(九) グラント将軍(一八二二―一八八五)は南北戦争の英雄で第十八代アメリカ大統領、明治十二年(一八七九年)に来日し渋沢はその接遇にあたった。アンドリュー・カーネギー(一八三五―一九一九)はアメリカの鉄鋼王、渋沢は一九〇九年の訪米時に面会はならなかったが、その死後、夫人から送られた敬慕するカーネギーの自伝を翻訳させ序文を寄せた。セオドア・ルーズベルト(一八六八―一九一九)は第二十六代アメリカ大統領、渋沢は一九〇二年の訪米時に会見しており、ルーズベルトは一九〇五年に日露戦争の講和会議で仲介の労をとり翌年ノーベル平和賞を受けた。

(一〇) 孫文(一八六六―一九二五)は一九一一年の辛亥革命の指導者で国民党の創始者、「民族・民主・民生」の三民主義を唱えた。渋沢は一九一三年に来日した孫文と面会し日中経済連携や日中合弁会社の設立について協議した。蔣介石(一八八七―一九七五)は孫文の弟子で辛亥革命に参加、一九四八年中華民国総統になるが、翌年共産党との抗争に敗れ台湾に逃亡した。渋沢は一九二七年に蒋介石を飛鳥山邸に招き中国の経済発展について議論している。タゴール（一八六一—一九四一）はインドの詩人・哲学者、東洋人として初めて一九一三年にノーベル文学賞を受賞。渋沢は一九一六年に来日したタゴールと面談、飛鳥山邸で歓迎午餐会を催したほか、一九二四年と一九二九年の来日時にも再会している。

（一一）　一九〇八年十月に発布された国民教化のための詔書。日露戦争後に広がった個人主義的享楽主義と社会主義の抑制を目指して発布。階級協調と奢侈の戒めを説き、一八九〇年の教育勅語とともに道徳教育の基本方針となった。

（一二）　「アソシアシオン」は非営利の市民団体で、例えば一九一二年に設立される帰一協会も一九二〇年に設立される日本国際連盟協会も、フランス語の「アソシアシオン（結社）」の性質をもつ。ちなみに帰一協会の「協会」も国際連盟の「連盟」も仏語（英語）ではAssociationである。

（一三）　ポール・クローデルは駐日フランス大使として一九二一年十一月に着任するが、渋沢は高齢にもかかわらず十月にワシントン会議にオブザーバーとして参加するため渡米しており、翌年一月末に帰国するまで留守だった。

（一四）　渋沢の二つの講演はモルヴァン・ペロンセル（Morvan Perroncel）によって仏訳されている。

（一五）　原注には山田琢・石川梅次郎『日本の思想家41　山田片谷・三島中洲』（明徳出版社、一九九七年）、一九七—一九八頁とあるが、引用の原文は三島毅『中洲講話』（文華堂、一九〇九年）の「義利合一説」にある。三島中洲は明治十年（一八七七年）に漢学塾二松學舎を創立し、渋沢栄一は三島が没する一九一九年にその舎長に就任し、渋沢栄一口述『論語講義』は一九二五年に二松学舎出版部から出ている。

（一六）　パリ講和会議で日本は国際連盟規約への人種平等原則の挿入を提案した。最終委員会での投票は賛成十一、反対五の賛成多数だったが、議長のウィルソンが重要事項の決定には全会一致が必要だとして日本提案を退けた。

【付録　渋沢栄一・講話1】

道徳経済合一説（一九二三年）

当発明協会のご高配によって、私が平生主義としておるところの「道徳経済合一」の説を、これより申し述べようと思います。

仁義道徳と生産殖利とは、元来ともに進むべきものであります。しかるに、人生往々利に走って義を忘るるものがありますから、古の聖人は、人を教うるに当たって、この弊を救わんとし、もっぱら仁義道徳を説いて不義の利をいましむるに急であったために、後の学者は、往々これを誤解して、利義相容れざるものとし、ために、「仁則不富、富則不仁」（仁をなせば富まず、富めばすなわち仁ならず）、利を得れば義を失い、義によれば利に離るるものと速断し、利用厚生はもって仁をなすの道たることを忘れ、商工百般の取引、合本興業のことがらは、皆信義を基礎とする契約に基づくものなることに思い至らず、その極は、ついに貧しきをもって清しとなし、富をもって汚れたりとなすに至ったのであります。かくのごとき誤解より、学問と実務とが自然に隔離し来ったのみならず、古来学問は位地ある人の修むべきものとなっておったから、封建時代にあっては、学問は、武士以上の消費階級の専有物であって、農工商の生産階級は、文字を知らず、経学を修めず、仁義道徳は彼らにとっては無用のものなりとし、はなはだしきに至っては、有害なものである、とまで想像しておったのであります。

私の遵奉する孔夫子の教訓は、決して左様のものではない。論語に、「飯疏食、飲水、曲肱而枕之、楽亦在其中矣」（疏食を食らい、水を飲み、肱を曲げて之を枕とす、楽しみ亦た其の中に在り）とありますが、卒然これを聞くと、なるほど功名富貴のことは、孔子はとんと意にせぬかのごとくに思われるかもしれませぬが、それは解釈が悪いので、「楽亦在其中矣」（楽しみ亦た其の中に在り）の句に、深長の意味があるのに気づかぬのであります。聖人はその心仁義におるをもって、簡易質素な生活のうちにも、また大いなる楽しみがある、と解すべきであります。決して、「疏食を食らい、水を飲み、肱を曲げて之を枕とする」を理想的の楽しみとなしたのではないことは、「亦」（もまた）の一字でも分かります。

孔子は、義に反した利は、これをいましめておりますが、義に合した利は、これを道徳に適うものとしておることは、富貴をいやしむの言葉は、みな不義の場合に限っておるにみても、明らかであります。「不義而富、且貴、於我如浮雲」（不義にして富み且つ貴きは、我において浮雲のごとし）といい、「富与貴是人之所欲也、不以其道得之不処也」（富と貴きとはこれ人の欲するところなり、その道を以ってせずしてこれを得れば、おらざるなり）というたのは、決して富貴をいやしんだのではなく、不義にしてこれを得ることをいましめたのであります。また、子路が、聖人を問うた時に、孔子は、「見利思義」（利を見て義を思う）と答え、また、「君子に九思あり」の章にも、「見得思義」（得るを見ては義を思う）といい、子張が、士のことをいうた時に、孔子の言をそのままに、「見得思義」（得るを見て義を思う）というたのをみても、義に適うた利は、君子の行いとして恥ずるところでない、としたのは明らかであります。

聞くところによれば、経済学の祖英人アダム・スミスは、グラスゴー大学の倫理哲学教授であって、同情主義の倫理学を起こし、次いで有名なる『富国論』を著して、近世経済学を起こしたということであるが、これいわゆる先聖後聖その揆を一にするものである。利義合一は、東西両洋に通ずる不易の原理であると信じます。また、子貢の問いに、「如有博施於民、而能濟衆者、如何、可謂仁乎、子曰、何事於仁、必也聖乎、堯舜其猶病諸」(もしひろく民に施して、しこうしてよく衆を救うあらば、いかん、仁というべきや、子曰く、何ぞ仁を事とせん、必ずや聖か、堯舜それなおこれを病む)とあります。ゆえに、もしこの仁義道徳が「飯疏食、飲水」(疏食を食らい、水を飲む)のみであるならば、「ひろく民に施して、しこうしてよく衆を救う」ということは、けしからぬことといわなければならぬ。しかるに、「何ぞ仁を事とせん、必ずや聖か、堯舜それなおこれを病む」、と答えられて、仁どころではない、それは、聖人もなおなしかねることだ、といわれた。つまり、「博施於民、而能濟衆者」(ひろく民に施して、よく衆を救う)というのは、すなわち、今日わが聖天子のなさるることである。少なくとも、王道をもって国を治むる君主の行為である。ゆえに、国を治むる人は、決して生産殖利を閑却することはできない、と私は堅く信じておるのである。

私は、学問も浅く、能力も乏しいから、そのなすこともはなはだ微小であるが、ただ、仁義道徳と生産殖利とはまったく合体するものであるということを確信し、かつ事実においてもこれを証拠立て得られるように思うのであります。が、これは、決して今日になっていうのではありませぬ。第一、自分の祈念が、真正の国家の隆盛を望むならば、国を富ますということを努めなければならぬ。国を富ますは、科学を進めて、商工業の活動によらねばならぬ。商工業によるには、どうしても合本組織が必要である。しこうして、合本組織をもって会社を経営するには、完全にして強固なる道理によらねばならぬ。すでに道理によるとすれば、その標準を何に帰するか。これは、孔夫子の遺訓を奉じて、論語によるの外はない。ゆえに、不肖ながら私は、論語をもって事業を経営してみよう。従来、論語を講ずる学者が、仁義道徳と生産殖利とを別物にしたのは、誤謬である。必ず一緒になし得られるものである。こう心に肯定して、数十年間経営しましたが、幸いに大いなる過失はなかった、と思うのであります。

しかるに、世の中がだんだん進歩するにしたがって、社会の事物もますます発展する。ただし、それに伴うて、肝要なる道徳仁義というものが、ともに進歩して行くかというと、残念ながら「否」と答えざるを得ぬ。ある場合には、反対に、大いに退歩したことがなきにしもあらずである。これは、果たして国家の慶事であろうか。およそ、国家はその臣民さえ富むなれば、道徳は欠けても、仁義は行われずともよい、とは誰もいい得まい、と思う。けだし、その極度に至りては、ついに種々なる蹉跌を惹起するは、知者を俟たずして知るのである。しこうして、その実例は、東西両洋あまりに多くて枚挙する煩にたえぬ。こう考えてみますと、今日、私の論語主義の「道徳経済合一説」も、他日、世の中に普及して、社会をしてここに帰一せしむるようになるであろう、と行末を期待するのであります。

ご大礼に際して迎うる休戦記念日について——国際連盟の精神（一）（一九二八年）

第十回の休戦記念日に当たり、国際聯盟協会会長として、この席において一言の所感を述ぶるを得るのは、私の最も光栄と思うと同時に、大いなる義務と感ずるのであります。それゆえに、老衰の結果、とかくに起居も不自由で、殊に音声も通りませぬかと懸念しますけれども、今日押して出席したのであります。お聴きくださる皆さまには、どうぞ私の微衷をご諒恕くださるようにお願い申します。

本年は、ご即位の大礼を行わせられ、国を挙げてお祝い申し上げておる、まことにおめでたい時であります。また、私個人といたしましても、昨年米寿にのぼりました祝いを、本年に至って各方面のご懇意の人々からお催しくだされて、まことに恐縮に堪えぬのであります。（二）かように国を挙げて恭賀すべき時に当たって、自身としても祝うべきことの重なるということは、長生きのお陰でもありますが、上に世界に比類なき万世一系の皇室をいただくありがたさであると思います。私は、健康上、ご大礼の盛儀に参列することはできませんでしたから、今日この機会に私の衷心の喜びを申し上げることのできたのを、満足とするのであります。

この曠世のご盛儀は、昨日行われたのであります。が、十一月十一日という今日は、世界戦争の平和克復第十周年の記念日に相当するのであります。「戦争が済んでから、もう満十年になる。」平和の歳月が却って矢のごとくに迅速であります。さりながら、戦争中の五年が決して短いものと申すことはできないのであります。殊に戦禍に苦しんだ国におきましては、この五年は単なる五年ではありません。とりわけその国民として、後年、後々にその子孫の運命にいかに災いしたことでありましょう。無数の孤児、寡婦（子供や夫のない女）、その境遇を思う時に、その悲惨は単に戦場ばかりに限られていないことを痛感するのであります。

最近物質文明の開展は、世界を日に月に縮小せしめて、各国間の利害関係が非常に密接になってまいりました。殊に科学の進歩から、機械その他の新発明が加わって、戦争を昔日よりも二重にも三重にも、激烈惨憺たらしめております。つまり、それは、武器その他戦具の破壊力が極度に増加してきたという事実と、各国民の生活関係が、種々に入り組んできておるということであります。

もし、いったん戦争となると、この緊密な国際関係が根本から破壊されるからでありまず。それは、近い例をいうならば、あたかも大正十二年の関東の大震災が、東京・横浜などの大都市は、家屋のまばらな田舎町とは被害の程度が同日の論でなかったのと同じような訳であります。

国際連盟は、この国際関係に起こる紛争を平和的に解決することを努めてきておるものでありますが、さきに米国において催されたワシントン会議または不戦条約[三]なども、その精神の現われであると見ることができましょう。

最近私が衷心喜びに堪えないのは、国際連盟がその事業として、経済方面から世界の協調を図ろうとしておることであります。[四]昨年も一昨年も私はこの席から申し上げましたが、およそ国家が真正の隆治を希望するには、ぜひともその政治経済を道徳と一致せしめねばならぬものである。しこうして、国際間の経済の協調が、連盟の精神を以って行わるるならば、決して一国の利益のみを主張することはできない。他国の利害を顧みないということは、正しい道徳ではない。いわゆる共存共栄でなくては、国際的に国をなして行くことはできないのであります。経済の平和が行われて初めて各国民がその生に安んじることができる。しこうして、この経済の平和は、民心の平和に基を置かねばならぬことは、申すまでもありません。他に対する思いやりがあって、すなわち、自己に忠恕の心が充実して、初めてよく経済協調を遂げ得るのであります。

『四書』という古典のうちの『中庸』という書物に、「誠者天之道也、誠之者人之道也」（まことは天の道なり、これをまことにするものは人の道なり）という警句があります。いかにも天というものは昭々として公平無私で、四季寒暑皆その時を違えず、常に誠を尽くして万物を生育しておりますが、人間はこれに反して互いにあい欺きあい争い、この天の誠を人の道とすることを忘却しておるのは、実に苦々しい限りであります。どうぞ、前に申した通り一人一国の利益のみを主張せずに、政治経済を道徳と一致せしめて、真正なる世界の平和を招来せんことを諸君とともに努めたいのであります。

ここに、国家の大典を行わるるに際して、休戦第十周年の記念日を迎え得たことは、あるいは永遠の平和を招来する現象であろうかと思うて、私は心からお祝いを申し上げる次第であります。

これで私のこのお話を終わります。

【編者注】

（一）　「ご大礼」とは昭和三年（一九二八年）十一月十日に京都御所で行われた昭和天皇の即位礼のことで（映像資料参照 https://www.youtube.com/watch?v=vbhra_c0OLI）、渋沢栄一の演説はその翌日の第一次大戦の第十回休戦記念日に行われた。渋沢は一九二六年に日本放送協会ＮＨＫが設立されるとその顧問になり、その年から四年連続で国際平和記念日の十一月十一日にラジオ放送で国際連盟の精神を国民に訴えた。この演説は一九二八年のものである。

（二）　一九二八年十月一日に帝国劇場と東京會舘で朝野の名士千二百人が参加して渋沢の米寿祝賀会が盛大に催されている。祝賀会の記録はデジタル版『渋沢栄一伝記資料』第五七巻にあり、渋沢の感動的演説を三二三―三二六頁に読むことができる。

（三）　一九二八年八月パリで調印された「戦争放棄に関する条約」。当初十五カ国で調印され、最終的にはソ連など六十三カ国が批准して一九二九年七月に発効した。条約を提唱したフランスのブリアン外相と米国のケロッグ国務長官にちなんで「ケロッグ＝ブリアン条約」とも呼ばれる。

（四）　国際連盟の専門機関として経済金融委員会があり、最初の国際経済会議が開かれたことを指すと思われる。

渋沢栄一と中江兆民
――儒教と資本主義、フランスの経済的自由主義

エディ・デュフルモン

はじめに――問題の設定

日本の資本主義はどのように形成されたのか、そこでの渋沢栄一（一八四〇―一九三一）の役割はいかなるものだったかを理解する上で、十九世紀ヨーロッパの経済書が日本でどのように翻訳され流通したかを検討することは無駄ではないと思われる。すぐに思い浮かぶのはアダム・スミスやジョン＝スチュアート・ミルの英語文献だが、フランス語の文献も無視すべきではない。渋沢が一八六七年に渡仏し「生まれ代わって[1]」帰国したフランスは、かつてジャン＝バティスト・セイやフレデリック・バスティアら自由主義経済学者が活躍した重要な舞台だった。ところが彼らの著作が明治前半の日本に伝えられていたことは全く知られていない。本稿ではやや特殊な角度から、渋沢栄一と同時代の思想家中江兆民（一八四七―一九〇一）を介してこの問題の解明を試みる。この選択は、兆民がフランス社会主義の最初の紹介者の一人であり、兆民の衣鉢を継いだ幸徳秋水（一八七一―一九一一）を渋沢は認めていなかっただけに[2]、奇妙な選択に見えるだろう。

しかし兆民は複雑な相貌をもつ思想家である。我々が近年の研究で明らかにしたように[3]、兆民はルソーを翻訳する前に、「第三共和政の父」と言うべき一八四〇年代から一八七〇年代に活躍したフランス共和主義者をよく読み、その紹介にあたった。年齢順に挙げるなら、エチエンヌ・ヴァシュロ（一八〇九―一八九七）、シャルル・ルヌヴィエ（一八一五―一九〇三）、ジュール・バルニ（一八一八―一九三七）、ジュール・シモン（一八一八―九六）、エミール・アコラス（一八二六―九一）、アルフレッド・ナケ（一八三四―一九一六）、アルフレッド・フイエ（一八三八―一九一二）である。セルジュ・オーディエによれば、彼らは共和政を最良の政体とし、社会主義に対抗して私有財産と資本主義を擁護する「リベラル社会主義（socialisme libéral）」を構想した[4]。ジャン＝ファビアン・スピッツによれば、彼らは資本主義と社会主義から等距離に立って、個人の自由と国家の「共和国的総合」を「ソリダリスム（連帯主義）」と呼んでいる[5]。

しかしフランスへの留学経験だけが中江兆民と渋沢栄一を比較する理由ではない。兆民も渋沢も儒学に深い関心をもち、漢学者の三島中洲（一八三一―一九一九）と繋がりをもっていたことに留意すべきである。儒学、特に朱子学は原則的に「義（justice）」を「利（intérêt）」より優先するゆえに商業活動を貶めた。徳川幕府が支配する江戸時代の社会は「士農工商」の階層社会であり、商人の身分は最下位に置かれ、その下には被差別部落民しかいなかった。渋沢自身、明治六年（一八七三年）に大蔵省を退官し実業家に転じたとき、商業を卑しいものと見て引きとめる親しい同僚の道徳的判断と戦わねばならなかった[6]。渋沢と兆民が資本主義を受け入れるにあたっては、当然のことながら、「利」を「義」より低く見る儒学の正統との対決が必要だったはずだが、「義利合一」を説いた儒学者三島中洲との関係もこの点で比較検討に値する。

以下では、まず中江兆民がフランス自由主義経済学の紹介者であったことを明らかにし（I）、次に社会問題を解決するためにフランスの共和主義者が採った「アソシアシオン主義」について解説し（II）、最後に兆民と渋沢における「義」と「利」の関係を三島中洲の「義利合一説」を間において比較し、二人の思想の異同を明らかにする（Ⅲ）。

Ⅰ　中江兆民はフランス自由主義経済学を紹介した
——兆民は経済的自由主義を介して政治的自由主義を打ち立てた

よく知られているように、渋沢栄一は一八六七年のパリ万国博覧会の際に徳川昭武一行の随員としてフランスに一年半滞在した。渋沢の指南役となったフランスの銀行家で名誉日本総領事ポール・フリュリ＝エラール（一八三六—一九一三）の役割がよく強調される。研究者の中には、渋沢自身はその名前を一度も口にしていないが、サン＝シモン主義の影響を明らかにした者もいる。[7] 他方、中江兆民はそのジャーナリスト、エッセイストとしての経歴を通して経済にも関心を抱き、仏学塾の雑誌『欧米政理叢談』にフランス経済学者の論考を翻訳掲載している。[一] これらの翻訳は十九世紀前半のフランス自由主義経済学派の代表的論者を集めたもので、その数は限られているが重要である。

・ジャン＝バティスト・セイ（一七六七—一八三二）の『経済学概論』（一八〇三）と『経済学問答』（一八一五）Jean-Baptiste Say, *Traité d'économie politique* [1803] et *Catéchisme d'économie politique* [1815] dans *Œuvres diverses*. Guillaumin, 1848.

・アドルフ・ブランキ（一七九八—一八五四）の『欧州経済学沿革史』（一八三七）Jérôme-Adolphe Blanqui, *Histoire de l'économie politique en Europe depuis les anciens jusqu'à nos jours suivie d'une bibliographie raisonnée des principaux ouvrages d'économie politique*, Guillaumin, [1837] 1860.

・シャルル・デュノワイエ（一七八六—一八六二）の『労働の自由』（一八四五）Charles-Barthélémy Dunoyer, *De la liberté du travail*, Paris, 1845.

・フレデリック・バスティア（一八〇一―一八五〇）の『経済調和論』（一八七三）Frédérique Bastiat, *Harmonies économiques* (1850) dans *Œuvres choisies*, Guillaumin, 1873.

・クルセル＝スヌイユ（一八一三―一八九二）の『経済学理論及び実践概説』（一八五八）Jean-Gustave Courcelle-Seneuil, *Traité théorique et pratique d'économie politique*, Amyot, [1858] 1867.

・アンブロワーズ・クレマン（一八〇五―一八八六）の「租税論」（一八七五）Ambroise Clément,« Impôts », in Maurice Block éd., *Dictionnaire générale de la politique*, Hachette, 1875.

以上は経済学を « économie » よりも « économie politique » と呼んでいた経済学の生成期におけるフランス自由主義経済学者数人の著作である。彼らの間には関係があり、セイの国立工芸院[11]の産業経済学講座の後継者はアドルフ・ブランキであり[8]、デュノワイエはセイの雑誌に協力し、バスティアはセイやデュノワイエの理論に注意を払っていた。

ここで重要な二点を指摘しておく。一つ目は、以上の文献はすべて、兆民が直接間接にその塾で学んだエミール・アコラスが『民法提要』に付した「法学生用選択書目」にあるもので、J－S・ミルの『経済学原理』と共に「政治経済学」分野の推薦図書になっていることである[9]。これらのテキストの翻訳は兆民の知的形成の重要な要素であり、これらの翻訳によって兆民はフランス自由主義経済学派のパイオニアであり特権的紹介者となった。実際、日本で英語文献へのトロピズムがはたらく中で、フランス自由主義経済学派の著作は知られてはいたが、数十年間翻訳されることはごく稀だった。アンリ・ド・サン＝シモン（一七六〇―一八二五）の名前はこれらの著作で引用されることが何度もあったが、その著作が翻訳されるのは一九二〇年代末を待たねばならなかった[10]。

セイ、デュノワイエ、ル＝プレについては一八八〇年代にはいっさい言及がなく、一九二〇年代三〇年代になって言及されるようになった。[三] クルセル＝スヌイユは、日本語の翻訳から判断すると、一八八一年に *Traité théorique et pratique d'économie politique* が翻訳されている。[11]

注目すべき例外はバスティアで、一八七八年に英訳からの重訳ではあるが、林正明によって翻訳されている。林正明は兆民が最も有名な論説を書いた『東洋自由新聞』の主筆から社長になった人である。翻訳書名からすると原書は *Sophismes économiques* で、二十二章のうち十八章が翻訳されている。[12] 少し遅れて一八八〇年七月には、司法省の官僚・山寺信炳がバスティアの短いエッセイ « Ce qu'on voit, ce que n'on voit pas »「見えるもの、見えないもの」を翻訳している。[13] 最後にバスティアの *Harmonies économiques* の一章とそれに続く重要な部分が『欧米政理叢談』に土子金四郎によって翻訳されているが、これも英語からの重訳と思われる。[14] 以上の三点がこの時代におけるバスティアの翻訳として知られている。

これらの著作を弟子たちに翻訳させることによって、兆民はフランス自由主義経済学派紹介のパイオニアになるのだが、問題は兆民自身がその著作においてこれらフランスの著者に言及しているかどうかである。[四] 兆民はセイ、バスティア、リカードを現代経済学理論の代表者として挙げ、セイとコブデンを労働と現実の経済的自由主義の代表者として、平和主義と理想・理義の代表者アベ・ド・サン＝ピエールやカントと並べて挙げる。[15] あれこれの著者の名前の有無は用心して扱うべきで、兆民の知的形成期の重要なテキストは、彼の著作に登場しない著者に関する知識があったことを示している。兆民が『理学鉤玄』（一八八六）を執筆する際に参照したアドルフ・フランクの *Dictionnaire des sciences philosophiques* はセイとプルードンを立項しており（ブランキも数回登場）、「社会主義」の項目にはサン＝シモンとフーリエが紹介されている。

しかしながら兆民のフランス自由主義経済学の読解は、その師エミール・アコラスの政治経済学に従ってはいるが、経済学より政治学の角度からなされている。そこで、一方で自由主義によって労働を価値づけたセイ、ブランキ、デュノワイエを一括りにし、他方で平和主義を正当化しようとしたバスティアとクルセル＝スヌイユとクレマンを一括りにすることができる。

セイの翻訳は『政治経済学概論』と『政治経済学問答』の冒頭の数節に限られる。特に後者の『問答』は、セイをフランスのアダム・スミスとして紹介し、「文章平易にして事理明晰」ゆえに読者に自習を勧めている。(16) 実際、翻訳された数節でセイは、代議制の国では官吏だけでなく市民も経済学の基本原理を学ぶ義務があると言っている。(17) このことは自由民権運動に関わった兆民の思惑に合致する。兆民の経済自由主義は民主主義を推進する政治目的に繋がっていた。個人が活発に経済活動を行うことは、健康な社会の指標であり、自由がなければ社会は健康ではない。兆民はまた哲学的観点から、セイの経済学を、疑問の余地のない事象から厳密に演繹された揺るぎない基礎研究と定義している。(18) 生産活動の担い手は企業家だが、学者が教える真実は諸々の工芸の基礎になるのだから、学者も富の生産に参加しているというのである。(19)

アドルフ・ブランキの『欧州経済学沿革史』の翻訳は、労働を歴史的展望のもとに価値づけ、ギリシャ人とローマ人における労働の観念を近代社会のそれと対比する。ギリシャ人・ローマ人は労働を自由民のなすべからざる事とし、あげて之を征服によって獲得した奴隷の任務とした。それに対し「近世経済の抑制しがたい大義は自由である」(20)。近世では、自由は活動と結びつき、無為怠惰は自由の敵とされる。ブランキはまた、アテネにおいて国庫を公益のためのみならず一個人の使用のために供することを許したために公金の乱費・消失が生じたことを批判した。そうした反経済的慣行がギリシャ人の自由を損ない、産業の発展を阻害したという。(21) ブランキはさらに、所有権の観念をもたず、奴隷制を実行する軍国主義のスパルタ人を「戦慄すべき人民」と呼んでいる。(22) ブランキが、ルソーが古代人を礼賛したのは誤りだとしたのは、そのためだった。(23) ブランキは、中間層を「社会の安全・安寧を得られる要《かなめ》」としたアリストテレスを擁護する。(24) 兆民はルソーとルソーの古代都市観を批判するテキストをも翻訳させている。兆民自身は、ルソーの古代都市礼賛に賛同しない。稀にスパルタに言及することがあっても、国家の元素たる個人を犠牲にする国だから、ネガティヴな言及である。(25)

シャルル・デュノワイエの翻訳もまたルソーに批判的である。『労働の自由』(一八四五)でデュノワイエは『エミール』で展開されるような自然の事物への依存の考えに反対する。なぜなら、獲得された富は道徳的資質によってのみ獲得されたのだから、腐敗することはあり得ないからだ。自由への主な障害は、事物の力に由来する力の不足である。自由への障害を取り除くには、器用で、勤勉で、教養がなければならない。ルソーが称揚する単純な生活はデュノワイエには不条理なものに見える。デュノワイエにとって自由とは持って生まれた属性や自然法ではない、自由は自然によって与えられるのではなく、文化や文明の関数である[26]。彼は権利の平等には反対しないが、生活条件の平等への要求は斥ける。人為的な不平等の撤廃のみを主張するのである[27]。

デュノワイエの翻訳は、個人の自由や習俗への国家の介入を制限する短い一節「政府の本分」に限られる。ここには明らかに計算がある。それに先立つページでデュノワイエはルソーを攻撃するのみならず、兆民にとっては受け入れ難い人種的世界観を開陳しているからだ[28]。

兆民の翻訳に対するイデオロギー的意図はここで最も明白であり、フランス自由経済学派の紹介を相対化するものである。

次に平和主義の三人を見ていく。バスティアについては、『経済調和論』の特に「戦乱の原因を論ず」の章が翻訳されている。この章でバスティアは、労働は健康を強化し道徳化するので、それ自体善であるとした後で、略奪の誘惑に警鐘を鳴らす。労働を労働がもたらす利益によってのみ捉え、自らは労働から解放されようとする欲望を危険視する。略奪の誘惑が戦争の原因になるからだ。ところがバスティアによれば、略奪は何も生み出さず、「甲の需要品を移して乙の需要に供するに過ぎない」。略奪者は計算違いをしている。略奪者は一切の労働を回避しようとしていながら、兵力によって他人の物を略奪するのに必要な労力を計算に入れていないからだ。他方、略奪される生産者も戦争の準備努力をしなければならず、これらが相まって、人類全体に利益をもたらすはずの労働は無駄に使われてしまう。おまけに敗残の民は奴隷になり、生産性を失い、怨恨から男も女も、老いも若き兵士になる。かくて悪循環が始まる。バスティアは「戦乱の禍を世に断たんと欲せば」、略奪ではなく生産を、と訴えるが、匿名の訳者はこれを「個人の天性をもとに社会の均衡の理を全うせんと欲せば、殖産の業をもって略奪の業に代わらしむるの外なし」と訳している。[29] この翻訳は、生産は個人からしか生まれず、個人が創造的なのは自由が保障されている時だけだ、というバスティアの考えを強調している。[30]

クルセル゠スヌイユもまた戦争を批判するために経済学の議論を展開する。『経済学の理論と実践』から『政理叢談』に翻訳された二つの章の一つ「国債論」で、クルセル゠スヌイユは「欧州各邦の国債の大半は、国民の道義にも経済的利益にも反した、無分別な侵略戦争を行うために起債されている」、しかし戦争は得るところ少なく、失うところが甚だ大きいから、戦時公債は避けるべきだと言う。[31] 訳者名の記載はないが、正しく訳している。アンブロワーズ・クレマンの「租税論」も同様で、文明の進歩とともに国家の介入は減り、租税は必然的に軽減されるはずである。しかし常備軍の維持は、他国に対して国力を誇示せんとする意志を動機としているため、減税は進まないと言う。[32]

こうして兆民は自由主義経済学者の議論を政治目的で利用するわけだが、彼らの経済理論を知らないわけではない。他ならぬサン゠シモン主義者は「産業主義（industrialisme）」によって前世紀の「穏和な商業（doux commerce）」のテーゼを復活させ、平和主義を唱えていた。[五] 渋沢栄一も「穏和な商業」に近い考えによって戦争を批判したが、それは一九〇〇年代、日露戦争の後のことである。[33]「産業主義」が復活させた「穏和な商業」論とは、利害の計算が野心や権力欲の情念に打ち勝ち、「生産」最優先が最終的に開戦を断念させるという考えだ。[34] デュノワイエもブランキも戦争と征服の精神に代えて「産業」と結びつく平和の精神を称揚したが、兆民は弟子たちに翻訳させていない。[35] 兆民は平和主義と商業の擁護を『三酔人経綸問答』の洋学紳士に代表させており、永久平和論の系譜としてアベ・ド・サン゠ピエールとルソーとカントを挙げている。兆民はシャルル・コントの名前を引かずに常備軍廃止論を述べている。[36]

しかしながら、ジャン゠ファビアン・スピッツが証明したように、サン゠シモンとプロスペル・アンファンタンらその弟子たちは、自由を擁護する上で政治体制の如何には無関心だった。それは自由を、自然を改変する力として、人間の能力の発展として定義する直接の結果である。自由が何よりまず習俗と文明の状態に依るとすれば、自由は異なる政治制度のもとで存在しうる。[37] サン゠シモン主義者にあっては、個人間の能力の不平等な配分が報酬の配分の多寡によるヒエラルキーを説明する。ちなみに兆民の著作にはサン゠シモンへの不信感が表明されている。実際、兆民はアルフレッド・フイエの *Histoire de la philosophie*（一八七五）を『理学沿革史』（一八八六）として忠実に翻訳しているが、フイエはそこでサン゠シモンとその弟子たち、なかんずくオーギュスト・コント（一七九八—一八五七）に対しかなり批判的である。フイエの訳者兆民は、サン゠シモンの社会改造計画の中に自由を圧殺する権威主義しか見ない。[38] 兆民はこの不信感を最後のエッセーにまで持ち越し、サン゠シモンとコントの実証主義について、「現実に拘泥するあまり、明白な道理も実験に徴しないものは皆抹殺して、自ら狭隘にし、自ら固陋に陥る弊がある」と評している。[39] したがって、兆民が社会問題を論じるとき、フランス自由主義経済学派よりも、少し後のフランス共和主義者を参照したのは不思議ではない。

II　社会問題を解決する——フランス共和主義者のアソシアシオニスム

反パターナリズムのアソシアシオニスム、エミール・アコラスの場合

兆民が門下生たちに翻訳させた著作において、アコラスは「政治科学」の名のもとに、政治、社会から経済までを含む全体的な理論を提案していた。彼は「天然上の経済」を「神学上の経済」に対置する。アコラスは彼の理論に道徳的次元を加えているが、その言葉は儒学の素養がある兆民やその弟子たちには馴染みやすい。「利益

と権利は別物か？　益は義と別物か、経済は道徳と分離できるか？」アコラスは政治経済学と利益の科学が別物であることを認めるが、利益が権利と、益が義と異なることを否定する。[40]アコラスの主著の翻訳『政理新論』では儒学の語彙を使って次のように訳されている。[41]

道徳と経済は名称こそ異なるが、その義とするところは必ず一に帰する。なぜならば、ただ一つの義が天地を支配しているからで、その義とは「自由、友義、愛情の三則」である。[42]「経済の目的はそれぞれの能力に応じた個人間の労働の分配で、各自は自分の能力を維持し発展させるために必要なものしか消費してはならない」[43]。この点でアコラスは同時に、個人の活動の自由競争に委ねる経済自由主義とも、逆に個人の行動を管理しようとする「権威的共産主義」とも袂を分つ。[44]彼にとっては、愛情（amour）こそが来るべき人間関係の土台であるアソシアシオン（結社）の原動力であるとして、こう続ける。

互いに結びあおう！　私はこの救い主の言葉を発した。しかし、個人の自由な発意に委ねられ、そこに参加する者全員が同意し、同意によって維持されるアソシアシオンを、ある学者の説のごとく国の命令のよって成立するアソシアシオンと混同してはならない。二つの間には深い溝が広がる。国家という幻想の名のもとに強制されるアソシアシオンは、各人の自由を毀損し、人間の人格を抑圧する。それに対し、任意によるアソシアシオンは人間を解放し、その勢力を増加する。自由意志によるアソシアシオンによって、パトロン（主人、雇用主）は消滅するだろう。[45]

«association» の訳語は「結社」であり、結社は国権に反対した自由民権運動でよく使われた言葉の一つである。アコラスは斬新なやり方でアソシアシオン概念を刷新し、サン＝シモンやフーリエら先行する思想家を乗り越える。この批判はサン＝シモンの弟子コントにも及び、[46]またあらゆる社会主義者（マルクスやラサールまで）を「分配的正義による社会福祉の役割を国家に委ねるという古い幻想[47]」に捉われているとして批判する。しかしながらアコラスは、「黄金時代は目の前だ[48]」など幾つかの点でサン＝シモンに同意する。特に封建社会が科学にもとづく「産業社会」に取って代わるという確信は、アコラスがそう思う以上にサン＝シモンに負っている。アコラスが唱導する「アソシアシオニスム」はサン＝シモン主義の産業主義パラダイムのもとに生まれた。このテーマでのサン＝シモン主義の理論家アレクサンドル・ド・ラボルドは「アソシアシオンの精神（esprit d'association）」を、封建時代の「特権集団の精神（esprit des corps）」に対立させ、新しい社会的絆の基礎として定義している[49]。アソシアシオンにおいては、労働が人間の諸情念をもっぱら自然の開発（産業活動）の中に吸収する形で人々を結びつける[50]。アコラスのアソシアシオニスムとより良い社会への希望のもとにあるのは愛（amour）だが、それもサン＝シモンにおける共感（sympathie）への関心と遠いわけではない。ただしアコラスはラジカルな個人主義を信条としており、それがアコラスとサン＝シモン主義者との真の違いを説明する。アコラスのアソアシオンはパトロン（主人、雇用主）の存在を排除するまでに個人間の平等に基づいているのに対し、サン＝シモン主義者のアソシアシオンは能力差による不平等な組織だったからである[51]。

かくて、アコラスのアソシアシオニスムは、半世紀後に、日本で労使協調を唱えた渋沢栄一が代表するフィラントロピー（博愛、慈善）やパターナリズム（家父長的温情主義）とはほど遠いことがわかる。

次に労働関係と資本主義の問題で、アコラス以外のフランス共和主義者の場合を検討しよう。

共和主義的アソシアシオニスム、バルニとヴァシュロ

本稿の冒頭で名前をあげたフランス共和主義者たちも、兆民の知的形成にとって重要であり、彼はその翻訳紹介に努めた。労働者の問題を提起した共和主義者にジュール・シモンがいるが、ここではジュール・バルニとエ

ティエンヌ・バシュロの場合を見ることにする。『政理叢談』には、ヴァシュロの『民主主義』(一八六〇)から「民主主義の産業的条件」と「民主主義の経済的条件」の章が、バルニの『民主国の道徳』(一八六八)からは「工場における道徳」の章が訳出されているからである。

アコラスと同様バルニもバシュロも、共和政と民主主義を擁護する上で、いわゆる「社会問題」に関心を払い、労働者や社会主義者の高まる抗議に対応しようとした。彼らは個人主義的自由と結びつく資本主義と、集団主義的平等を掲げる社会主義に対し等距離を取ろうとした。彼らのリベラル社会主義はアソシアシオニスムの原理に依拠しており、工場を平等と共同所有に基づく労働者のアソシアシオン(結社)にしようとしたのである。

翻訳の規模はまちまちで、最も短いのは兆民自身が訳したバルニ『民主国の道徳』の「工場における道徳」の三ページで、それに続く「貧困を前にした道徳」の章は訳されていない。兆民はバルニがそのアソシアシオン概念を政治的、社会的、経済的語彙で説明する次の一節を訳していない。

アソシアシオンこそは、一般的に我々の近代社会を支える大いなる梃子である。アソシアシオンが賑わう民主主義では、自由・平等の精神に反する特権を享受していた古い集団(団体、同業者組合、ギルド)は破壊された。しかし、古い特権集団を破壊したままにしたら、後には空間の中に散らばる無力なチリの粒しか残らないだろう。[……]だから、個人の自由とエネルギーの上にアソシアシオンと連帯の精神を接合しなければならない。そこに、最近の用語を使うなら、個人主義と社会主義を和解させる鍵がある。そこに社会問題と呼ばれるものの解決策がある。(52)

バルニが労働者の条件を告発した長い節を、兆民は次のように数行で要約している。

我が欧州諸国中で文運が最も進んだ国々においては、工人、農人、その他あらゆる営業に係わる者の社会的地位が、次第に改善され、かつての悲惨な状態とはほど遠いことは言うまでもない。文運が劣った国々においても、その地位がほど遠からず改善される可能性はある。今日我々が工人と呼ぶ者は、かつては大抵みな奴隷であって、その主人に奉仕する器具と見られており、獣畜並みだった。[53]

ヴァシュロはその著 *La démocratie* において、民主主義の名のもとに、経済を哲学によって、利益を人間的正義によってバランスを回復しようとしている。[54] バルニやアコラスと同様に、ただし彼らより前に（*La démocratie* は一八六〇年刊）、ヴァシュロは個人主義が行きすぎて利己主義になる「自由主義」と、過度の集団主義によって個人の自由が抑圧される「社会主義」から等距離を取ろうとする。彼は「近代民主主義の理想は、奴隷制が嫌悪され、労働に名誉があるとされる社会」だと考える。[55] ただし、この一節は訳されていない。ヴァシュロにとっては、「資本と科学をもつ家父長的階級による、自分の肉体しかもたない階級に対する支配[56]」は「内戦と、したがって独裁とアナーキー[57]」を招来させるので、是が非でもこれを予防しなければならない。彼の目には、アソシアシオンこそが解決をもたらす。

アソシアシオンのレジームがパトロナージュのレジームに取って代われば、尊厳、自由、民主主義の点で大きな進歩になるだろう。工場では一人ひとりが全員に依存し、唯一の主人は社会組織そのものである。そこでは一切の権威が選挙によって選ばれ、指導部は解任されうる。人事の編成は、この社会組織の全成員の間で自由に合意された規則の声を反映する。労働者が所有者であり、自分のために働くことは全員のために働くことである。給与の違いは職務の重要度と仕事の量の違いのみによって決められる。[58]

ここにはもはやブルジョワも労働者もいない。彼らは共に「同じ人間の家族」に属している。「同じ都市《シテ》の子供、平等な兄弟で、共通の教育によって同じレベルに育てられ、皆が同じ道徳的政治的生活への参加を呼びかけられている」(59)。ヴァシュロのアソシアシオニスムがアコラスやバルニと同じように兆民に知的影響を与えたとすれば、野村泰亨の翻訳は「民主政の経済条件」の章に関するかぎり、メッセージの強度を失っている。その章でヴァシュロは労働者の条件を告発した後、次のように労働を讃えている。

そう、労働こそは富と自由と科学と芸術など、文明と呼ばれる人類の王冠を飾るすべての花々の源泉である。しかしこの王冠は、今この時まで、多かれ少なかれ貴族階級のためにのみ花開いていた。民衆、すなわち圧倒的多数は、荊棘《いばら》の道しか知らなかったのだ(60)。

この一節はこう始まるが、野村はヴァシュロの行文にまったく別のトーンを与え、明らかに封建制から脱して文明への到達をめざす民権派に向けて語りかける。

夫レ勤労ハ財貨自由学術技術ノ根本ニシテ、則チ人類開化ノ英華ナリ。然ルニ此ノ英華ハ今日マデ貴族ノ独占スル所トナリ、人民即チ衆庶ハ荊棘ノ間ニ彷徨スルノミ(61)。

翻訳を続ける野村は、ヴァシュロがブルジョワ階級の家父長支配が行われる現在の経済組織を告発するパラグラフにしばし足を止める(62)。野村はフランス語の « association » を「結社」と訳すのだが、「結社」はその当時 « société » や « association » の訳語として使われており、野村は « association économique » を「経済上の結社」と訳している。アソシアシオンの成功を保障し、社会主義者のアソシアシオン計画の失敗を修復する「道義」の重要性も正しく訳されている。[63]

しかし野村は、ヴァシュロが雇用者と労働者を平等な兄弟とするパラグラフは素通りし、アソシアシオンの貢献を補完する政治経済学の貢献が必要だと主張するページに飛ぶ。そこでヴァシュロは、資本を弱体化ないし廃棄するための革命による解決には賛成しない。野村は二〇六ページで翻訳を終わるのだが、そこでヴァシュロは、政治経済学は「社会説」に傾いている以上、「社会革命」によって労働を解放することが、民主主義の必然であると断言する。[64] 立論の糸は一部見失われるが、アソシアシオン（結社）の原理そのものは伝えられ、民権家の関心を引くように配慮されている。民主主義が経済に介入する政治的次元が翻訳に表れている。

これらの翻訳のほかに、ジュール・シモンが「自発的アソシアシオニスム」を主張した *La liberté politique*（一八七二）を追加してもいいだろう。「共産主義の普遍的アソシアシオニスム」を忌避するために、シモンは人類に「まったく新しい経歴」を開く雇用者と労働者が協同するアソシアシオンを唱えた。[65] しかし『政理叢談』には、著作の冒頭のみが「政治的自由」を讃える意図で訳出されている。以上の翻訳リストは、いずれの場合にせよ兆民が、アコラス、バルニ、ヴァシュロによってフランスのアソシアシオニスムを紹介しようとしたことを示している。

兆民におけるアソシアシオニスムの意味——アコラスに戻って考える

兆民におけるアソシアシオニスムの影響を十分に見定めるためには、アコラス、バルニ、ヴァシュロだけが共和主義的アソシアシオニスムの代表ではないことを知らなければならない。ピエール・ロザンヴァロンが言うように、アソシアシオンは一八三〇年代から一八四〇年代のあらゆる社会主義潮流を結びつけるキーワードだったのであり、一八二八年に初めて出版されたシルヴァン・マレシャルとバブーフの共著とされる *Le Manifeste des égaux*（『平等者宣言』）が「平等こそ、あらゆる正当なアソシアシオンの核になる結び目だ」として、アソシアシオンという言葉の誕生を刻印した[66]。それは、ますますアトム化し分裂する社会に対して高まる不安に答える言葉だった。こうした文脈において、社会の変化の負の性格を結晶化する言葉として登場した新語が《individualisme》だった。「個人主義」は道徳における利己主義に結びつけられ、経済における自由競争が生む不平等に送り返される[67]。初期社会主義者たちは、アソシアシオンこそ社会的絆を回復し、不正義なき社会をつくる手段になると期待したのだった[68]。

以上が、初期社会主義者においてアソシアシオンが「統一（unité）」と「連帯（solidarité）」を原則として成り立っていたことの理由である。ロザンヴァロンがよく説明しているように、彼らにとっての課題は、プルーラリズム（多元主義）と批判の自由に余地を残す「平等な社会（société des égaux）」ではなく、完全な調和を理想とする「平等な共同体（communauté des égaux）」をつくることであった。「平等な共同体」にあって、「平等」は単なる富の分配方法ではなく、諸個人を一なる世界に包摂するような社会秩序を構造化する原理だった。平等は一つの家族として考えられた共同体の中に有機的に結びつけられた集団内の平等（égalité de corps）を意味した。この平等な共同体には、特殊利益ないし特殊意志をもつ自律した個人などはいなかった。個人は全体の一要素としてのみ現われ、富の不平等の廃棄は、この全体に命を与える有機的絆の結果でしかなかった。かくて「統一」は対立関係の不在を、差異の廃棄を意味した。「統一」の概念は空想的社会主義者にあっては、「友愛（fraternité）」の概念で裏打ちされていた。一七八九年革命の政治文化を守ろうとして、自由と平等の間に友愛の橋をかけたピエール・ルルーにおいて然りである。彼らは人間の間の繋がりを社会契約ではなく一種の感情の契約として、さらにロザンヴァロンの言葉を借りれば、ある種の「世俗的な新宗教（nouvelle religion laïque）」として考えていた。ところが、富の共同体、平等の共同体の信奉者にあっては、徹底的な平等と私有財産の廃止によって感情の繋がりなしで済ますことができると考えた[69]。

こうしたアソシアシオニスムという語を取り巻く環境を、兆民はその師アコラスを介して知ることができた。実際、『政理新論』は初期社会主義とその代表者の言説空間の中に完全に碇を下ろしている。アコラスはルイ・ブラン、ピエール・ルルー、エチエンヌ・カベ、ロバート・オーエンを批判したが、アコラスのアソシアシオニスムは彼らが論じた重要なアイデアを、矛盾を恐れずに踏襲している。実際アコラスはルルーについてこう書いている。

ピエール・ルルーはこう付け加えた。〔……〕「我々はおそらく社会主義者である、ただし我々がそう名乗る意味で、すなわち社会主義によって「自由・平等・友愛・統一」のそれぞれの項のどの一つも犠牲にせず、すべてを和解させる教義を意味するなら社会主義者である」、と。ここにある一つだけ余計な語は「統一」で、それを除けば、ルルーの言葉は問題の核心を認識させてくれるものだった。(70)

アコラスは、ピエール・ルルーをある時期の並外れた思想家として認めながら、「個人」の自律を守るために「統一」の語を削ろうとした。しかしアコラスは「友愛」の語はキープし、それに「普遍的秩序」を尊重しそれを保障できる唯一の語「愛」を加えたが、問題の機制を変えたわけではない。アコラスはルルーが標語にした「統一」の語を削ったが、ルルーや他の空想的社会主義者と同様、アコラスのアソシアシオニスムは彼が想定する一なる世界によって保障される「平和、安全、調和」(71)をめざしていた。言い換えるなら、アコラスにあっては、「原理は一つであり、その原理とは、世界の屋台骨のキーストーンである自由と連帯と愛の法則である」(72)。

ところが、この高揚した叙情的な文には、カベやブランら空想社会主義者が唱えた「各人はその能力に応じて、各人はその必要に応じて」(73)の表現が見られる。このスローガンはサン゠シモンの「各人はその能力に応じて、各人能力は仕事に応じて」を修正したものだ。ロザンヴァロンが指摘するように、「各人はその能力に応じて、各人はその必要に応じて」のテーゼは個人の権利の基底原理ではない。なぜなら、それは個人の選択によるものではなく、共同体の選択だったからである。こうしてアコラスは矛盾に足をとられる。

兆民はこうしたフランス社会主義の議論に魅せられたように思われる。アコラスの『政治科学の哲学』だけでなく、上で述べた『平等者宣言』や社会主義を標榜する他の著作を翻訳させているからだ。おそらく彼はアソシアシオニスムの中に儒教の一なる世界に代わる方途を見出したのではないか。儒教の一なる世界は、フランスの共和主義者が戦ったキリスト教の一なる世界と同じだけ不平等な世界だった。おそらく、兆民がバルニやヴァシュロと同様に行ったカントとアソシアシオニスムとの和解が、アコラスが陥った矛盾から抜け出す方法だった。

以上で見てきたように、フランス共和主義者の翻訳によって兆民は、フランス経由で日本に導入された資本主義に関し、渋沢栄一とはかなり異なった見方を示している。二人とも儒教に学び利と義を結びつけて考えながら、どうしてこのような相違が生じたのだろうか。

III 「義利合一」は兆民と渋沢の近接点か？

兆民の「理義」と三島と渋沢の「義利」では「利」と「義」の関係が違う

渋沢と兆民は、儒教を中国と同じように封建時代の過去のものと見なした明治の日本にあって、儒教に深い関心をもった。二人を結びつけるのは二つあり、一つは漢学者三島中洲との関係であり、もう一つは、三島が唱えた道徳と経済の合一論である。

渋沢の評伝の著者クロード・アモンによれば、渋沢が三島中洲と初めて会ったのは一八八二年であり、兆民が三島と出会ったのとほぼ同時期である。(74) 渋沢は哲学者の井上哲次郎（一八五五—一九四四）とも出会うが、少し後のことで、井上と兆民は思想的に対立関係にあった。[六] 三島は明治初年の一八七二年に司法省に出仕して裁判官になり、一八七六年から七七年まで大審院民事部判事を勤めたときにフランスとの関係をもった。ギュスターヴ・ド・ボアソナードの教えを受けてフランス民法を研究したからである。兆民は一八七五年から元老院に権少書記官として勤めており、そこで三島と知り合い、三島の漢学塾で漢文を学び直すことになったと考えられる。三島が大審院判事を退職して二松学舎をつくったのは一八七七年のことで、兆民も同年一月に元老院書記官を辞職する。その後三島は一八八一年から東京大学古典講習科に教授として出講し、[75] 一八八八年に大審院検事をとなり一八九〇年にかけてボアソナード編纂にかかる民法草案の修正に従事している。一八九六年に東宮侍講（東宮は後の大正天皇）、さらに宮中顧問官になる。

しかし兆民と三島の関係は、渋沢と三島の関係と同じ性質のものではない。兆民にとって三島は三大漢学者のひとりだが、[七] 漢文を学ぶため一八八〇年から二年間二松學舎に在塾した一時的関係である。それに対し、渋沢が三島と親交を深めるのは古希を迎える一九〇九年に実業界の一線から身を引いて以降のことで、一九一〇年に二松義会の顧問、三島が亡くなった一九一九年に二松學舎舎長に就任している。[76] 三人の違いは義利合一に関して顕著なので、一人ずつ検討することにする。

三島中洲の義利合一論

三島における「義利合一」は、兆民が二松学舎を去ったあと、一八八六年に東京学士会院（帝国学士院の前身）で行った講演「義利合一論」で表明され、のちに『中洲講話』（一九〇九）に収録されて広く知られるようになる。講演の冒頭で三島はこう述べる。宋学以来、義理の説が盛んに行われて義理と利害が峻別され、漢学者は義理のみを主張し利害得失には関係しない者とみなされてきた。しかし、古《いにしえ》の聖賢の言によれば、義理と利害は不即不離の関係にあるのであって、ここに「義利合一論」を唱えて、利が被った冤罪をすすごうと思う。

三島の議論は、その師山田方谷《ほうこく》（一八〇五―七七）のもとで学んだ王陽明の「知行合一」に基本的着想を得ている。三島は王陽明の「知行合一」論に基づいて宋時代の儒学が利害を蔑視したことを批判する。(77) 三島によれば、生きる事実が人欲を生み、人欲は利害と結びつく。(78) 同様に、「気」の中に「常理」があり、「理」は欲望に内在する恒常的原理だとする。(79) こうして三島は、利も義も二つながら天の条理であり、利は単純に自愛心と生への愛の中にあるとする。利は義より生まれ、義は利を必然的に可能にする。(80) 物欲はそれが天から受けた自然の人性であるという単純な事実によって正当化される。(81) 人欲の肯定は宋代の儒学だけでなく、人欲を否定する道教や仏教への批判を内包する。彼の眼には、宋代の儒学は義理と利害を分離したことによって、孟子が唱えた性善説を否定するものと映る。(82)

しかしこの人欲の肯定には両義的なところがある。三島は一方で、中国を後退させ萎縮と不振を招いたとして孔子を非難する議論と戦うが、(83) 他方では儒学の再解釈によってヨーロッパから来る新思想に対抗する。より正確に言えば、兆民が民主主義思想の普遍性の名のもとに男女を含むあらゆる人間の平等を主張するのに対し、三島は日本を野蛮国とするレッテルを拒否し、優劣関係を日本優位に逆転させようとする。三島は日本が「主君に対する忠と父母に対する孝の合一」（忠孝合一）を実現した万国第一の文明国であるとし、キリスト教の教えは空虚で道徳を欠き、ヨーロッパは君主の転覆に見舞われていると言う。さらに三島は、洋学者が西洋を文明文明と囃し立てるのに「愚民は煽動されて、西洋と言えば何も角も善きことに思う」のを遺憾とする。(84)

三島は儒教のうちに正義の感覚をもたらす道徳を見る。政治、経済、社会全体を包む道徳である。彼は道徳的文化と生命と利益の一体性を主張する。(85) 神は超越的存在ではなく、各人の自然と精神が大神の一部である。三島は人欲を肯定していながら、一つの全体として統一された社会にあって個人はかき消され、人欲は集団の利害の前に屈すべきとする。(86) 兆民とはことごとく反対の立場である。

渋沢栄一の道徳経済合一説

渋沢栄一は生涯を通し「論語と算盤」というシンボリックな表現で「道徳経済合一説」を唱えた。孔子の言葉を解釈し直して仁義道徳と生産殖利の合一を唱える渋沢は、三島中洲の義利合一論との単なる相似を見ているが、渋沢の説は三島の義利合一論に由来すると思われる[87]。三島が一九〇七年に「道徳経済合一論」と題して講演したとき、講演を聴いた渋沢は三島の議論に全面的に賛同している[88]。また。渋沢が持論を「論語と算盤」のメタファーで語るようになるきっかけは、三島中洲が一九〇九年に渋沢の古希を祝って送った漢文の文章「題論語算盤図賀」にある[八]。

三島と同じく渋沢は、富の追求を蔑視する宋代の儒教を否定した[89]。渋沢の『論語と算盤』や『論語講義』などの著述に、三島の義利合一論と同じ言葉で利益と道徳を致させようとする意思が認められる[90]。東洋に固有の「義」によって「利」を特徴とする西洋文明の負の側面を埋め合わせ[91]、個人の利益（私利）を「道理」ないし「公益」に[92]、さらには「国益」に従属させようとした[93]。『論語』は権利と同じだけ義務の重要性を説く。個別より全体、個人より万人の利益を優先する考えは、渋沢の「合本主義」の特徴である。合本主義とは、三菱の岩崎弥太郎のものとされる「独占主義」に対立する協働の精神による倫理的資本主義の謂である[94]。

渋沢にとって三島の義利合一論は重要ではあるが、発想源はそれだけではない。坂本慎一が証明したように、渋沢は儒教思想を元にしながら徂徠学と国学を統合した後期水戸学の経世論の影響も受けている[95]。渋沢には生涯を通し強い愛国心（祖国愛）があった。国家の商業への不介入を原則に合本結社を論じた一八七一年の「立会略則《たちあいりやくそく》」で、儒学の論理に逆らって商人に積極的役割を付与したのも、商人が国家に奉仕すればこそ正当化されるとした。商業は私利私欲のためであってはならず、商業活動の自由には国家意識の枠がはめられていた[96]。

中江兆民

兆民の場合、義と利の一致は三島中洲と出会った早い時期に主張していた。事実、兆民が公利と私利の関係を論じた「論公利私利」（一八八〇）は、三島の漢学塾で学んだ漢文で書かれており[97]、しかも三島の「義利合一論」に先立っている。

兆民は「論公利私利」の冒頭で孔子の言葉「利によりて行えば怨み多し」や、孟子の「何ぞ必ずしも利をいわん、ただ仁義あるのみ」を引いて、孔孟も「利」と「義」を分離して「利」を貶めたことを確認する。しかし兆民は義と利の分離に異を唱えるのではなく、「利なるものは義より生ず、なお義の功というがごとし」として、義と利の関係を次のように説明する。「義は事物の体であり、利はこの体の利用である。利用は体より生じ、体は利用から生じる。これは天理の自然な流れであり、人事の當然である」。

「利なるものは義より生ず」というテーゼは、私利の追求からおのずと公利が生じるという功利主義に対するアンチテーゼで、兆民は「論公利私利」でベンサムとミルの名前をあげて功利主義を批判している。兆民は利が義と合致すべきことを説くが、利と義の接近は「合一」の形をとらず、「合一」の語は兆民には見当たらない。利と義の接近は「論公利私利」から二年後の『民約訳解』に再び現れる。

このテーマは兆民にとって最重要の課題である。というのは、「人間は自由なものとして生まれたが、いたる所で鎖につながれている」の一句で始まる『社会契約論』を漢訳した『民約訳解』の巻頭に、兆民は『論語』の顔淵第十二の十七「政とは正なり」を引いて、こう書いているからである。

政は果たして正しくあることができるだろうか。義は果たして利と結びつくことができるだろうか。人間はことごとくが君子であることも、ことごとく小人であることもあり得ないので、政治制度がつくられるのだが、そのためには道がなければならない。私はその道を見つけたと思う。その道によって、政が民に適合し、義が利と結びつくことを望む。[98]

兆民は『論語』からの引用を、宋学の正統とは逆に「利益」を擁護するために行っている。兆民の翻訳は、「私はこの研究において、法が認めることと利益が命じることを常に結合するようにし、正義と効用が決して分離しないように努めた」ルソーの試みと一致する。[九]

ここで指摘しておくべきは、兆民も三島や渋沢と同じく「私利」という言葉を使っているが、その意味はまったく違うことである。兆民のいう「私利」は、政治的意味で、権力を独占し民衆の「公利」を無視する専制君主について使われる。[99] 三島と渋沢にあって、「義」と「利」の一致は「気」と「利」の合一に基づくものだったが、科学的知見に依拠する兆民にあって「気」への言及は見られない。兆民は「人義」という表現も使うが、三島は使っておらず、渋沢は「人義」を「仁義」の言い換えとして偶に使うだけである。[100] 兆民にあって「人義」は「天世」の対立概念で、「天世」はルソーの「自然状態」を翻訳するために荘子から借りた言葉である。兆民にあって中心概念の「理義」は孟子に由来するが、その解釈は三島と比べ忠実ではない。三島は「理義」には注意を払わず、孟子の性善説を通常の解釈通り受け入れる。兆民は様々なやり方で孟子とルソーを近づけようとする。兆民における「理義」や「人義」は、三島と渋沢における「義理」や「仁義」にはまったく対応しない。[一〇]

兆民の思考は、彼が使う用語の外見とは裏腹に、儒教的枠組から外れている。兆民は渋沢や三島と同じように「人」や「天」の用語を使うが、使い方はまったく異なる。渋沢と三島にあって「天」は人の世を支配する世界であり、個人の利益は国家のような体制の前に身を屈するが、兆民にあって「人」は「天」に対し自律的であり、国家が個人の前に身を屈する。彼らの政治観とまでは言わないが、経済観は対立せざるを得なかった。

二つの道徳的資本主義――兆民の共和主義経済と渋沢の国民経済

渋沢は「官尊民卑」の打破を信条とし、官職を辞した点で兆民に近いように見える。渋沢は実業界に身を投じることによって、企業家の社会的象徴的地位を高めようとした。この考えは一八六七年の滞仏期間中に学び、帰国後の企業活動に適用した「合本主義」のコアである。しかし、渋沢のその後の活動は明治国家とそのイデオロギーに忠実であった。

「官尊民卑」の打破は渋沢と兆民に共通するスローガンだが、兆民にあってそれは民衆解放の政治的プロジェクトであり、経済活動の自由化は政治の自由化と連動していた。渋沢にあってそれは、企業家こそが国富の増進と国民の福祉に貢献するという国づくりの基本方針であって、経済活動の自由化は政治の自由化を目的とはしていない。

道徳と経済の一致に関して二人の間の重要な相違点は、「個人」の地位にある。兆民にあって道徳は「市民(citoyen)」の養成を目的としており、経済は日本の富裕化と独立を保証する以前に、個人の生活の改善と保護を目的としていた。クロード・アモンが指摘するように、渋沢は十八世紀の自由主義経済学者や哲学者には興味をもたなかった。個人主義の中に自由競争の行き過ぎをもたらすエゴイスティックな「自己本位」を見る傾向があったからである。

自己本位とか個人主義でやった方が、国家社会は敏速なる進歩を見ることが出来ると論ずる者がある。意味如何というに、個人主義なら個人と個人の競争が起こる。競争には進歩が伴うものである。自己本位とてもやはり其の通りであるというのであるが、これは一方の長所ばかり見て短所を忘れた議論だから、余はそういう説に左袒することは出来ない。社会というものがあり、国家というものが成立して居ればこそ、富貴栄達も望まれるのであるけれども、若しこれが全く自己本位のみであるならば、社会の秩序、国家の安寧は攪乱されて人は相撃ち相争はねばならぬこととなる。故に社会に交り、国家に尽す上には是非其自己本位を排し、独立自営を棄てなければならぬと思う。(101)

結論

全体を俯瞰したとき、渋沢栄一と中江兆民のフランスへの関心と儒教へ関心が二人を近づけるのは外見だけである。道徳と資本主義の結合は、兆民にあっては共和主義思想の導入に道を開くが、渋沢にあっては経済が天皇制国家の中での国づくりのベースになっている。しかしながら二人は、三島中洲と共に、儒学の正統と異端に対して自由な態度をとった。そこには、儒学に対して独立の思想が発展した江戸時代の漢学の遺産を見ることができる。

言い換えれば、実業家の渋沢と思想家の兆民は、漢籍の古典に関する深い知識と西洋語の文献の発見と紹介が共存する明治前半の過渡期を代表する二つの対照的な例である。渋沢も兆民も若い時のフランスとの出会いが契機となって、それぞれの分野で日本の近代化に積極的役割を演じたことは、疑いえない事実である。

(三浦信孝訳)

【原注】

（1）渋沢栄一『青淵百話』同文館、一九一二年（初版は一九一一年）、一三八頁。

（2）渋沢栄一『論語講義』坤、二松学舎出版部、一九二五年、二六頁、九一頁。〔前掲『青淵百話』三六「危険思想の発生と実業家の覚悟」は大逆事件直後の一九一一年一月の談で、大逆事件を「我が邦有史以来の大暴挙」と呼び、「幸徳一輩が抱いていた危険思想」は「我が国にとって最も恐るべき最も忌むべき病毒である」と断じている。以下〔　〕は訳者による補足を示す。〕

（3）Eddy Dufourmont, *Nakae Chômin, La mise en politique d'une philosophie rousseauiste au Japon (1874-1890)*, Classiques Garnier, 2024; *Id., Rousseau et la première philosophie de la liberté en Asie (1874-1890). Nakae Chômin*, Le Bord de l'eau, 2021 ; *Id., Rousseau au Japon, Nakae Chômin et le républicanisme français (1874-1890)*, Presses Universitaires de Bordeaux, 2018.

（4）Cf. Serge Audier, *Le socialisme libéral*, La Découverte, 2006.〔本書のベルナール・トマン論文では、« socialisme libéral » を「自由社会主義」と訳しているが、本稿では「リベラル社会主義」と訳す。〕

（5）Cf. Jean-Fabien Spitz, *Le moment républicain en France*, Gallimard, 2005.

（6）Claude Hamon, *Shibusawa Eiichi (1840-1931). Bâtisseur du capitalisme japonais*, Maisonneuve et Larose, 2007, p. 138.〔親しい同僚とは後に初代大審院長になる玉乃世履《よふみ》で、渋沢の退官後も親交があった。〕

（7）鹿島茂「渋沢栄一のフランス体験と資本主義観」『経済倶楽部講演録』二〇二一年九月、五六―八四頁。

（8）Arnaud Skornicki, « La deuxième vie du doux commerce. Métamorphose et crise d'un lieu commun à l'aube de l'ère industrielle », *Astérion*, 20, 2019, p. 5.〔アドルフ・ブランキは革命家で社会主義者のオーギュスト・ブランキ（一八〇五―一八八一）の兄である。〕

（9）Émile Acollas, *Manuel de droit civil*, A. Maresq aîné, [1869] 1874, vol. 1, pp. LXXVIII-LXXIX.

（10）しかしながら一八九四年に国粋主義的雑誌『日本人』にサン＝シモンとマルクスに関する短い紹介が載っている。

（11）中隈敬蔵訳述『経済原論』専修学校、一八八一年。

（12）巴士智亜（バスティア）『経済弁妄』林正明訳、丸家善七、一八七八年。

（13）山寺信炳訳『理財要論』平海書院、一八八〇年。

（14）土子金四郎訳『経済調和論』哲学書院、一八八八年。

（15）中江兆民「全国新聞雑誌並著訳書批評（四）」『兆民全集』第一五巻、二一頁。

（16）『政理叢談』第九号、一一八―一一九頁。

（17）Say, *Traité d'économie politique*, *op. cit.*, p. 59.『政理叢談』第四四号、一六六二頁。

(18)『政理叢談』第二三号、六七六頁。

(19) Say, *Catéchisme d'économie politique*, *op. cit.*, p. 47.『政理叢談』第三九号、一四二三頁。

(20) Blanqui, *Histoire de l'économie politique*, *op. cit.*, p. 24.『政理叢談』第一四号、三一七頁。

(21) Blanqui, *op. cit.*, p. 33, 37.『政理叢談』第一六号、三九八頁、一四二三頁、同第一七号、四四九頁。

(22) Blanqui, *op. cit.*, p. 50-1.『政理叢談』第二四号、八〇〇頁。

(23) Blanqui, *op. cit.*, p. 59.『政理叢談』第二九号（頁数は判読不能）。

(24) Blanqui, *op. cit.*, p. 59.『政理叢談』第三〇号、九八一頁。

(25) 兆民「国家の夢、個人の鏡」『兆民全集』第一二巻、一〇一頁〔または『兆民評論集』岩波文庫、二六六頁〕。

(26) Charles Dunoyer, *De la liberté du travail*, *op. cit.*, p. 224, 228, 241, 246.『政理叢談』第四号、六号。

(27) *Ibid.*, p. 261.

(28) *Ibid.*, p. 12.

(29) Frédérique Bastiat, *Harmonies économiques*, *op. cit.*, p. 583-7.『政理叢談』第四四号、一六九〇—一六九七頁。

(30) Bastiat, *op. cit.*, p. 587.『政理叢談』第四四号、一六九七頁。

(31) Jean-Gustave Courcelle-Seneuil, *Traité théorique et pratique d'économie politique*, 1867, vol. 2, p. 236.

(32) Clément, *op. cit.*, p. 46.『政理叢談』第三一号、一〇二五頁。

(33) 例えば飯森明子編著『国際交流に託した渋沢栄一の望み――「民」による平和と共存の模索』ミネルヴァ書房、二〇一九年を参照。

(34) Arnaud Skornicki, « La deuxième vie du doux commerce... », *op. cit.*, p. 2-3.

(35) *Ibid.*, p. 8.

(36) *Ibid.*, p. 10.

(37) *Ibid.*, p. 25.

(38) Alfred Fouillet, *Histoire de la philosophie*, Delagrave, 1875, p. 427-433. 兆民『理学沿革史』、『兆民全集』第六巻、二五一—二五九頁。

(39) 兆民『一年有半・続一年有半』井田進也校注、岩波文庫、一九九五年、一四〇頁以下、『兆民全集』第一〇巻、二五九頁以下。これはフイエの似たような評価（前掲 Fouilliet, p. 424）を踏襲したものかもしれない。

(40) Emile Acollas, *Philosophie de la science politique ou commentaire de la déclaration de 1793*, [1873] 1877, A. Maresцq, 1877, p. 66-7.
(41) 亜歌刺士（アコラス）『政理新論』下巻、酒井雄三郎・白石時康共譯、日新閣、一八八四年、六五頁。
(42) Acollas, *op. cit.*, p. 67.
(43) *Ibid.*, p. 73-74.
(44) *Ibid.*, p. 77.
(45) *Ibid.*, p. 81.
(46) 前掲『政理新論』下巻、一〇七頁。
(47) *Ibid.*, p. 357.
(48) *Ibid.*, p. 88, 402.
(49) *Ibid.*, p. 138.
(50) Skornicki, *op. cit.*, p. 15.
(51) Marie-Claude Blais, *La solidarité. Histoire d'une idée*, Gallimard, 2007, p. 50, 87-88.
(52) Jules Barni, *La Morale dans la démocratie*, Gerner-Baillère, 1868, p. 104.
(53) 兆民訳『民主国ノ道徳』、『兆民全集』第八巻、三二四―三二五頁。
(54) Vacherot, *La démocratie*, Chamelot, 1860, p. 168.
(55) *Ibid.*, p. 161.
(56) *Ibid.*, p. 180.
(57) *Ibid.*, p. 175.
(58) *Ibid.*, p. 183.
(59) *Ibid.*, p. 185.
(60) *Ibid.*, p. 176.
(61) バシュロ『自治政論』下巻、田中耕造・野村泰亨合譯、日本出版、一八八三年、五九頁。
(62) 同前、六六頁。
(63) 同前、六九―七〇頁。
(64) Vacherot, *La démocratie*, *op. cit.*, p. 206. 前掲『自治政論』下巻、七七頁。

(65) *Ibid.*, p. 304-5.

(66) Pierre Rosanvallon, *La société des égaux*, Points, Seuil, 2013, p. 117.〔*Le Manifeste des égaux*（『平等者宣言』）は、「テルミドールの反動」後の一七九六年、総裁政府を打倒し共産主義体制の樹立をめざして蜂起しようとした「バブーフの陰謀」のときの宣言文書で、一七九三年憲法（ジャコバン憲法）の実現と権利上の平等ではなく現実の「完全な平等」を要求した。バブーフら首謀者は逮捕され処刑されたが、流刑処分になったヴォナロッティが三十年後の一九二八年に『平等をめざす、バブーフの陰謀』を出版し、事件は共和主義者の間の英雄的伝説になった。引用の原文は以下の通り。« L'Egalité ! premier vœu de la nature, premier besoin de l'homme, et principal nœud de toute association légitime ! »〕

(67) *Ibid.*, p. 155-158.

(68) *Ibid.*, p. 159.〔Le Robert 仏語辞典によれば、« individualisme » の初出は一八二六年、« socialisme » の初出は一八三一年でほぼ同時期である。なお同辞典によれば « associationnisme » の初出は一八七七年なので、本文中の « associationnisme » は « association » と読み替えて翻訳した。〕

(69) *Ibid.*, p. 165-6.

(70) Acollas, *op.cit.*, p. 372-3.〔ピエール・ルルー（一七九七―一八七一）はサン＝シモン主義からの離反者で、« socialisme » の語の生みの親とされ、一八三四年の論文 « De l'individualisme et du socialisme » で絶対的個人主義と絶対的社会主義を批判したが、社会主義的共和国の擁護者であり、一八四八年憲法で共和国の標語に « liberté » と « égalité » に « fraternité » を追加する上で力があった。〕

(71) *Ibid.*, p. 31.

(72) *Ibid.*, p. 67.

(73) *Ibid.*, p. 79.

(74) Hamon, *op.cit.*, p. 139.〔渋沢の最初の妻千代は一八八二年七月に亡くなるが、渋沢は友人玉乃世履の仲介により千代の墓碑文を三島に依頼している。〕

(75) Hamon, *op.cit.*, p. 150.

(76) 町泉寿郎「二松学舎と陽明学」、町泉寿郎編『渋沢栄一は漢学とどう関わったか』ミネルヴァ書房、二〇一七年、一七二頁以下。

(77) 三島中洲「義利合一論」（一八八六）、三島毅（毅は三島の本名）『中洲講話』文華堂、一九〇九年、一、六頁。

(78) 三島「義利合一論」『中洲講話』、一三―一五頁、三島「性の説」（一八九三）、同書、二一六―二一七頁。

(79) 三島「義利合一論」、同書、二〇頁。
(80) 三島「義利合一論」、同書、六頁。
(81) 三島「三利説」(一八九三)、同書、二四七頁。
(82) 三島「義利合一論」、同書、一四頁。三島「性の説」、同書、二〇九頁。
(83) 三島「孔子非守旧家弁」(一八九七)、同書、二五五頁。
(84) 三島「文明富強の弁」(一八八九)、同書、九四―九九頁。
(85) 三島「修身衛生理財合一論」(一八九〇)、同書、四〇、四三頁。
(86) 三島「崇神論」、同書、五八、六六頁。
(87) 渋沢は三島と王陽明について前掲『論語講義』坤、五〇、九二頁で言及している。
(88) **Hamon,** ***op. cit.*****, p. 152.**〔一九一九年五月十五日、渋沢が三島の葬儀の際に読んだ弔辞「故三島中洲先生の霊前に於て」『竜門雑誌』第三八二号(一九二〇年三月)、『伝記資料』第四五巻、五五四頁。〕
(89) 渋沢栄一「人道と儒教」『竜門雑誌』第二五四号、一九〇九年、于臣前掲書、六〇頁に引用。
(90) 渋沢栄一『論語と算盤』忠誠堂、一九二七年、一五九頁〔『論語と算盤』の初版は東亜堂書房、一九一六年刊〕。
(91) 渋沢『論語と算盤』、一六六頁。
(92) 于臣(ユ・チェン)『渋沢栄一と〈義理〉思想――近代東アジアの実業と教育』ぺりかん社、二〇〇八年、六四頁。
(93) 渋沢栄一『論語講義』乾、二松学舎出版部、一九二五年、五六頁。渋沢『論語と算盤』、一七一、二九八、三〇七頁、三二四頁。于臣前掲書、六七頁。
(94) 渋沢『論語講義』坤、八、七八頁。以下も参照、木村昌人「グローバル社会における渋沢栄一の商業道徳観」、パトリック・フリダンソン/橘川武郎編『グローバル資本主義の中の渋沢栄一』東洋経済新報社、二〇一四年。
(95) 坂本慎一『渋沢栄一の経世済民思想』日本経済評論社、二〇〇二年、二一一―五〇頁。
(96) 坂本前掲書、六四、六九頁。
(97) **Chômin,** ***Écrits sur Rousseau et les droits du peuple, op.cit.*****, p. 26-8.**「論公利私利」は明治十三年六月五日『二松学舎翹楚集』第二編に「土佐、中江篤介」の名前で発表されている。
(98) *Ibid.*, p. 53.〔引用の原文は漢文で、島田虔次による「訓み下し文」が『兆民全集』第一巻にあるが、ここでは著者デュフルモンによる仏語訳から重訳した。訳文中「正義」は justice の訳、「効用」は utilité の訳だが、「効用」は「利益(intérêt)」と同義で

使われている。〕

（99） *Ibid.*, p. 75, 98.

（100） 渋沢『論語講義』乙、七〇、一三六頁。

（101） Traduit par Claude Hamon, *op. cit.*, p. 144-5. 前掲『青淵百話』、五三五頁、『伝記資料』別巻六、一九四―一九五頁。〔引用の前を読むと、渋沢の主張は「自己本位」を排し「独立自営」を棄てよというのではなく、「自己本位を排しての独立自営精神、それが何人にも歓迎される所の行いである」とある。〕

【訳注】

（一） 『政理叢談』は一八八二年二月創刊、第七号で『欧米政理叢談』と改称、一八八三年十二月の第五五号で休刊した。漢訳『民約訳解』は第二号から翌八三年七月の第四六号まで連載され、その間の一八八二年十月に『民約訳解巻之一』が刊行されたが「巻之二」は出ていない。井田進也『中江兆民のフランス』（岩波書店、一九八七年）の巻末に収録された「『政理叢談』原典目録ならびに原著者略伝」（ネットで閲覧可能）によれば、『政理叢談』に翻訳された原著者は四十五人を数える。

（二） Conservatoire Nationale des Arts et Métiers. フランス革命中の一七九四年に理工科大学校（École Polytechnique）、高等師範学校（ENS）と同時に設立された。ただしエンジニア養成のグランゼコールは、一七四七年設立の土木学校（Ponts et chaussées）、一七八三年設立の鉱山学校（Mines）が先である。

（三） セイの初の全訳は『経済学』増井幸雄訳、岩波書店、（上）一九二六年、（下）一九二九年である。

（四） 兆民は保安条例のため東京を追われ大阪に移った一八八八年に「余や迂儒なりアダム・スミッス、ミル、チュルゴー、バチスト・セー等の経済書を読み、所謂需要、供給、分配とかお定まりの理論は少し計り承知し居れり」と書いている。『東雲新聞』明治二十一年五月二十八日、のち「阿讃紀游」に収録、『兆民全集』第一一巻、一五三頁。

（五） 「穏和な商業」は、モンテスキューが『法の精神』第二〇編一―二章で述べた「商業は習俗を穏和にする」「商業が存在するところではどこでも、穏やかな習俗が存在する」「商業の自然の効果は平和へと向かわせることである」とする仮説。他方の「産業主義」は、セイの経済学に学び、ナポレオン戦争後のフランス社会を「産業」を中心に再組織しようとしたサン＝シモンが『産業者の教理問答』（一八二三―二四）で初めて用いた造語で、無為徒食の貴族・聖職者・軍人が支配する封建的軍事社会を、あらゆる種類の生産活動に従事する「産業者（industriels）」中心の産業社会に転換する社会改造計画で、「すべては産業によって、すべては産業のために」をモットーにする。「産業者」には企業家、製造業者だけでなく、農民、商工業者、銀行家、科学者が含まれる。「生まれによる貴族」ではなく「能力による貴族」である産業エリートが国の行政を取り仕切るが、「最も貧しい階級の精神的・物質的生活の改善に努めること」(『新キリスト教』、一八二五)を目標としたので、サン＝シモンは初期社会主義の一潮流とされる。

(六) 井上哲次郎(一八五六―一九四四)は一八八四年からのドイツ留学後一八九〇年帝国大学で日本人初の哲学科教授に任ぜられドイツ観念論哲学を講じたが、後年は国民道徳を主張し日本の儒教研究に力を注いだ。一八九〇年に『教育勅語』が発せられると、翌年政府の意を受けてその解説書『勅語衍義《えんぎ》』を出版した。兆民は『一年有半』(一九〇一)の「わが日本で古《いにしえ》より今に至るまで哲学なし」で始まる有名な一節で、加藤弘之と井上哲次郎を、西洋哲学の誰彼を輸入しているだけで、哲学者と称するに値せずと切り捨てている。

(七) 兆民は一八七八年に高谷龍洲の済美黌に学び、一八八〇年から三島中洲の二松学舎、岡松甕谷の紹成書院で漢学を修めている。

(八) 「私の七十の賀に或人の贈られた画帖に、論語と算盤と、シルクハットと朱鞘の刀とあつたのを、中洲先生が見て大に笑はれて、それから其理由を聞かれて大に之を嘉みし、これは一の文章になり得ると思ふ。即ち論語算盤の説を書いて下さいました。詰り道徳経済合一といふことを言葉を変へたのでございます」(『竜門雑誌』第三八二号、『伝記資料』第四五巻、五六七―五六八頁)。

(九) 引用は『社会契約論』の冒頭から。訳文は« droit politique »を「政治的権利」ではなく「国法」と正しく訳している『世界の名著 ルソー』の井上幸治訳に従った。

(一〇) 「理義」はルソー思想の中心的理念で、デュフルモンはフランス語の« raison »(理性)と« justice »(正義)を合わせた言葉として翻訳している。

渋沢栄一の精神的右腕・姉崎正治のフランス・ネットワーク

伊達聖伸

渋沢と姉崎の協力関係——帰一協会から日仏会館へ

渋沢栄一の代名詞は「論語と算盤」である。「近代日本資本主義の父」とも呼ばれる彼が、利益主義一辺倒には批判的だったことを忘れてはならない。「算盤」が指すのが経済や実業だとすれば、「論語」が意味しているのは道徳や宗教や精神である。『論語と算盤』を刊行した一九一六年に数え年七十七歳で実業界からの引退を表明した渋沢の後半生は、それまでにも増して精神的な面を重視するものであった。このとき、「論語」の方面で渋沢を支えた筆頭と見なすことができるのが、東大宗教学の初代教授として知られる姉崎正治である。

もとより姉崎は論語の専門家ではない。ここで「論語」というのは、経済に対する道徳や宗教や精神の謂いである。こちらの分野で渋沢と姉崎を繋ぐ最も代表的なものとして知られているのは、帰一協会だろう。一九一二年、実業家・学者・宗教者が集まって結成されたこの団体は、諸宗教や道徳の帰一を目指し、国内外の諸問題を論じたことで知られる。姉崎は渋沢を含む五人の幹事のうちの一人で、会の名称となった帰一協会の名付け親でもあった（王陽明の句「万徳帰一」から取ったとされる）。一九三一年の渋沢の葬儀の際には、帰一協会を代表して弔辞を述べている。(1)

渋沢についての研究は、前半生の経営史・経済史の分野における蓄積が分厚く、後半生において重要な道徳や精神に関するものは相対的に少ない。それでも、帰一協会についてはそれなりに研究が進んできた。(2)一九一二年二月、仏教、神道、キリスト教の三つの宗教を国民道徳振興に活用しようとする国家主導の三教会同が内務次官の床次竹二郎の提唱によって開かれ、そうした動向と連動しながら同年六月に帰一協会が正式発足したことは事実である。だが、国家主体ではなく民間主体の団体として、国民道徳の地平を超える世界的視野を有していたことにも留意したい。(3)「諸宗教の帰一」といっても、儒学的現世主義に立脚する渋沢と、宗教学者として諸宗教における超越性の希求をそれぞれに固有のものとして相互承認することを説いた姉崎とでは、たしかにニュアンスの違いが見られるが、(4)本稿はむしろ両者の協力関係に注目する。

渋沢自身、ほどなくして諸宗教の帰一は実現困難であると気づいたようで、宗教帰一自体への関心は次第に失っていくが、帰一協会は国際平和を目指す民間外交のフォーラム組織としての役割を担い続けた。渋沢は、第一次世界大戦中の一九一五年に三回目の訪米をし、翌一九一六年に日米関係委員会を組織し、大戦後は一九二〇年に設立された国際連盟協会の会長となった。これは帰一協会からの流れのなかで理解されるべき事績である。(5)

日仏会館も、同様の流れのなかで渋沢と姉崎が協力した事業のひとつと考えることができる。姉崎は、渋沢を長とする日仏会館設立実行委員七名のうちの一人であり、(6)会館設立後は常務理事を務めるなど、会館設立期のコアメンバーであった。

にもかかわらず、姉崎と日仏会館の関係やフランスとのつながりについては、あまり関心が払われてこなかった。実際、日本のフランス研究者は、宗教学者の姉崎を戦前の重要なフランス系有識者とは見なしてはこなかった。宗教学者も、姉崎とフランスの関係にはほとんど注目してこなかった。磯前順一は、姉崎は留学先のドイツで「黄禍論」に傷つき、アメリカを二十世紀の「文明の新紀元」のパートナーと見なすようになったと指摘する。高橋原も、姉崎は「ドイツ語にまで矛先を向け、『僕は今後英語本位で通したい』という宣言までして、実際そのようになった」と述べている。[7] ここに見られる「ドイツからアメリカへ」という図式は正しいが、フランスは抜け落ちている。たしかに、姉崎の世界主義は「ゲルマン文化よりもむしろラテン文化」に近いとか、[8]「姉崎とフランスの縁は深い」などの言及はなされてきたが、[9] 姉崎とフランスの関係は、これまで断片的に触れられるか、エピソード的に語られる程度で、ほとんど研究が進められてこなかった。[10]

しかし今回、東京大学宗教学研究室に保管されている「姉崎正治関連資料」のうち、フランスに関係する資料の分析を進めていくと、これまで発信元不詳とされていた姉崎宛書簡を書いていたのが実はクローデルだったなど、いくつか新しい発見があった。[11] そして、渋沢の後半生において重要度の高いこの宗教学者を日仏交流の文脈に位置づけ直してみると、道徳なき経済に対する批判や、第一次世界大戦を受けての国際平和の提唱など、当時の日本および世界にとって重要なテーマ、そして現代においてもアクチュアルなテーマが浮かびあがってくることが見えてきた。鹿島茂は渋沢栄一の「道徳経済合一説」がサン＝シモン主義の考えと一致するとして、渋沢を「そうと知らずのサン＝シモン主義者」と評したが、[12] 渋沢と姉崎の関係を日仏会館設立期の日仏交流に絡めながらその意義を探ると、利益一辺倒の資本主義批判や平和の希求などの方向性は、マルセル・モースの贈与論を髣髴とさせるところがある。社会学者のアラン・カイエは、頭文字を繋げるとモースの姓と同じ綴りになる「社会科学における反功利主義運動」(Mouvement Anti-Utilitariste dans les Sciences Sociales : ＭＡＵＳＳ) を提唱したが、渋沢と姉崎の企てには「そうと知らずのＭＡＵＳＳ」と言えるところがあるのではないか。そのような仮説的な見通しを立てて、姉崎正治の知られざるフランス・ネットワークに光を当ててみたい。

アルベール・カーンの世界周遊協会と国際平和

一八四〇年生まれの渋沢は一八六七年のパリ万博を訪れている。一八七三年生まれで渋沢よりも三十三歳若い姉崎は、ちょうど三十三年後の一九〇〇年のパリ万博を「驚心眩目」の思いで見ている。[13] 二十代半ばにして、すでに『印度宗教史』、『比較宗教学』、『宗教学概論』の三冊を上梓したのち日本を出発した若き宗教学者の留学先はドイツのキールで、それはパウル・ドイッセンのもとでサンスクリットと文献学を集中的に学ぶためだった。洋行前の姉崎は、ケーベルの英語の授業をドイツ語でノートを取り、「夢伯林士」のペンネームを用いるなどドイツに憧れていたが、キールの軍港でカイゼルの匈奴演説を聴き、黄禍論を経験して、ドイツ嫌いになった。その反動で、英語とアメリカの重要性が高まるが、同時にフランスおよびラテン系文化にも惹かれていく。

渋沢が一九〇二年に米欧視察に出かけた際、ドイツ留学中だった姉崎と接点があった様子はないが、三十五年ぶりに訪れたフランスでは銀行家アルベール・カーンとの再会を果たした。「再会」というのは、一八九七年にカーンが二度目に来日した際、飛鳥山の渋沢邸で会ったのが渋沢とカーンの交流のはじまりだからである。[14]

このカーンが一八九八年に創設した世界周遊奨学金制度は、一九〇六年から日本への支援を開始した。そして、姉崎は翌年、カーン資金を受けた日本人第一号として、二度目の洋行を果たした。一九〇七年は日仏協約成立の年でもあり、両国の親善関係を促進する機運が高まった。資料的に裏付けることのできる渋沢と姉崎の最初の出会いは一九一一年七月の帰一協会準備会合だが、[15] それよりも前から、カーンと渋沢、カーンと姉崎のあいだに、それぞれ交流があったことがわかる。

姉崎二度目の洋行の様子は『花つみ日記』（一九〇九）に詳しい。アメリカ経由でヨーロッパを回ったこの旅は、イタリア滞在についての記述が多くを占めるが、「外篇」としてフランス滞在についても綴られている。ブーローニュの世界周遊クラブを訪れて、カーンに面会したことはもちろん、ソルボンヌではベルクソン、ポアンカレ、マリー・キュリーの講義を聴いたと記されている。世界周遊クラブのシャルル＝マリ・ガルニエ（Charles-Marie Garnier, 1869-1956）の家には「三度行つた」とあり、[16] 後年まで親しく交わることになる。「ルュシーフォサリユといふ、日仏協会の幹事に会つて、日本での会の組織の事など話し」との記述も見られる。[17] ピエール＝アンリ・ド・リュシー＝フォサリウ（Pierre-Henri Richard de Lucy-Fossarieu, 1859-1908）は、神戸のフランス公使時代の一九〇〇年に神戸日仏協会を設立し、同年パリでも日仏両国人にはたらきかけて日仏協会を設立した人物である。[18] すでに東京では一八八六年に教育と研究をおもな目的とする仏学会が設立されていたが、一九〇九年にこの仏学会が合併改組されて日仏協会と称し、一九二四年の日仏会館の創設へとつながっていく。[19] このような経緯を見ると、姉崎は二度目の洋行の頃から日仏交流の文脈で一定の位置を占める人物であったことがわかる。

『花つみ日記』において姉崎は、カーンの世界周遊奨学金制度の意義について、次のように述べている。学者交流を通しての世界平和への寄与という意識を、日露戦争と第一次世界大戦のあいだに挟まれた一九〇〇年代後半の段階ですでに姉崎が持っていたことに注意したい。

〔カーン〕氏が世界巡回資金（le bourse pour la tour autour du monde）を諸国の大学に寄附し、学者をして世界を巡つて諸国民の事情を研究せしむる様にせられた趣意は実に人道のため世界平和のためである。各国民の事情が学者の研究で互によく知れ亘り、各国の学者間に互に同情が出来たならば、終には国際の誤解を防いで戦争などの惨禍を避け得る様にもならう。こういふ理想に出た寄付に依つて再度の外遊をなし得た自分は、宗教や文明について観察し研究すると共に、親しく接した人々に心情を打ちあけて語り、東西文明は異つても人情は同じであるといふ事を少しでも示したいと考えた。それと同時に西洋の文明や人情についても見た事を本国の同胞に報告するのを義務と考へる。[20]

姉崎が二回目に訪れたフランスは、一九〇五年の政教分離法後の混乱が続いていた時期だった。そうしたフランスを目の当たりにして姉崎は、「政治や社会や宗教の上で色々の動揺があつても、その動揺、その戦闘が即ちフランス人の生命である」と評し、フランス人はイギリス人のように尊敬すべき対象というよりは「寧ろ同情すべき人民」であって、「フランス人は西洋に於ける日本人の兄弟」であると親近感を覚えている。[21]

一九一一年に刊行された姉崎正治の著作『停雲集』には、*Les Nuages Errants* というフランス語タイトルも付されていて、ガルニエ一家に捧げられている。ガルニエから姉崎に送られた詩も収められていて、出身地京都の繊細さと宗教学者としての教養を備えた姉崎が、インドで分かれる世界の東西の両側で穏やかな努力を続けている様子を描いている。

インドの東西での学術交流と言えば、すでに触れた通り姉崎がドイツで師事したドイッセンはインド学者で、彼のもとで知り合ったアメリカ人のインド学者にジェイムズ・ウッズがいる。このウッズの斡旋により、姉崎は一九一三年から一五年まで日米交換教授としてハーバード大学に滞在し、日本文明講座で日本の宗教や哲学などを講じた。この日米交換教授プログラムには、渋沢も関与していた。

第一次世界大戦が終結し、講和会議が行なわれた一九一九年、姉崎はコレージュ・ド・フランスで日本宗教史の講義をするために渡仏している。このとき肺炎を患っていた渋沢は、出発前の姉崎を二度まで病床に呼んで、日本が世界の平和に貢献するための方途を講ずるようにと希望を伝えている。[22] また、パリのカーンに親書をしたため、「私は七十七歳を転機として事業活動から身を引き、精神性の領域に専念し、以来社会の精神的な側面の調査と探究に残りの人生を捧げてきた」と述べたうえで、姉崎のことをよろしく頼むと書き送っている。

私の親しい友人の一人である姉崎博士が、あなたの国の政府の招待を受けて、本日あなたの国に出発しました。彼は東京帝国大学の教授であり、前途洋々たる紳士です。精神性の探究の問題とのつながりから、私は長年彼と非常に親交を深めてきました。今回の旅行の機会をとらえて、彼は、精神性の問題に関する私や私の友人たちの志を胸に、フランスで精神性をめぐる活動に関心を持つ思想家の方々と意見交換をするつもりでおります。彼にお会いになりましたら、彼の今回の任務におけるこの部分について彼が話すであろうことに耳を傾けて下さいますよう、そして、彼にご厚意や支援をいただけましたら、私から深く感謝を申し上げる次第です。(23)

これに対してカーンは、渋沢が「人間の精神性の側面に活動と努力を傾けられるおつもりであると知り、とりわけ嬉しく思っております」と返信し、「私は今、私の古い友人であり、世界旅行をした最初の日本人フェローの一人でもあった姉崎氏と近しく交流しています」と返信している。(24) 二人の書簡に見られる「精神性の領域」、「社会の精神的な側面」、「精神性の探究」、「精神性の問題」、「精神性をめぐる活動」、「人間の精神性の側面」という表現の原文英語はそれぞれ、“spiritual sphere,” “spiritual side of society,” “spiritual investigations,” “spiritual matters,” “spiritual work,” “spiritual side of manhood” で、物質文明に対して批判的な「スピリチュアル」という言葉が何度も用いられている。

パリにやってきた姉崎は、日本におけるフランス革命史研究の草分けである箕作元八（一八六二—一九一九）の死の報に触れ、『世界周遊協会会報』に短い評伝を書いている。(25) 箕作元八は、一八六七年に渋沢栄一とともにパリを訪れた箕作麟祥（一八四六—一八九七）の従兄弟に当たり、ドイツに留学して宗教改革を研究していたが、次第にフランス革命研究に重心を移した。一八九三年から一八九六年にかけて箕作の宗教改革の講義に出席していた姉崎も、ドイツに留学したがドイツから関心が離れた。一九〇五年以降、二人は大学の同僚かつ友人として、ドイツシンパの多い東京帝国大学のなかで、研究と教育における自由のためにともに闘った。ヨーロッパの大戦

について箕作は、フランス側の勝利を確信していたと姉崎は述べている。(26)

シルヴァン・レヴィとポール・クローデルのあいだ——日仏会館役員としての姉崎正治

姉崎が一九一九年に渡仏したのはコレージュ・ド・フランスで日本宗教史を講じるためであることはすでに記したが、姉崎を招聘したのはシルヴァン・レヴィだった。一八八八年に弱冠二十五歳で高等研究実習院宗教学部門講師となったレヴィのもとで、西本願寺からの派遣留学生である藤島了穏《りょうおん》と藤枝沢通《たくつう》が学んだのを機に、レヴィは仏教の研究に力を注ぐようになり、日本にも興味を抱き、一八九八年に初来日した。姉崎は、レヴィが世界的な仏教学者となるのに二人の日本人仏僧の影響は大きかったと評している。(27)

レヴィは、姉崎に講義を打診する一九一七年十一月二十日付の書簡で、世界的に評価されている姉崎の業績を称賛するとともに、「コレージュは、世界を引き裂いている巨大な紛争のなかで、あなたが明瞭で的確な態度を取ろうとされたことを承知しています」と述べて、姉崎の政治的姿勢を評価する様子も見せている(28)(図1)。パリでの滞在については世界周遊協会での受け入れを提案しており、レヴィとカーンのつながりも窺える。パリに着いた姉崎は英語で原稿を書き、その仏訳をもとにコレージュで講義をした。(29)

一方、レヴィは一九二三年一月から四月まで日本を訪れ、東大や京大で講義をしたほか、(30)帰一協会では「フランスの宗教問題」と題する講演を行なった。また、一九二一年十一月から駐日大使として赴任していたポール・クローデルと会って、「フランス会館」創設の計画について話し合っている。

この頃、日仏関係は新しい局面を迎えていた。一八七〇年の普仏戦争におけるフランスの敗北もあって、明治日本ではドイツや英米の影響力が次第に増大していくのに引き替え、フランスの影は相対的に薄くなっていった。しかし、第一次世界大戦における連合国側の勝利は、日本におけるフランスの威光を取り戻させた。また、一九〇二年に締結された日英同盟が一九二一年十一月にはじまるワシントン会議での四か国条約の締結により廃棄され、アジア太平洋地域の地政学的均衡が再び模索されていた。そうした状況で、日本は「突如、欠如してしまった友好と支援の手をアングロサクソン圏外」に見出す方向転換を促されたのである[31]。

第一次世界大戦終結から日仏会館創設に至る時期の日仏学術交流は、このような地政学的文脈のもとに置かれていたが、姉崎もこの流れのなかにいた。日仏会館創設への動きがはじまるのは、リヨン大学のポール・ジューバンとモーリス・クーランが日仏友好を期して大学使節として来日した一九一九年以来のことだが、この年シルヴァン・レヴィは、約半世紀ぶりにドイツからフランスの大学となったストラスブール大学の教授となっており、姉崎は翌一九二〇年一月に同大学の名誉博士号を授与されている。姉崎は、一九二二年三月にはフランス政府から勲章（Commandeur de l'Étoile Noir）を受けている。

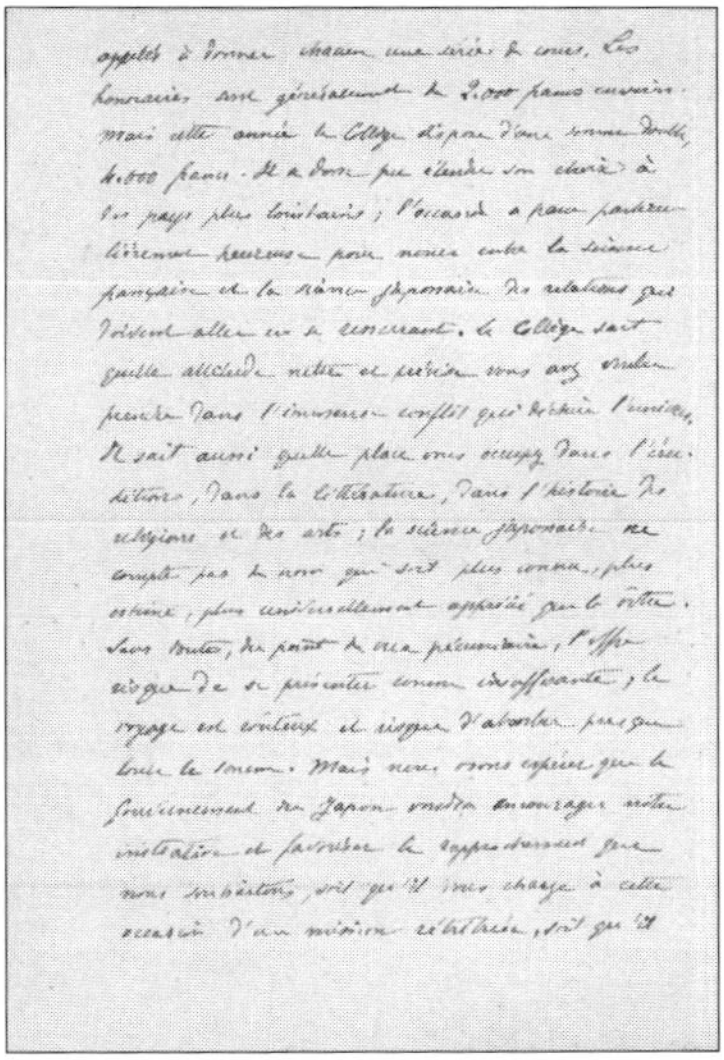

図1　シルヴァン・レヴィ発姉崎宛書簡（1917年11月20日付），「姉崎正治関係資料」書381（東京大学宗教学研究室蔵）

一九二二年十一月二十七日にはパストゥール生誕百年祭[32]が東京丸の内にある日本工業倶楽部で開催され、クローデルと姉崎が出席した。渋沢は出席していないが、日本工業倶楽部は渋沢と縁の深い経済団体である。パストゥールと渋沢に直接の面識はないが、接点を探ると、一八六七年にパリを訪れた渋沢の『航西日記』には、ワインに水を入れて飲むという記述が出てくる。これは当時のワインの質がまだ全体的によくなかったためだが[33]、この年に開催されたパリ万博でグラン・プリを受賞したのがパストゥールの低温殺菌法で、フランス・ワインの質向上につながった[34]。また、渋沢とパストゥールは、ともにフランスの養蚕業を救う役割も果たした[35]。さらに、コッホに師事し、パストゥールとも面識のある北里柴三郎の提唱によって一九一三年に設立された日本結核予防協会が一九二三年に財団法人となったとき、渋沢が会頭になっている。パストゥール生誕百年祭は、北里柴三郎、海軍軍医・矢部辰三郎、ポール・クローデルの挨拶で幕を開け、医学博士や理学博士の講演[36]に続き、最後を締め括ったのが姉崎の講演だった。

「従来分科になってゐた化学と生物学と医学との入会地を開拓し、而してその何れにも新生面を与へ、その結果、伝染病の病原を発見し、治療並に予防策を立てて、人類に広大な徳沢を及ぼした」パストゥールの心が「濶大《かつだい》無私」であったことの背景には「フランス人民の遺伝」があると言う姉崎は、「フランス魂」の第一の特質は「社会生活や政治に最も能く現はれる Solidarité 連帯結合の心である」とし、「人間相愛の心、人類結合の心をパストールは、病に悩む人間に向かって熱中発表した」と述べている。そして、「パストールは又真に心情ある愛国者であつたが、彼れの愛した祖国は富国強兵のフランスではなく、文化のフランス、科学芸術のフランスであつた。彼れの愛国心は、祖国 Patrie といふ観念を通じて発露した人道的精神であつた」と述べている[37]。ここでは、パストゥールに仮託して、富国強兵ではなく文化・科学・芸術を重んじる愛国心が人類に通じるという姉崎の確信が語られている。

これを会場で聴いていたクローデルは感銘を受け、通訳官のジョルジュ・ボンマルシャンを通じて講演原稿を取り寄せたうえで仏訳させ[38]、姉崎に書簡を送っている。「あなたがパストゥールの道徳的性格について語っている非常に気高く高尚な言葉に感銘を受け、感謝の気持ちを表したいと思います。他の人びともパストゥールの業績と仕事について立派に語りましたが、あなたは私たちの偉大な同胞の魂について豊かな理解を与えてくれました[39]」(図2)。

クローデルはレヴィが日仏会館の初代フランス学長となることに尽力したが、レヴィを年寄り扱いしたり、ユダヤ出自であることに不安を表明したりもしている[40]。クローデルとレヴィのあいだには関西日仏学館の創設をめぐっても確執があり、両者は必ずしも折り合いがよくなかったことが知られている[41]。

クローデルはフランス大使として姉崎に何度か接触しているが[42]、上記のパストゥールについての講演に感激して書き送った手紙を除けば、両者の人間的・学術的交流は深いものだったとは言えない。一方、レヴィと姉崎は仏教研究という専門分野を共有し、日仏それぞれの制度的な宗教学において若い頃から安定的な位置を占め、互いに招聘し合う仲だった。フランソワ・ラショーは、カトリックのクローデルにとって宗教は科学研究の対象ではなく、「回心することの方が比較研究することより高貴な使命に思われた[43]」と評している。クローデル、レヴィ、姉崎はいずれも宗教への関心を共有していたが、クローデルと姉崎よりも、レヴィと姉崎のほうが、学問的・人間的・制度的に親しい関係にあった。

『法宝《ほうぼう》義林《ぎりん》』もレヴィと姉崎の学問的絆を示すものである。これはレヴィが日仏会館のフランス学長時代に高楠順次郎とともに編纂に当たった仏教用語解説辞典で、中国学者のポール・ドゥミエヴィルとともに姉崎も編集に加わっている。

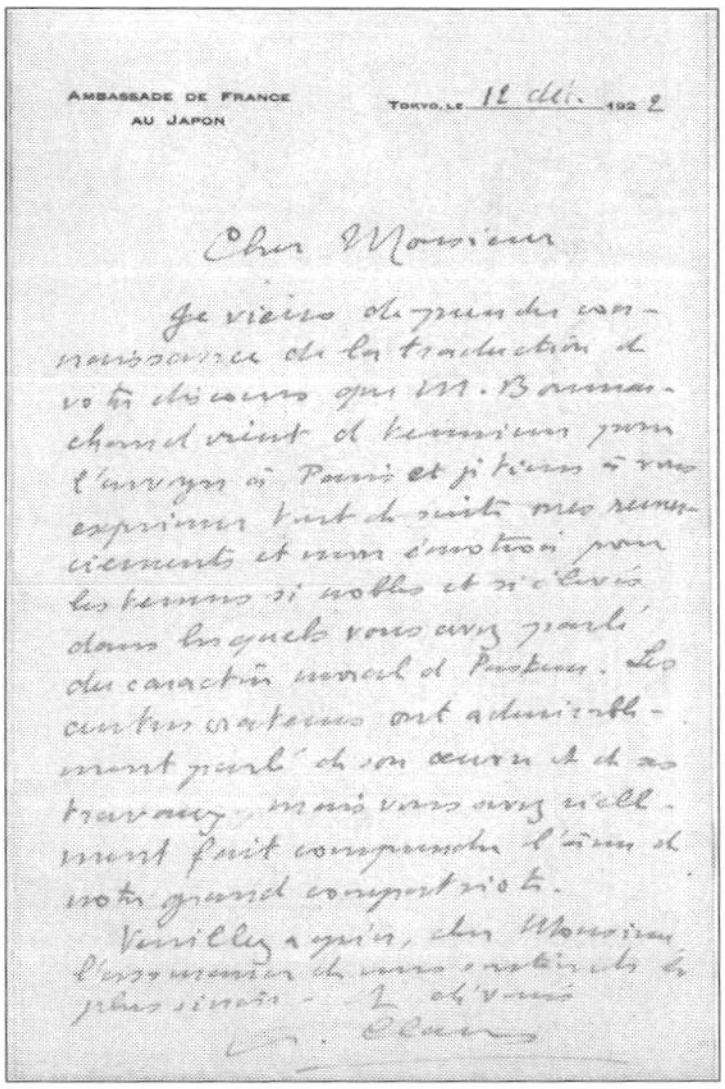
AMBASSADE DE FRANCE
AU JAPON
TOKYO, LE 12 déc. 1922

Cher Monsieur

Je viens de prendre connaissance de la traduction de votre discours que M. Bonmarchand vient de terminer pour l'envoyer à Paris et je tiens à vous exprimer tout de suite mes remerciements et mon émotion pour les termes si nobles et si élevés dans lesquels vous avez parlé du caractère moral de Pasteur. Les autres orateurs ont admirablement parlé de son oeuvre et de ses travaux, mais vous avez réellement fait comprendre l'âme de notre grand compatriote.

Veuillez agréer, cher Monsieur, l'assurance de mes sentiments les plus sincères et dévoués.

P. Claudel

図2　ポール・クローデル発姉崎宛書簡（1922年12月12日付），「姉崎正治関係資料」書125（東京大学宗教学研究室蔵）

もっとも、『法宝義林』の編集過程で姉崎は、辞典そのものは歓迎すべきとしたうえで、日仏会館の待遇に不満を覚えたようで、一九二八年四月二十四日付の渋沢栄一宛の書簡で、本務の多忙を理由に日仏会館理事の辞任を申し出ている。背景には、同じく常務理事の木島孝蔵と姉崎のあいだに確執があったことが知られる。姉崎は辞任の意志を固めていたが、渋沢に慰留されて結局常務理事留任となっている[44]。

ネットワークのなかのフランス宗教社会学――姉崎を介してつながる渋沢とモース

ユダヤ系で科学的な宗教研究に従事したシルヴァン・レヴィは、同様のプロフィールを持つ社会学者エミール・デュルケムと近い位置にいた。一八九五年に哲学のアグレガシオンを取得したマルセル・モースは、叔父デュルケムの助言にしたがって、レヴィと面談し、その授業に出ることを決めた[45]。こうしてレヴィは、モースにとって「第二の叔父」となった。

レヴィとモースのうち、ユダヤという「人種（race）」――レヴィ自身の言葉――にこだわっていたのはレヴィのほうである[46]。一方、ジョレスの感化を受けた社会主義者で、協同組合運動に熱心だったモースは、レヴィにはたらきかけて、一九二一年十月の「協同組合マニフェスト」に署名してもらっている[47]。

レヴィとモースは高等研究実習院宗教学部門の教員で（レヴィは一九二四年に部門長になっている）、東大宗教学研究室の姉崎とのあいだには、教え子を互いに送り合う関係も見られた。日仏会館最初の研究員となるシャルル・アグノエルは、日本に到着するとすぐ姉崎に手紙を書いて面会を申し出て、レヴィとモースから預かってきた手紙を姉先に渡している[48]（**図3**）。モースからの手紙には「あなたの教え子たちと交換する形で、私の教え子の一人であるアグノエル氏を派遣します［……］。私に対して示してくださったような共感を、彼に対しても示してくださるとありがたいです」と書かれている（**図4**）。姉崎のもとからフランスに送り込まれた学生が複数いることが暗示されているが、具体的には宇野圓空と赤松秀景である。赤松はこの時期に高等研究実習院に留学してモースとレヴィのもとで学び[49]、姉崎にパリでの研究生活の様子を書き送っている[50]。

モースから姉崎への手紙には、両者に直接の面識があったことも示唆されている。後年、岩波文庫からデュルケム『宗教生活の原初形態』を訳して出すことになる古野清人は、姉崎の弟子の一人で、一九二六年にデュルケムの宗教についての卒論をフランス語で執筆している（« La théorie sociologique de la religion chez Émile Durkheim »）が、同じ年、古野はモースの『贈与論』を紹介しており、そこには「モース氏自身が姉崎先生に贈呈している此書を拝読させて頂いて興趣に誘はれ非才をも省みず紹介を試みる」とある[51]。

「此贈与－交換説の経済学は散文的な功利論や重商主義・合理主義・所謂自然経済の領域を去ること如何に遠いか」。「本論文では重商工主義や唯物史観に対し暗に強烈な抗議を提出してゐる個所が多くその批判は整然として鋭い」。一九二〇年代に書かれた若い研究者の文章ということもあって表現は堅いが、モースの核心的な主張がとらえられている。「誤つて「原始」と呼ばれてゐる斯る社会に於いては〔……〕極めて莫大で豊富な「剰余」が蓄積されてゐる。そして屢々比較的巨多に奢侈を以て純然たる損害となつて消耗される。断じて射利的ではない」。「射利的」とは、手段を選ばずにただ利益を得ようとすることである。功利主義でもマルクス主義でもない、

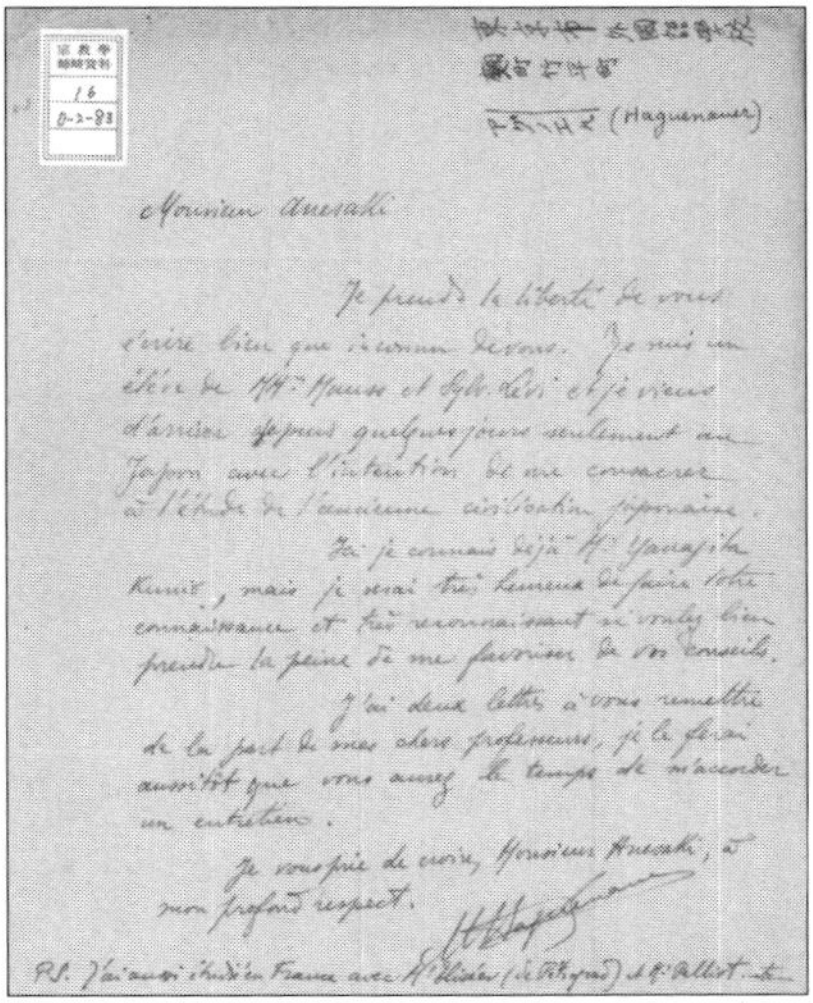

Monsieur Anesaki

Je prends la liberté de vous écrire bien que inconnu de vous. Je suis un élève de MM. Mauss et Sylv. Lévi et je viens d'arriver depuis quelques jours seulement au Japon avec l'intention de me consacrer à l'étude de l'ancienne civilisation japonaise.

Je connais déjà M. Yanagita Kunio, mais je serai très heureux de faire votre connaissance et très reconnaissant si voulez bien prendre la peine de me favoriser de vos conseils.

J'ai deux lettres à vous remettre de la part de mes chers professeurs, je le ferai aussitôt que vous aurez le temps de m'accorder un entretien.

Je vous prie de croire, Monsieur Anesaki, à mon profond respect.

(Haguenauer)

図 3　シャルル・アグノエル発姉崎宛書簡，「姉崎正治関係資料」書 286（東京大学宗教学研究室蔵）

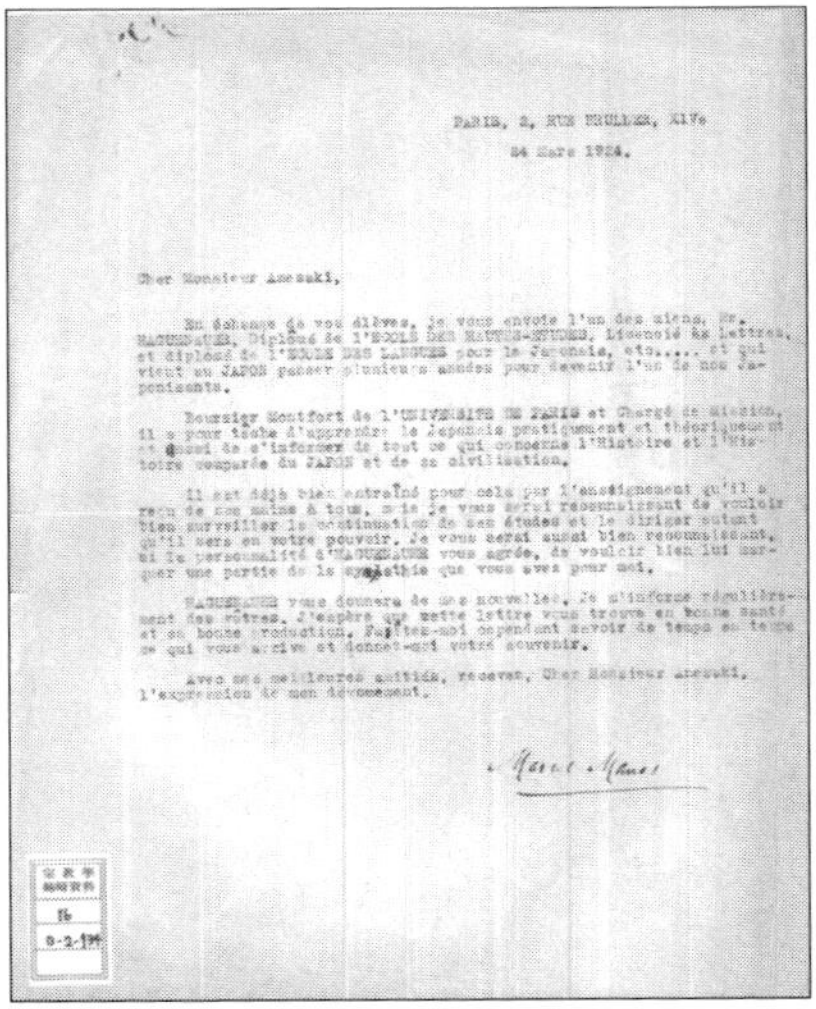

PARIS, 2, RUE BRULLER, XIVe
24 Mars 1924.

Cher Monsieur Anesaki,

En échange de vos élèves, je vous envoie l'un des miens, Mr. HAGUENAUER, Diplômé de l'ECOLE DES HAUTES-ETUDES, Licencié ès Lettres, et diplômé de l'ECOLE DES LANGUES pour le Japonais, etc..... et qui vient au JAPON passer plusieurs années pour devenir l'un de nos Japonisants.

Boursier Montfort de l'UNIVERSITE DE PARIS et Chargé de Mission, il a pour tâche d'apprendre le Japonais pratiquement et théoriquement et aussi de s'informer de tout ce qui concerne l'Histoire et l'Histoire comparée du JAPON et de sa civilisation.

Il est déjà bien entraîné pour cela par l'enseignement qu'il a reçu de nos mains à tous, mais je vous serai reconnaissant de vouloir bien surveiller la continuation de ses études et le diriger autant qu'il sera en votre pouvoir. Je vous serai aussi bien reconnaissant, si la personnalité d'HAGUENAUER vous agrée, de vouloir bien lui marquer une partie de la sympathie que vous avez pour moi.

HAGUENAUER vous donnera de mes nouvelles. Je m'informe régulièrement des vôtres. J'espère que cette lettre vous trouve en bonne santé et en bonne production. Faites-moi cependant savoir de temps en temps ce qui vous arrive et donnez-moi votre souvenir.

Avec mes meilleures amitiés, recevez, Cher Monsieur Anesaki, l'expression de mon dévouement.

Marcel Mauss

図 4　マルセル・モース発姉崎宛書簡，「姉崎正治関係資料」書 413（東京大学宗教学研究室蔵）

宗教を起源とし道徳的な意味合いを持つ経済の概念がモースにあることを、古野は正確に掴み出している。

『贈与論』を時代の文脈およびモースの他のテクストとの関係に置くと、そこには第一次世界大戦の惨禍を招いた近代文明に対するモースの批判意識を読み取ることができる。モースは、人間が「エコノミック・アニマル」になったのはごく近年の西洋社会においてであるにすぎず、今でも私たちは冷酷な功利主義からは遠いところにいると述べている[52]。また、モースの社会主義は、労働組合や協同組合に見られる「社会」の組織のあり方に期待を寄せるものであって、資本主義を否定するものではなく、マルクス・レーニン主義が前提とする階級闘争や暴力革命には批判的だった。モースは「下からの攻撃力としての暴力《ヴィオランス》」を否認すると同時に「上からの強制力としての力《フォルス》」にも重要な留保をつけており、その政治思想ないし社会思想の特色は、「一定の節度に身を律しつつ、両極端の中庸をゆくという姿勢」に表われていた[53]。さらにモースは、未完の「国民論」では、「ある国家の市民の総体であり、国家それ自体とは異なるものとしての市民の総体」としての国民《ナシオン》——国家には回収されず、国家との差異を孕む国民——概念を構想している[54]。祖国愛と間国民主義《インターナショナリズム》をつなぐ回路が展望されている。

「社会主義者」モースと「近代日本資本主義の父」渋沢の距離は、一見対極的な言葉の印象に反して、案外近いように思われる[55]。渋沢も、道徳と経済の調和を唱え[56]、その「公益」追求の姿勢には社会福祉事業も含まれていた。そして渋沢の「国民外交」は、国家レベルとは異なる国際的な民間交流を通じて、世界の平和を希求するものであった。そこにあるのは、次のような問題意識であった。「想ふに人類が余りに私利私欲に過ぎるから、此の如く社会が極端に成り行き、真正なる平和の意義が行はれないのである」。「何とか国際の道徳を帰一せしめて、所謂弱肉強食といふことは、国際間に通ずべからざるものとなさしむる工夫が無いものであらうか[57]」。

　第一次世界大戦後のフランスを訪れて、「財力本位の強者文明、資本本位の産業組織が、今のままで存続し発達するとは考へられない」と吐露した姉崎も、モースや渋沢の位置に近い。姉崎は、国家による上からの強制を正当化する「権力主義、武力主義」をドイツ的なものとする一方、「財力本位」の考えのモデルはアングロサクソンの国々であると述べている。「強い者が強い為に却て滅び、弱者必しも生存の不適者ならずして、相互扶助の方法で繁昌する」という姉崎は、いわゆる社会主義者ではないが、「要するに弱者自覚の発表」としての「社会運動」には比較的好意を持っているようにも見え、「弱者階級の間に起つた相互扶助の道徳を、もっとも具体的に経済上に実行するのは、消費並に生産組合である」と述べている。[58] そして姉崎が、「日本の財力者」は「協調乃至円満解決の希望を棄てないで居る」と述べているのは、渋沢を念頭に置いた言明とも考えられる。[59] 国内における協調の精神は、国際的にも応用可能で、「国際間には道義も法律もないと観察する人もあるが、事実は其の反対で、国際法の現在までの発達には、弱国の要求が、多く原動力となつて来て居る」とも言っている。[60]

姉崎は「青淵先生と社会思想」において、「青淵先生の「論語と算盤」が天保以前に出たなら、やはり昌平黌からは異学として睨まれたに違ひない」と述べつつ、「道徳と経済との調和又は融合を説く」渋沢をイギリスの社会思想家ジョン・ラスキン（一八一九―一九〇〇）に擬えている。そして、「信仰と経済との融合を理想とした上に於てラスキンの思想は、青淵先生と呼吸相通ずるものがある」と言いながら、ラスキンの「預言的熱情」と渋沢の「協調」や「円満な中庸の調和」に微妙な違いを見ている。「青淵先生の一生の態度並に事業は、総て協調であり、実業界に於ても、労働問題に関しても、宗教や教育についても、又国際問題にしても、総て協調で一貫してゐる」。[61]

ラスキンのテーゼのひとつは、「富の獲得が結局は社会のある道徳的諸条件のもとにおいてのみ可能である」ということである。「主人」と「召使い」は、「互いに対立することによってではなく、互いの情愛をつうじて、最大の物質的結果が得られうる」と言うこの社会思想家によれば、利己主義的な考えを捨て、「情愛」を原動力として相手に接することが「最も有効な返礼を生む」のであって、そこには「普通の経済学者の計算」では解明できない「特異な力」がはたらいている。[62]

ラスキンが言う「特異な力」は、モースの贈与論に通じるものである。市場経済のオルタナティヴを求めた

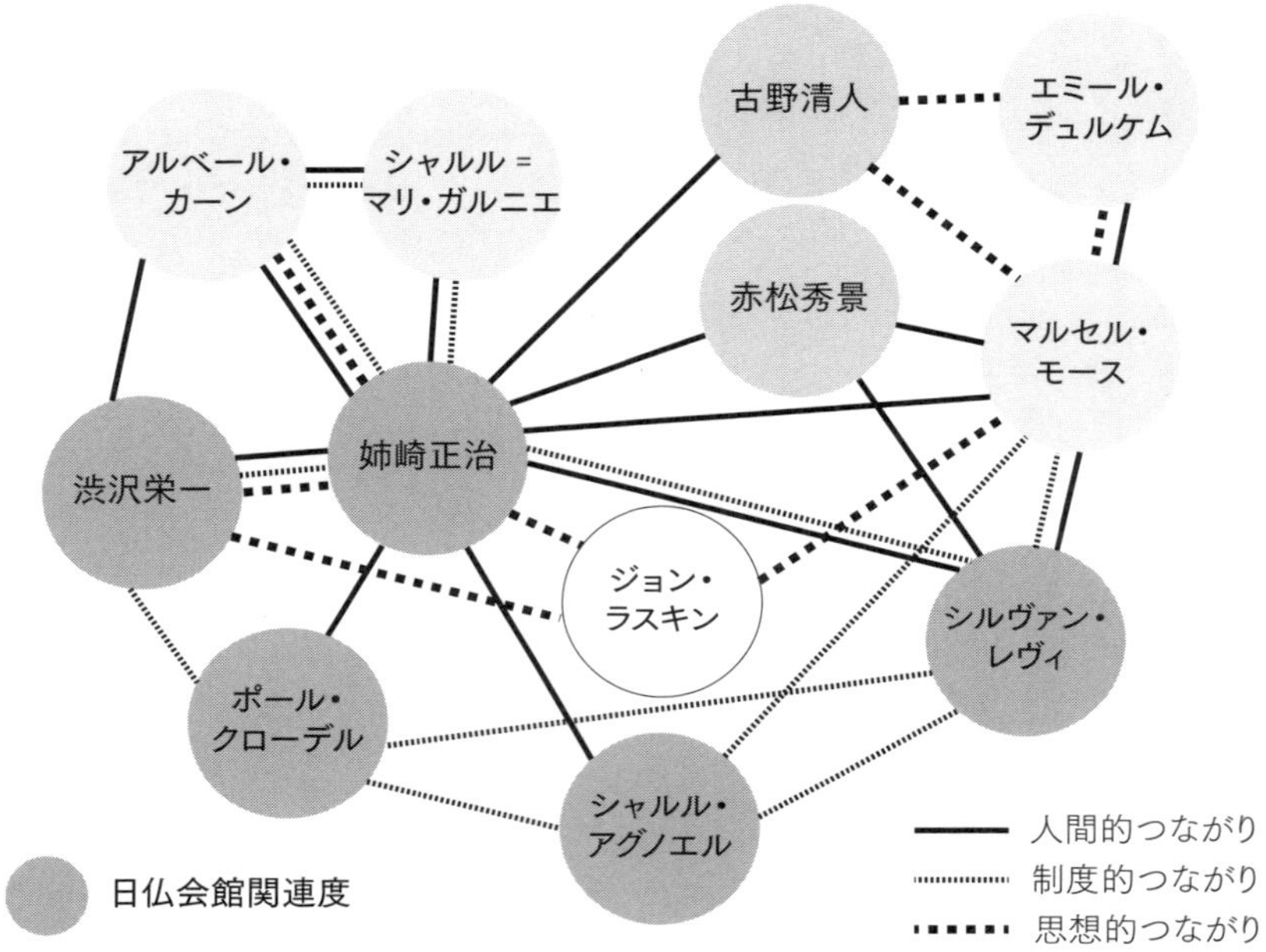

図5　姉崎正治のフランス・ネットワーク

ラスキンとモースを近づけて論じた近年の研究によれば、ラスキンは、利己主義的な文明を治療するには、犠牲的な利他主義ではなく、贈与の循環の承認と深化が必要であると考えていた。そして、ラスキンの宗教的精神は、道徳的義務と物質的・象徴的な贈与の循環を結びつけるものだった[63]。

ここまで来れば、「論語と算盤」の渋沢を「贈与論」のモースに重ねることも、もはや突飛ではない。実際、両者をつなぐ位置に来るのが姉崎である。両者は姉崎を介してつながる人的ネットワークのなかにいたし、姉崎が言及するラスキンに近い社会思想を持っていた(図5)。

＊

まとめよう。渋沢栄一と姉崎正治の関係は、これまで帰一協会については論じられてきたが、それは二人が第一次世界大戦を経て次第に明白になってきた国内外の新しい状況を前にして、近代文明の問題点を批判的に検討する見地に立って経済と道徳ないし宗教の調和に基づく平和を構想していく最初の機会であって、二人が日仏会館の創設に関わったのも、そのような見通しにおいてのことであったと考えることができる。

たしかに渋沢の関心は、二回目の渡仏以降はフランスよりもアメリカに向かったということができるし、姉崎の事績のなかでもフランスの占める位置はドイツとアメリカのあいだに挟まれてそこまで大きくは目立たない。二人が日仏会館創設に関わったことも、渋沢についてはともかく、少なくとも姉崎については、これまではエピソード的に触れられる程度にとどまり、そのことの意味はほとんど深められてこなかった。しかしながら、日仏会館創設時の姉崎から広がる日仏学術交流のネットワークから見えてくるのは、戦間期の両国および世界の困難な状況の是正や克服の試みであり、その営みは現代とは無縁のものとして百年前の過去に固定されるべきものではなく、むしろそこから現代を透かして見るだけの意義と価値を有している。

【注】

（1）『竜門雑誌』第五一八号、一九三一年十一月。『渋沢栄一伝記資料』第四六巻、七一六―七一七頁。

（2）中嶌邦「帰一協会小考」（一）（二）『日本女子大学紀要』第三五号、第三六号、一九八六年、一九八七年。高橋原「帰一協会の理念とその行方――昭和初期の活動」『東京大学宗教学年報』第二〇巻（二〇〇二年度）、二〇〇三年。島田昌和「経営者における道徳と宗教――渋沢栄一と帰一協会」『経営論集』第一七巻一号、二〇〇七年、七―一八頁。見城悌治編『帰一協会の挑戦と渋沢栄一――グローバル時代の「普遍」をめざして』ミネルヴァ書房、二〇一八年。

(3) 沖田行司「宗教統一論と国民道徳——三教会同から帰一協会へ」、見城編前掲書、三四—五三頁。

(4) 渋沢・姉崎のほか、帰一協会の他の中心メンバーについて言えば、井上哲次郎は帰一を結局のところは国民道徳論に帰着させ、成瀬仁蔵はユニテリアン的な超越性を確信していた。このように「四者四様」の帰一があった。桐原健真「宗教は一に帰すか——帰一協会の挑戦とその意義」見城編前掲書、一三—三三頁。

(5) 日米関係委員会と国際連盟協会は「青淵先生の指揮の下に自分が干与《ママ》した二つの事業」であったと姉崎は述べている。姉崎によれば、渋沢は「愛国者又国際的社会人」であって、「経済と道徳との調節融和」を眼目として、「義を全うして利を進めるのが、一国内に於ても国際関係に於ても、人類の社会生活に最も須要の事と考へられた」という。姉崎正治「国際関係と青淵先生」『国際智識』第一二巻二号、一九三二年、四二—四五頁。

(6) 渋沢栄一、古市公威、木島孝蔵、姉崎正治、杉山直治郎、杉村陽太郎、エミール・エック（Émile Heck）の七人（ベルナール・フランク、彌永昌吉「日仏会館の歴史、目的および活動」『日仏文化』三一号、一九七四年、一二三頁）。

(7) 磯前順一「西洋体験とナショナリズム——姉崎正治における国家と宗教」、磯前順一・深澤英隆編『近代日本における知識人と宗教——姉崎正治の軌跡』東京堂出版、二〇〇二年、二一六頁。高橋原「解説」『姉崎正治集』（シリーズ日本の宗教学①）第九巻、クレス出版、二〇〇二年、九頁。

(8) 平川祐弘「姉崎正治の「洋行無用論」」『和魂洋才の系譜——内と外からの明治日本』河出書房新社、一九八七年、一〇六頁。

(9) 磯前順一・高橋原・深澤英隆「姉崎正治伝」、『近代日本における知識人と宗教』、一〇一頁。

(10) 高橋原「姉崎正治年譜・関係資料目録補遺——日仏会館関連事項」『東京大学宗教学年報』第二〇号（二〇〇三年度）、二〇〇四年、一五五—一五七頁。

(11) 下記も参照されたい。伊達聖伸・古荘匡義・田中浩喜・アレクシ・カブリエ「姉崎正治フランス関係資料紹介——ポール・クローデル、シルヴァン・レヴィ、マルセル・モースらからの書簡」『東京大学宗教学年報』第四一号（二〇二三年度）、二〇二四年、一九一—二一五頁。

(12) 鹿島茂『渋沢栄一』下（論語篇）、文春文庫、二〇一三年、二五六頁（初版は二〇一一年）。「そうとは知らずに彼〔渋沢〕がフランスから日本に輸入したサン＝シモン主義」という表現も見られる（「上　算盤篇」、文春文庫、二三頁）。

(13) 姉崎正治『わが生涯』姉崎正治先生生誕百年記念会編、一九七四年、八一頁。

(14) 両者の交流は、渋沢史料館編『渋沢栄一とアルベール・カーン——日仏実業家交流の軌跡』渋沢史料館、二〇一〇年に詳しい。

（15）　この準備会合に出席したのは、渋沢栄一、森村市左衛門、井上哲次郎、中島力造、浮田和民、成瀬仁蔵、シドニー・ギューリック、姉崎正治の八人である。「帰一協会催故渋沢子爵追憶談話会」『竜門雑誌』第五一九号、一九三一年、『伝記資料』第四六巻、七一八頁。

（16）　姉崎正治『花つみ日記』博文館、一九〇九年、四九九頁。

（17）　同、五〇一頁。

（18）　市川義則「明治後半期における日仏関係──パリ日仏協会を中心として」『アルザス日欧知的交流事業　日本研究セミナー「明治」報告書』、二〇一四年、一頁。

（19）　ベルナール・フランク、彌永昌吉前掲論文、一二七─一二四頁。三浦信孝「あとがき──日仏会館の八〇年」、三浦信孝編『近代日本と仏蘭西──10人のフランス体験』大修館書店、二〇〇四年、三九一頁。なお、この日仏協会は、二〇〇七年に日仏会館に一本化されるまで、長らく日仏会館に共同で事務所を構えていた。

（20）　『花つみ日記』二頁。

（21）　同、五〇六頁。

（22）　渋沢栄一「春季総集会に於て」『竜門雑誌』第三七五号、一九一九年八月、一一─一九頁（『伝記資料』第四二巻、六八〇頁）。渋沢栄一「西ケ原青年会に於て」『竜門雑誌』第三八九号、一九二〇年十月、一〇二─一〇七頁（『伝記資料』第四四巻、一〇四頁）。姉崎正治「国際関係と青淵先生」前掲論文、四二─四五頁。

（23）　一九一九年三月二十四日付、渋沢栄一発アルベール・カーン宛書簡（原文英語）、『伝記資料』第四〇巻、三三九頁。渋沢史料館編前掲書（注14参照）、三一頁も参照。

（24）　一九一九年五月八日付、アルベール・カーン発渋沢栄一宛書簡（原文英語）『伝記資料』第四〇巻、三三九─三四〇頁。渋沢史料館編前掲書、三一頁も参照。

（25）　発表言語はフランス語だが、英語タイプ原稿が残っていることから（「姉崎正治関係資料」文24）、姉崎が英語でタイプした原稿がフランス語訳されたものと思われる。

（26）　Masaharu Anesaki, « Gempachi Mitsukuri : Historien japonais de la Révolution française », *Bulletin de la société Autour du Monde (1919-1920)*, 1920, pp. 31-33.

（27）　「シルバン・レビ氏の追憶」『宗教研究』第一三巻一号、一九三六年、一三五頁。

（28）　インドのタゴールもまた、日本では渋沢や姉崎など帰一協会の人脈、フランスではカーンやレヴィなど世界周遊協会の人脈とつながりを持っていた。Roland Lardinois et Georges Weill, *Sylvain Lévi : Le savant et le citoyen*, Honoré Champion, 2010, p. 38.「姉崎正治関係資料」書384も参照。

（29） Masaharu Anesaki, *Quelques pages de l'histoire religieuse du Japon*, Musée Guimet, 1921.

（30） このとき授業を聴講していた山田龍城・山口益はのちに渡仏し、レヴィのもとで学んだ。

（31） Christophe Marquet, « Le développement de la japonologie en France dans les années 1920 : autour de la revue *Japon et Extrême Orient* », *Ebisu*, 51, 2014, p. 48 ; クリストフ・マルケ「雑誌『Japon et Extrême-Orient ／日本と極東』と一九二〇年代フランスにおける日本学の萌芽」『日仏文化』八三号、二〇一四年、八六頁。

（32） 同年パリでも開催されており、日本からは文部省学校衛生課長の北豊吉（一八七五―一九四〇）が出席した。

（33） 鹿島茂『渋沢栄一』上（算盤篇）、一四五―一四六頁。

（34） 「コラム・パリ万博とワインの格付け」「博覧会、近代技術の展示場」、国立国会図書館 https://www.ndl.go.jp/exposition/s1/1855-1.html（二〇二四年三月五日最終閲覧）

（35） 渋沢は幼い頃から家業のひとつ養蚕に精通しており、一八四〇年代中頃から原因不明の蚕の伝染病に悩まされていたフランスの養蚕業を救ったのが一八六〇年代にはじまる日本からの輸入で、その中心人物の一人が渋沢だった。一方、パストゥールは蚕の病気の原因を突き止めたことで知られる。

（36） 松原行一（理学博士）、鈴木梅太郎（農芸化学者）、三浦謹之助（医学博士）。

（37） 姉崎正治「ルイ・パストール（彼れの精神）」『丁酉倫理会講演集』第二四五号、一九二三年、一〇五―一一五頁。

（38） 仏訳版は « Louis Pasteur et l'âme française » のタイトルで下記に収録されている。Masaharu Anesaki, *Katam Karaniyam : Lectures, Essays, and Studies*, Tokyo, The Herald Press, 1934, pp. 305-311.

（39） なお、姉崎が演説のなかで言及しているヴァレリー＝ラド『パストゥール伝』はクローデルの手元にもあった本である。また、ヴァレリー＝ラドの息子で内科医のパストゥール・ヴァレリー・ラドは後年、日仏会館での講演を行なっている。

（40） クローデルは、日本赴任の途上で仏領インドシナに滞在しているが、そこで出会ったハノイ極東学院のレオナール・オルソー宛の私信でたびたびレヴィについての不満を述べている（三浦信孝「日仏会館百年史のための覚書」『日仏文化』九三号、二〇二四年、一一頁）。一方、レヴィの側も、たとえば一九二七年六月十二日付のマルセル・モース宛の手紙では、「私のクローデルに対する評価は変わらない。本性は俗物で、怠惰で、その精神には明晰さも率直さもない」（cité dans Roland Lardinois et Georges Weill, *op. cit.*, p. 41）と書くなど、クローデルに対する敵意を隠していない。

(41) 初代フランス学長だったレヴィは、パリに帰任後、『パリ評論』(一九二九年九月十五日)に日仏会館論を寄稿している(シルヴァン・レヴィ「東京の日仏会館」三浦信孝訳、『日仏文化』九三号、二〇二四年、五九―七一頁)。

(42) 「姉崎正治関係資料」書123、書124、書126など。また、一九二六年三月十五日付アリスティッド・ブリアン首相宛公信では、日仏会館主要創設メンバーにレジオン・ドヌール勲章の授与(理事長渋沢栄一にはグラン・クロワ、姉崎正治にはオフィシエ)を要請している(中條忍監修『日本におけるポール・クローデル――クローデルの滞日年譜』クレス出版、二〇一〇年、三一八頁)。

(43) フランソワ・ラショー「ポール・クローデルと宗教学」、大出敦・中條忍・三浦信孝編『ポール・クローデル――日本への眼差し』水声社、二〇二一年、二八三頁。

(44) 高橋原「姉崎正治年譜・関係資料目録補遺――日仏会館関連事項」前掲論文、一五六―一五七頁。

(45) Marcel Fournier, « Marcel Mauss et Sylvain Lévi : Une communauté de pensée et de culture », in Lyne Bansat-Boudon et Roland Lardinois dir., *Sylvain Lévi (1863-1935) : Études indiennes, histoire sociale*, Brepols, 2007, pp. 221-222.

(46) 一八九八年十一月五日、レヴィはパリ大ラビのザドック・カーンの推挙により、アリアンス・イスラエリート・ユニヴェルセル(AIU)中央委員会のメンバーになった。世界のユダヤ人の市民権および政治的権利を守るために一八六〇年に創設されたこの組織に、レヴィは第一次世界大戦を期に積極的に関与するようになり、一九二〇年から一九三五年に亡くなるまで会長を務めた。レヴィはシオニズムをめぐる議論に参加したが、ユダヤ国家の創設には消極的だったため、ユダヤの歴史家の一部から批判されている(Roland Lardinois et Georges Weill, *op. cit.*, p. 16)。一方、モースはシオニズムをめぐる議論には加わらなかった。そのモースがAIUの中央委員会のメンバーになったのは、モース自身の証言によれば、レヴィの手助けをするためだったという(Marcel Fournier, *op. cit.*, p. 235)。

(47) この「協同組合マニフェスト」(Manifeste coopératif)は、『協同組合研究雑誌』(*Revue des études coopératives*)に掲載されている(Marcel Fournier, *op. cit.*, pp. 230-231)。

(48) シルヴァン・レヴィ発姉崎宛書簡(一九二四年三月二十二日付)は書383。

(49) 赤松秀景「Hautes Etudes の思出」『民族』第一巻五号、一九二六年、一二五―一三〇頁。

(50) 「姉崎正治関係資料」書19―書32=赤松秀景発姉崎正治宛書簡。なお、赤松はアグノエルについて、「レギ、モース先生等より先生へも照介ある事と考へ候。小生は本人をよく存じ居候為頗る意外に存候。今後外人傭入の時にも十分の考慮なくば後日の障りともなるべく候。自然小生は進んで照介状等認むる事を控へ申候」と姉先に書き送っており、アグノエルを高く評価していなかった様子が窺える(書32=一九二四年四月一日付)。日本帰国後の赤松はレヴィと日本の仏教研究をつなぐ役割も果たしている。

一九二八年五月十日、東洋文庫でのレヴィの講演「亀茲《クチヤ》語と中亜文明」を通訳したのが赤松だった（『日仏文化』第三輯、一九二九年、一三一頁）。赤松秀景は一九三七年に夭折。付記：赤松秀景の書簡の解読には、佐藤大悟氏からの協力をいただいた。

(51) 古野清人「モース『交換の古代形式』——「贈与に関する論文」に就て」『宗教研究』新三巻四号、一九二六年、一二四頁。後年の回想でも、モースが姉崎に渡した『社会学年報』を古野がペーパーナイフで仮綴を切りながら読んだことが綴られている。古野清人「宗教の心理学と社会学」『古野清人著作集』月報二、一九七三年、六—七頁。

(52) マルセル・モース『贈与論 他二篇』森山工訳、岩波文庫、二〇一四年、四三一頁。

(53) 森山工『「贈与論」の思想——マルセル・モースと〈混ざりあい〉の倫理』インスクリプト、二〇二二年、一〇九頁。

(54) マルセル・モース『国民論 他二篇』森山工編訳、岩波文庫、二〇一八年、九四頁。

(55) 渋沢のフィランソロピーとモースの贈与論との類似を、寄付文化の観点から指摘したものとして、丸山登『寄付文化とスピリチュアリティ——渋沢栄一と大原孫三郎の場合』東洋館出版社、二〇二一年がある。

(56) 「私の見る所では、孔夫子の教は、仁義道徳と生産殖利とは、必ず一致するものと教えられて居ると思ふ」（渋沢栄一「経済、道徳及び教育に関する疑問」『帰一協会会報』第六号、一九一五年、七頁）。

(57) 渋沢栄一「時局に対する国民の覚悟」『帰一協会会報』第七号、一九一六年、六—八頁。

(58) 姉崎正治「人生の改造と弱者の力」『社会の動揺と精神的覚醒』博文館、一九二〇年、二八一頁。

(59) 姉崎は別のテクストでは、経済問題を道徳問題と考えることによる労使協調を説いている（姉崎正治「俸給と賃金」『人文』第三巻九号、一九一八年、三—七頁）。その内容は、日本語では労働に対する報酬を意味する言葉として、「勤務」に対する「俸給」と「労力」に対する「賃金」の二つの語が使い分けられているが、これは無用の階級反目を招きかねないものであり、人格に対する尊重が必要であると主張するものである。

(60) 姉崎正治「人生の改造と弱者の力」二七四頁。下記も参照。「或る人は、個人間には道徳があるが国際間にはないと説く。〔……〕道徳は個人間にはあるが国際間にはないといふは、非常な謬見である」（姉崎正治「現代文明の危機と精神的原動力」『社会の動揺と精神的覚醒』二四一頁）。

(61) 姉崎正治「青淵先生と社会思想」『竜門雑誌』第四八一号、一九二八年、五一—五六頁。

(62) ラスキン「この最後の者にも」『この最後の者にも／ごまとゆり』飯塚一郎・木村正身訳、中央公論新社、二〇〇八年、七頁、二四—二六頁。

(63) Gabriel Lombard, « “The great principe of Brotherhood” : John Ruskin et l’économie du don », *Revue de MAUSS*, 2022-1, pp. 329-

352. MAUSS のメンバーでもあるブリュノ・ヴィアールによる下記も参照。Bruno Viard, « Marcel Mauss ou l'égoïsme et l'altruisme réconciliés », dans *La littérature et la République*, Presses universitaires de Provence, 2016, pp. 23-32. ヴィアールは、モースの主張する「贈与」が「利益」のみを追求するのでも「犠牲」を強いるものでもない「第三のパラダイム」を切り拓いていると論じている。これは渋沢が、経済活動だけでも仁義道徳だけでも不十分で、両者の調和が必要と説いていたことにつながる。なお、ヴィアールは、個人主義と社会主義のあいだに連帯の共和国を構想していたピエール・ルルーとモースが思想的には同じ系譜に属すと考えている。本稿は「そうと知らずのサン゠シモン主義者」（鹿島茂）と言いうる渋沢が、「そうと知らずのMAUSS」とも言いうるのではないかとの仮説的見通しを立てて論じたものだが、そもそも非マルクス主義的な社会主義・社会思想という点でもサン゠シモンとモースはつながる。Christophe Prochasson, « Durkheim et Mauss lecteurs du comte de Saint-Simon : une voie française pour le socialisme », *Archieves juives*, vol. 36, 2003, pp. 86-100.

第三章　社会思想

サン＝シモン主義者・渋沢栄一の都市論

——鉄道敷田園都市構想

鹿島茂

I　そうとは知らぬサン＝シモン主義者・渋沢栄一

経済史に埋もれた見えざる「糸」

フランス文学者である私がなぜ渋沢栄一に興味を持つようになったのかと尋ねられることが少なくありません。きっかけは一九九二年頃、電通総研で山口昌男先生が主催していた「企業文化研究会」に参加し、そこで渋沢の自伝『雨夜譚』（岩波文庫、一九八四年）の校注者である長幸男先生の渋沢栄一に関する発表を聞いたときのことでした。

長先生は、渋沢が近代的資本主義の基礎となる金融制度に開眼したのは、徳川昭武の随員（庶務・会計担当）としてパリ万国博覧会に赴いたさい、名誉総領事として一行の案内役となった銀行家フリュリ＝エラール（オランダ風発音ならフロリ＝ヘラルト）から手取り足取りで銀行、株式会社、公債、社債、株式取引所など社会・金融システムを教えられたからであると解説されました。

ところで、私は『絶景、パリ万国博覧会』（河出書房新社、一九九二年）を上梓したばかりで、フランス第二帝政の社会と経済に多少とも詳しくなり、第二帝政社会を動かしていたサン＝シモン主義というものもそれなりに理解しているつもりでしたから、渋沢がフリュリ＝エラールを介して学びとったというその社会・経済システムとは、サン＝シモン主義のそれではないかと質問したのです。

すると長先生はサン＝シモン主義についてはエンゲルスの『空想から科学へ』で知っている程度で、第二帝政でそれがどのくらい実現されたかということに関して自分はまったく知らないと正直に答えられました。私は先生の学者としての誠実さに感動すると同時に、長先生でもサン＝シモン主義については正しく理解されていないことに驚きました。しかし、その後、日本の経済史家やフランス史家の第二帝政理解の実態を知るに及んで、サン＝シモン主義というものが、日本ではほとんど研究の視野に入っていないということを発見し、長先生は決して例外ではないことに気づいたのです。

ひとことでいえば、一九九二年の時点においては、日本の経済史家、フランス史家においては、マルクス主義の影響が圧倒的でしたので、まことに僭越ながら第二帝政およびサン＝シモン主義に対する理解のレベルはかなり低かったと言わざるをえないのです。

では、それなりに層が厚い渋沢栄一の研究者および伝記作者はというと、こちらはフランス語を解する人が少なかったためでしょうか、あるいはフランス語を理解していても渋沢の採用した社会・経済的なシステムの特異性ということに頭が及ばなかったのか、彼らにおいては在仏中に渋沢が吸収した社会システムを研究し直そうという意識は希薄でした。渋沢が学んだのは「高度な資本主義」という通り一遍の理解を一歩も出ていなかったのです。

私はこれを知り、研究者としての意欲をかきたてられたのです。

というのも、渋沢が金融知識を獲得した第二帝政期においてサン゠シモン主義の影響が圧倒的であったことは歴史的事実であり、また「資本主義の父」渋沢によって明治の日本に植え付けられた資本主義が他国では類を見ないような外部注入型の特殊なそれであったこともまた事実であるならば、この二つの事実の間に影響関係があるのではないかという問題設定を行い、これを証明することは決して不可能ではないと思ったのです。

しかし、その一方で、影響関係を「証明」するには地道な努力が必要であることも理解していました。一般に、証明においては、AとBがよく似ているから、BはAの影響のもとにあると主張するわけにはいかないのです。なぜなら、BはAと全然関係なく、まったく別の経路によって結果的に「似ている」に過ぎないこともままあるからです。

では、AとBの影響関係を「証明」するにはどうしたらいいのでしょうか？

それはAとBを結ぶ「糸」のようなものが存在することを明らかにし、その「糸」のからまり具合を解きほぐして影響が伝わった経路を明らかにするしかありません。しかるのちに、あらためてAとBに相似的な照応関係が認められるか否かを再検証し、そこに矛盾がないかを確認するのです。

しからば、この「糸」に当たるものは何なのでしょうか？

それは、まず、渋沢に資本主義のシステムを教えたフリュリ゠エラールということになります。フリュリ゠エラールこそがキー・パーソンなのです。さらに具体的に問題点を絞るならば、フリュリ゠エラールはサン゠シモン主義者であったか否かということになります。しかし、それだけでは完璧な証明にはなりません。

というのは、たとえフリュリ゠エラールがサン゠シモン主義者で、サン゠シモン主義的な社会システムを渋沢に伝授したとしても、もし渋沢にそれを受容・咀嚼し、自分なりにアレンジしたサン゠シモン主義的システムを日本の風土で実践する能力がなかったとしたら、これは影響を受けたということにはならないからです。つまり、A「第二帝政期におけるサン゠シモン主義的システムにおけるフリュリ゠エラール」という「糸」のほかに、B

「明治における加速型資本主義における渋沢」という「糸」もまた完全に解きほぐす必要があるということなのです。

とはいえ、十九世紀フランスの研究者のはしくれとして、フリュリ＝エラールについて調べるには時間がかかりそうだという予感は十分に働きました。政治家や文学者ならば意外と調べはつくのですが、経済人となると歴史に残るような資料は極端に少ないからです。おまけに、まだコンピュータ活用の検索システムなるものは存在していない時代でしたから、足と根気で勝負するしかありません。

そこで、研究の戦略として、まず渋沢から始めて、その延長としてフリュリ＝エラールに至ることにして研究を開始したのです。

ちなみに、フランスでフリュリ＝エラールと邂逅するまで渋沢が辿った道は以下のようなものです。

渋沢栄一の海外体験

渋沢栄一は天保十一年（一八四〇年）、武蔵国榛沢郡血洗島（現在の埼玉県深谷市）に生まれました。生家は、農業のかたわら藍玉の製造販売を営む経営農家で、父親の市郎右衛門は地域の名望家として知られていました。栄一は、藍を栽培する農家との付き合い方など、経営農民としての生き方を幼いときから父に教えられながら育ちました。つまり、農民としてよりも、商人として経営学を父からたたきこまれたといって言い過ぎではありません。

渋沢栄一に転機が訪れるのは十六、七歳の頃のことです。領主の娘の結婚資金の件で、岡部の陣屋の代官に父親の代理として呼び立てられたのですが、このとき、代官から五百両の御用金を用意するよう要求され、父親の代理なので即答できないと答えたところ、代官にさんざんに面罵され、侮辱されたのです。この経験で、渋沢は士農工商という身分社会の矛盾を感じ取りました。なにゆえに、あのような愚かそうな代官が武士であるというだけの理由で、それなりに学問を積んでいる自分を侮辱する権利を持つのか、それは江戸時代の社会の仕組みが間違っているからだと結論したのです。「今日の代官とは初めて会つたのであるが、その言語と言ひ、動作と言ひ、察するに知識の無い男であると思われるが、斯様な人物が良民を軽蔑嘲弄するといふのは、お上の政治向きが悪いからである」(『青淵回顧録』)。

渋沢は、これを機に尊王攘夷運動にのめりこんでいくことになります。そのあげく、従兄弟たちと反政府結社をつくり、高崎城の襲撃と横浜居留地の焼き打ちまで計画しますが、企てはすんでのところで挫折し、官憲の追っ手を逃れるために一橋慶喜の家臣となるほかなくなります。尊王攘夷運動の一方の旗頭であった水戸藩主・徳川斉昭の七男である一橋慶喜は徳川幕府の一員でありながら反政府勢力の期待も集めていたのです。

渋沢の目論見は、早晩、幕府は瓦解するので、そのときには一橋慶喜を押し立て雄藩連合を作ろうということだったのですが、一橋慶喜が第十五代将軍になってしまったため、この日本改造計画は頓挫することになります。しかし、その間に、一橋家家臣となった渋沢は、家領のある備中で農民の募集と歩兵隊の編成、さらに所領の財政基盤の確立に尽力します。とりわけ注目すべきは、播磨で作られる木綿の売買を円滑にするために藩札を発行したことです。というのも、渋沢はこのときすでに、貨幣の流通には信用の確立が不可欠だということを学んでいたのです。

このように、渋沢は弱体だった一橋家を軍事・財政面で短時間で立て直すことに成功しますが、そんなときに降って湧いたのが、徳川慶喜の末弟・徳川昭武を名代とするパリ万博派遣使節団に加わるという話でした。かつては尊王攘夷の闘士だったにもかかわらず、渋沢はこの話を二つ返事で引き受けます。ひろく、世界を知り、身分差別のない新しい社会を築く方法を知りたいと思っていたからです。

果たせるかな、一年半に及ぶ海外体験は渋沢に大きな衝撃と変化をもたらすことになります。

その最初の衝撃は、開削途中だったスエズ運河を途中まで船で航行していたときに訪れます。紅海と地中海を結ぶ大工事が着々と進められている様を、運河と並行して建設されていた鉄道に乗って眺めているうちに、その大工事が国家的事業ではなくレセップスという個人の発案に基づくスエズ運河株式会社という「法人」によって施工されていることに驚愕したのです。すなわち、個人個人の小さな金が株式というかたちで集められた結果、面前に見るような巨大工事が可能になったというそのシステム自体の影響力に渋沢は激しく興味をいだいたのです。

こうした問題意識があったからなのでしょうか、渋沢はマルセイユで一行を出迎えた日本名誉総領事の銀行家フリュリ＝エラールを先生に見立てて、株式会社の仕組みから始まってありとあらゆる金融システムについて学ぶことになります。フリュリ＝エラールも、東洋から来た一青年があらゆることに好奇心を発揮するのに驚き、自分の知っていることをすべて伝授したようです。

と、ここまでのことはほとんどの渋沢伝に書いてあるし、渋沢も自伝で語っています。

しかし、われわれとしては、それだけでは済まさずに、ここで冒頭で申し上げた問題設定に立ち返ってみたいと思います。

第一の問題は、渋沢が一八六七年にフリュリ＝エラールを介して摂取した社会経済システムとは、本当に、ナポレオン三世治下において初めて可能になったもの、いいかえると、ナポレオン三世のブレーンとなった銀行家のペレール兄弟や経済学者のミシェル・シュヴァリエなどのサン＝シモン主義者たちがシステマティックに、しかも短期間のうちに実行に移したサン＝シモン主義的な社会・経済システムだったのかということです。

この点については、歴史のイフを用いればすぐに明らかになります。すなわち、もし渋沢が一八六七年ではなく、一八四八年に渡仏し、フランスで社会経済システムを学ぼうとしたちと仮定すれば、すぐに答えは、不可能だったと出るのです。なぜなら、渋沢がフリュリ＝エラールから学び取り、のちに日本改造のモデルとした社会経済システムは、一八五一年のルイ＝ナポレオンのクーデター以前にはほぼ存在していなかったといってもいいからです。とりわけ、有望な産業に投資するベンチャー・キャピタル型の銀行は存在していませんでした。存在していたのは、ロスチャイルド銀行のような、いまでいうヘッジファンド型の銀行でした。ベンチャー・キャピタル型の銀行は第二帝政になって初めて実現した特異なものであったのです。渋沢は、まさに、一八六七年にほぼ完成を見ていた特殊なサン＝シモン主義的な社会・経済システムを、そのようなものとは意識しないまま、資本主義的な土壌のない日本に持ち帰り、短期間のうちに完全に開花させたということなのです。

だからもし、渋沢で出会ったのがサン＝シモン主義でなく、たとえばイギリス流のレッセ・フェールの資本主義であったなら、日本の資本主義がうまく開花したかは大いに疑問の残るところです。資本主義というのは放っておいても成立するものではないのです。そのことは自由主義経済に移行した後の旧共産圏の実態を見ればよくわかるはずです。何もせずに自然に放置すれば、ブラック・マーケット型の社会になってしまうのです。

ではいったい、サン＝シモン主義というのは、そもそもどのような社会・経済思想であったのでしょうか？

サン＝シモン主義とは何か

サン＝シモン主義とはその名の示すごとく、アンリ・ド・サン＝シモン伯爵（一七六〇―一八二五）――有名な『回想録』の作者サン＝シモン公爵の遠縁に当たります――が唱導した社会理論で、社会の富の根源は生産と流通にあり、王侯貴族・官吏・軍人などの生産・流通にかかわらない人間は社会に不要であるから、極力排除すべきで、産業人優先の社会を築くべきであると主張する思想です。そのキーワードは「生産」よりもむしろ「流通・循環」にあります。すなわち、社会が貧困状態に止まっている原因は、カネ、モノ、ヒトが流通・循環しないで一カ所に停留していることにあるとし、この三つの要素を流通・循環するようなシステムをつくることが社会の成長には不可欠であると説くものです。しかし、そのために政治体制を変える必要はないというのがユニークな点です。王政だろうと帝政だろうと共和政だろうと、カネ、ヒト、モノの流通・循環を保証するような制度を整備すればそれでよいのである、という非政治的な思想です。

しかしながら、サン＝シモン伯爵は、おのれの思想が実践に移される前に死去してしまったので、社会運動と実践は師の意思を継いだバザールやアンファンタンらの高弟、すなわちサン＝シモン主義者たちに受け継がれることになります。彼らは晩年に『新キリスト教』（一八二五）という著作を著した師にならって運動体を「サン＝シモン教会」と命名し、「教会」の指導者として「教父《ペール》」と「教母《メール》」を戴くことにするが、差し当たり「教母《メール》」に人材を得ないため、アンファンタンとバザールが二頭体制の「ペール」で組織を運営してゆくことにして、理論の精緻化のために機関誌『産業人』を、ついで機関紙『グローヴ』（編集長はミシェル・シュヴァリエ）を発行して社会改良の方法を次々に提案していくことになります。

まず、重要なのは第一にカネを動かす銀行と株式会社を設立しやすくするような法律をつくり、政治によってこれをフル稼働させることであると主張します。なかでも銀行はサン＝シモン主義の中核として位置付けられます。富裕階級から預かった金を国債と外債で運用するロスチャイルド銀行のような旧来型の銀行ではなく、未来を見据えた産業投資型のベンチャー・キャピタルが重視され、政府の信用貸与でこの手の銀行を多く設立することが奨励されます。産業投資銀行は同時に小口の預金銀行でもあり、投資のための資金は民間からの預金と銀行社債の発行という細流主義によってこれを集めるという方法に基礎を置いています。

第二はモノとヒトの流通・循環を加速する鉄道と港湾・船舶の整備です。これらのインフラ整備には莫大な資金が必要ですから、銀行による間接融資だけではなく株式や社債による直接金融のシステムの確立が必要です。よって、これらの証券の流通を促すための証券取引所を整備して大衆からの小口の投資を呼び込ようにすることが不可欠です。

第三はアイディアの流通を促すために万国博覧会を開催し、それぞれの展示コーナーにおいて優秀作に金・

銀・銅のメダルを授与し、「より良く、より安く、より大量に」という資本主義的競争を加速させることです。じつは、当時のフランスに最も欠けていたのが、この競争原理に基づく資本主義で、サン＝シモン主義者はこれを外部注入する必要ありと認めたのです。

ただし、これらのシステムの確立・整備は官営ではなくあくまで、利益確保第一の民間のイニシアティヴのもとに行わなければならないというのがサン＝シモン主義的な考え方です。しかし、利益至上主義だと労使対立のような利害関係が起こることが予想されるますので、調整のために専門的知識を持つレギュレーターの存在が必要になると考えます。ところが、このレギュレーターの問題を巡ってサン＝シモン主義者は二つの党派に分裂することとなるのです。すなわち、レギュレーターはキリスト教の神父のような宗教的カリスマ性を帯びていなければならないとするプロスペル・アンファンタンの主流派と、宗教的感情よりも理性を優先すべしとするバザールらの反主流派の間で対立が起こり、これに自由恋愛の可否を巡るジェンダー問題もからんだことから、二つの党派は分裂の危機に瀕するのです。そして、一八三二年に風俗壊乱の疑いで官憲が介入したこともあり、組織体としてのサン＝シモン教会は解体し、運動員たちはバラバラにそれぞれの専門分野で思想を展開してゆくことになります。

主流派のアンファンタンの党派は、不在の「メール」を求めてエジプトに旅立ち、紅海と地中海を結ぶスエズ運河の構想を太守《パシャ》に働きかけようとしますが不調に終わり、フランスに引き上げます。この構想がのちにカイロ総領事だったフェルディナン・ド・レセップスの作ったスエズ運河株式会社によって実現したことはすでに見た通りです。

いっぽう、バザールらの反主流派は銀行家のペレール兄弟を軸にして鉄道建設の運動を開始しますが、七月王政下では運動に共鳴する人は少なく、鉄道建設は遅々として進みません。かろうじて、ロスチャイルド銀行の協力をとりつけてパリ・サン＝ジェルマンの鉄道を開通させたにとどまります。その後も、鉄道は議会の反対などもあって、イギリスやベルギーに比べてはるかに遅れをとります。

そんなときに、サン＝シモンの著作に親しみ、社会改造を目標に掲げるルイ＝ナポレオン・ボナパルトが一八四八年十二月に大統領に当選し、一八五一年十二月にはクーデターを起こして全権を把握したため、元サン＝シモン主義者たちは、ルイ＝ナポレオンのもとに馳せ参じることになります。彼らにとって政治の主体がどこにあるかはどうでもいいのです。なかで一番の厚遇を受けたのは、銀行家のペレール兄弟と経済学者ミシェル・シュヴァリエです。彼らは一八五二年の十二月にルイ＝ナポレオンが皇帝ナポレオン三世として即位すると、そのブレーンとなってサン＝シモン主義的な社会改造を矢継ぎ早に実施してゆくことになります。成果が上がるのは非常に早く、わずか数年のうちにフランス経済は劇的な成長を見せ、部門によってはイギリスを抜き去ることになります。やがて、ペレール銀行とロスチャイルド系の銀行は鉄道への融資合戦から金融戦争を開始し、それは巨大な経済バブルへと発展してゆきます。ナポレオン三世によって登用された剛腕のセーヌ県知事オスマンの主導で行われたパリ改造も空前の不動産バブルを招き寄せることになります。またミシェル・シュヴァリエの唱導により一八五五年に開催された万国博覧会は産業構造の劇的変容をもたらし、農業国だったフランスはイギリスやアメリカと並ぶ工業国へと変身するまでになります。

いずれにしろ、ナポレオン三世の強権のもとに実施されたサン＝シモン主義的社会改造プランは格差拡大という痛みを伴いつつも短期間のうちにフランスを先進国のレベルに引き上げることに成功したのです。

師フリュリ＝エラールの謎

さて、以上のサン＝シモン主義的な「社会改造プラン」を読んだ現代の読者は、「なんだ、いまでは当たり前の社会インフラ先行投資理論ではないか？」と思うにちがいありません。それもそのはず、第二帝政期にナポレオン三世のブレーンとなったサン゠シモン主義者たちによって果敢に実行に移されたこうした社会成長プランは、第二帝政崩壊でサン゠シモン主義者たちが権力の座から遠ざけられた後も、ある意味、「匿名」で実施され、フランスを繁栄に導くと同時に、サン゠シモン主義システムは「匿名化」されて外国に輸出され、世界中に拡散していったからです。そのため、のちにはサン゠シモン主義者たちによって第二帝政期に集中的に実践されたという事実さえ気づかれなくなってしまったのです。こうした「匿名」の、「そうとは知らぬ」最初の伝播者の一人がほかならぬ我らが渋沢栄一であったわけです。では、渋沢にそれを教えたフリュリ゠エラールもまた「匿名」の伝授者であったのでしょうか？

私が解いてみたかったのは、まさにこの問題です。というのも、渋沢がサン゠シモン型の経済システムを学んだフリュリ゠エラールが銀行家だったということまでは判明していたのですが、果たしてその銀行はサン゠シモン主義的な銀行、いいかえるとペレール兄弟の「クレディ・モビリエ」型の銀行だったのかについては不明のままだったからです。「クレディ・モビリエ」系列ならば私の仮説にはまとこに都合がいいのですが、もし、そうでないなら、仮説は崩れることになります。

しかし、やんぬるかな、困難な探索のすえにフリュリ゠エラールの子孫を捜しだし、フリュリ゠エラールの経営していた銀行、すなわち「バンク・フリュリ゠エラール」はどのような系列の銀行であったかを調べ上げたところ、結果はサン゠シモン主義のペレール系の銀行ではないことが判明したのです。「バンク・フリュリ゠エラール」は主に外務省の海外送金を担当していた外為銀行で、金融の系統樹では、「ソシエテ・ジェネラル」の系列に属するということが判明しました。

なるほどそう言われてみれば、徳川幕府の勘定奉行・小栗忠順が北海道開発権を担保にして起こそうとしていた外債を手掛けていたのは「ソシエテ・ジェネラル」であり、その日本担当者であるジャック・クーレは一八六六年に来日し、小栗と借款の代行手続き契約を交わしています。フリュリ゠エラールもこの契約準備に深くかかわっていましたが、日本に来たことはありません。

ところで、ここで問題となるのは、フリュリ＝エラールが関係していた「ソシエテ・ジェネラル」とはどのような系列の銀行であるかということです。じつは、「ソシエテ・ジェネラル」はペレールの「クレディ・モビリエ」の成功に刺激されたロスチャイルドを中心とする反ペレール勢力が、「クレディ・モビリエ」に対抗するために、そっくりそのまま真似をして作り出したベンチャー・キャピタルであり、預金銀行であったのです。言い換えると、反ペレールであるという点においては、「ソシエテ・ジェネラル」系統の「フリュリ＝エラール銀行」はサン＝シモン主義銀行ではなかったということになるのです。

ところが、さらによく調べてみると、「ソシエテ・ジェネラル」の設立メンバーには、同じサン＝シモン主義者でもペレールやミシェル・シュヴァリエなどのような離党派ではなく、サン＝シモン教会（Eglise Saint-Simonienne）の元代表者であるプロスペル・アンファンタンの系譜に属する銀行や産業人、具体的にいえばリヨンの銀行家アルレス・デュフールやＰＬＭ（パリ・リヨン・地中海鉄道）のバルトロニーやポーラン・タラボなどが加わっていることが判明したのです。換言すれば、ペレール兄弟との異なる流れではあるものの、こちらもサン＝シモン主義の銀行であることに変わりはなく、さらにいえば、本家のサン＝シモン主義の流れに属する本流サン＝シモン主義銀行ということになるわけです。

というわけで、渋沢栄一は、フリュリ＝エラールを介して、外部注入型のサン＝シモン主義的社会・経済システムを学び、それを日本で開花させたのではないかという私の仮説は大筋では間違ってはいなかったことがわかったのです。

日本に資本主義を移植する

産業社会の基礎造りのために開催された万国博覧会に、偶然、徳川昭武の随行として参加した渋沢栄一は、当時、文字通り、唸りをあげながら稼働していたサン＝シモン主義的社会改造の仕組み、とりわけサン＝シモン主義的銀行・金融システムを「そうとは知らずに」に学び取り、帰国後に、最初は大蔵省官吏として、次に第一国立銀行頭取としてこれを「そうとは知らずに」現実化することになったのです。かくして、日本は、サン＝シモン主義的な方法論に依っているとはだれ一人気づかずに、短期間のうちに産業化に成功したのです。

その原点にあったのは、身分ではなく実力によって出世できる機会平等の社会をつくりたいという渋沢の願いでしたが、渋沢はそのテコとなるべき原理を「そうとは知らずに」サン＝シモン主義的な銀行と株式会社の中に見出し、それを日本で適用しようと思いたったということになります。

では、なぜ渋沢は見事、成功を収めることができたのでしょうか？

思うに、成功の原因の第一は、社会改造のノウハウがサン＝シモン主義的システムとして「パッケージ化」されていたことにあるようです。だから渋沢が「そうとは知らずに」システムを日本的にダウンロードしても、ノウハウが確立されていたため、ただ日本式にカスタマイズするだけでよかったのです。

成功の第二の原因は、サン＝シモン主義システム成功のカギが調節者（レギュレーター）にあったことによります。フランスのサン＝シモン主義運動はレギュレーターが宗教的カリスマ（アンファンタン）であるべきか、理性的合理主義者（バザール）であるべきかで決着がつかず分裂しましたが、明治日本においては、儒教という宗教的実践を内在化した渋沢というレギュレーターが同時に合理主義者であったという幸運に見舞われたことが幸いしたのです。

この意味で、「日本資本主義の父」と呼ばれる渋沢は、より正確には「サン＝シモン主義的社会システムの、日本における父《ペール》」でもあったのです。

Ⅱ　渋沢栄一の都市論——鉄道建設から田園都市構想へ

さて、第一部で、私は渋沢のことを「そうとは知らぬサン＝シモン主義者」と評しましたが、第二部では「そうとは知らぬサン＝シモン主義者」として渋沢が銀行制度の確立というメインの仕事のほかに、鉄道と都市計画という二つの分野にどうかかわったかを見ていくことにしたいと思います。

まず、鉄道ですが、渋沢は明治二年（一八六九年）から四年間大蔵省に勤務するかたわら、大隈重信が東京・築地の広大な自宅に設けていた「築地・梁山泊」と呼ばれる夜通しのディスカッションの場に積極的に参加し、鉄道敷設という問題について意見を述べています。すなわち、外債によって得た資金をもとに国家が鉄道建設を進める「官設鉄道」と、資金は民間から調達して建設も民間が行う「民営鉄道」という二つのオプションのうち、渋沢はフランスで民営鉄道システムを見聞してきたこともあり、断固とした「民営鉄道派」でした。ちなみに、フランスの鉄道が民営から国営のＳＮＣＦに移行したのは、第二次大戦前夜の一九三八年のことで、それまでは六大鉄道会社がフランスの隅々にまで鉄道網を張り巡らしていたのです。

では、政府部内の討議で「官設鉄道派」と「民営鉄道派」のどちらが勝利したかといえば、これは「官設鉄道派」です。事実、明治五年十月には官設鉄道第一号として新橋・横浜間の鉄道が全線開通します。

しかし、この官設鉄道の営業開始は、日本の鉄道がすべて官設鉄道で行くということを意味してはいませんでした。明治政府は最初の鉄道の開通までは急ぎましたが、その後は資金が不足し、技術も伴わなかったこともあり、官設鉄道の延長にも新設にも積極的には取り組みませんでした。

この間、急ピッチで鉄道建設を進めたのは、いったんは消えたはずの民営鉄道計画です。その始まりは、渋沢が大蔵省在籍時に旧大名や上級武士の救済のために発行した利付き公債証書です。この公債証書を付与された旧大名や上級武士たちはこれを元手にして第十五銀行（通称・華族銀行）を設立しましたが、この第十五銀行に投資した旧大名たちは、鉄道投資に目を向け、余った公債で明治八年に東京鉄道会社という民間鉄道を設立しました。当初は東京－青森間を計画していましたが、資金不足のため計画を縮小して、東京－宇都宮間の敷設を目指すことにしたのです。この東京鉄道会社の立ち上げに際して助力を惜しまなかったのが渋沢です。相談を持ちかけられた渋沢は井上馨にかけあい、すでに開通して利益を上げていた新橋－横浜間の官設鉄道を払い下げてもらい、その利益を鉄道敷設に当てるよう助言しました。この渋沢案は政府も了承したため、官設鉄道と並行するかたちで民営鉄道も発展していくかに見えたのですが、明治十年、東京鉄道会社は一転して解散と決まり、モノとヒトの循環・流通のために民営鉄道を育ててゆくという渋沢の夢はいったんは途絶えることになります。

ここから十年ほどは、官設鉄道にしろ、民間鉄道にしろ、日本における鉄道建設はさた止みになります。明治十年の西南戦争を乗り切るために乱発された紙幣の価値が下がり、これを緊縮財政で乗り切ろうとした大蔵大臣松方正義によるいわゆる松方デフレのため、資金が集まらなくなってしまったからです。

鉄道建設が再び上昇に転じるのは、松方デフレが収束した明治二十年以降で、ここから明治三十七年の日露戦争までが、民間鉄道の建設ラッシュの時期に当たります。渋沢は、銀行家として、また会社設立発起人として、先の東京鉄道の後裔である日本鉄道、北海道炭礦鉄道など二十社ほどの民間鉄道を資金的に支える役目を果たします。「そうとは知らぬサン＝シモン主義者」として、モノとヒトの循環・流通に関与しないわけにはいかなかったからです。

しかし、明治三十九年（一九〇六年）の鉄道国有化により、しばらくの間、渋沢の鉄道への関与はほぼなくなります。

鉄道事業から田園都市構想へ

鉄道への関与が再開されたのは大正八年（一九二〇年）からです。この時にはもう渋沢は現役を完全に引退しており、情熱は民間外交に注がれていたのですが、例外的に一つだけ関与していた事業がありました。それが田園都市会社の計画する住宅開発と鉄道開発です。

では、現役を引退して日米関係の改善に情熱を注いでいた渋沢がなにゆえに、それとは関係の薄い田園都市開発と鉄道開発に関与していったのでしょうか？

この問題を解くヒントは、日米関係委員会発足のために渋沢が一九一五年に渡米してアメリカ側の委員である大富豪の私邸に招かれたときの「発見」にあります。渋沢はアメリカの大富豪たちのモラルの健全さ、独立した常識（ボン・サンス）の人としての判断力の確かさに心打たれ、その因って来たるところを考察したあげく、アメリカのビジネスマンが職住を厳密に分けているからではないかと考えるようになります。昼間は欲得が優先するビジネスの世界に生きていても、夜や休日などには喧噪と離れた環境のいい郊外の自宅に戻り、読書をしたり思考をめぐらしたりする常識人に戻るからこそ、高いモラリティーが保たれるのではないと思ったのです。翻って日本の状況を観察すると、日本の商工業人は、江戸の延長で職住近接どころか職場と同じ敷地に済み、オンとオフとの区別がない。これこそが日本のビジネスマンのモラルの低さの原因ではないかと結論するに至ったのです。

ちょうどそのようなとき、渋沢は一人の人物の訪問を受けます。東京市長・尾崎行雄の私設秘書をつとめ、その後に韓国の竜山の日本軍駐屯地で住宅開発を試みたことのある畑弥右衛門という人物です。畑は尾崎の紹介状を持参し、東京においても職住分離の住宅開発が可能ではないかと説き、渋沢と意見の一致を見ます。しかし、このときには、畑は政治に野心があり、故郷の富山県で選挙に出馬したため、話はいったんさた止みとなりますが、選挙で落選したため東京に舞い戻り、東京近郊での宅地開発の企画をふたたび渋沢のところに持ち込みます。

畑が最初に用地買収に乗り出そうとしたのは渋沢が養育院院長をつとめる井の頭公園周辺だったようですが、諸々の事情から候補地が変更になり、荏原郡の洗足池と今の田園調布、それに玉川の高台が用地買収の対象として浮上します。この畑の計画を渋沢はさまざまな名士に推薦状を書いて強力にプッシュします。これが大正元年の頃で、その後、紆余曲折をへて、大正七年九月に資本金五百万円で田園都市株式会社が創立されます。

渋沢は田園都市株式会社の創立発起人総代をつとめましたが、じっさいに会社の実務を担当し、街づくりを開始したのは渋沢の四男の渋沢秀雄です。

渋沢秀雄は、調査のため、アメリカ経由でヨーロッパ視察の旅に出掛けますが、一般に信じられているのとは異なり、秀雄が田園都市つくりのモデルとしたのは、イギリスで見学したエベネザー・ハワードのレッチスワークではなく、サンフランシスコ郊外のベッドタウン、セントフランシス・ウッドという町でした。というのも、ハワードのレッチスワークは空想社会主義者シャルル・フーリエの理想都市ファランステールにヒントを得た、自給自足型の田園都市で、秀雄が思い描いていた都市のベッドタウンとしての田園都市とは異なっていたからです。すなわち、レッチスワークは農業・商業・工業・労働者住宅が有機的に結び付いた緑の中の自律都市だったので、渋沢が着想した、商工業の経営者や上級幹部のモラルを養うための職住分離のベッドタウン型田園都市というのとはだいぶ様相を異にしていたのです。

しかしながら、モデルがレッチスワーク型ではなく、セントフランシス・ウッド型となりますと、前提がレッチスワークとは異なってきます。つまり、大都市東京の高級ベッドタウンをつくるには、都市中心と田園都市を結ぶ鉄道が必要となってくるということなのです。この鉄道というのが、大正十一年(一九二二年)に田園都市株式会社から独立して創立された目黒蒲田電鉄株式会社です。

かくて、渋沢秀雄は父の理想を実現するために、土地開発と鉄道開発を同時並行的に行わなければならないということになりますが、しかし、元来がフランス文学研究を志したほどの文学青年である秀雄には、そうした仕事は荷が重すぎました。そのため、どちらの会社もいっこうに実績を挙げることができぬまま、時間だけが過ぎていきました。

この状況に心を痛めたのが渋沢栄一です。渋沢はどちらの会社も素人の寄せ集めで、経験者がいないことから、助っ人を探さなければならないと感じ、関西で箕面有馬電気軌道（後の阪急）と沿線開発で目覚ましい実績を挙げていた小林一三に白羽の矢を立てます。そして、どちらの会社の経営も引き受けてくれないかと、第一生命社長の矢野恒太を介して依頼します。小林は一度は断ったものの、結局、アドヴァイザーとして経営にかかわることを承知します。

しかし、小林がいくら適切な助言をしても、素人集団の悲しさで、田園都市株式会社も目黒蒲田電鉄株式会社もなかなか軌道には乗りません。そこで、小林は、鉄道院の元課長で、いまでは武蔵電気鉄道常務となっている五島慶太を引き抜いて、目黒蒲田電鉄株式会社の経営に当たらせます。

五島慶太は、阪急で小林一三が行ったのとほぼ同じ沿線開発戦略を用いて目黒蒲田電鉄株式会社を瞬く間に立て直し、今日の東急グループの基礎を築いていきますが、しかし、ここからは渋沢栄一とは直接関係のない話になりますので、最後に、締めくくりとして、渋沢栄一が抱いていた都市と鉄道の理想的なイメージについて語りたいと思います。

冒頭でも述べたように、渋沢は「そうとは知らぬサン＝シモン主義者」で、一八六七年のパリ滞在中に理解したサン＝シモン主義の基本概念「循環・流通」を自らの理念として引き受け、カネ・モノ・ヒト・アイディアという循環・流通の四つのセクターのうち、カネの循環・流通を担う銀行のセクターを専門分野としましたが、しかし、他の三つのセクターに無関心であったわけではありません。それどころか、日本全体の制度設計者として、モノ・ヒトの循環・流通のセクターとしての鉄道、またアイディアの循環・流通のセクターとしての社交組織

（東京商工会議所）、学校（一橋大学、日本女子大学）の設立にも尽力しました。

では、この四つの部門を連結させるものとして渋沢が構想していたものは何なのでしょうか？

それは都市だといえます。実際、渋沢は、大蔵省勤務時代には火事で焼けた銀座の復興計画に携わったり、東京を港湾都市として水運と結びつける東京ヴェネチア化計画を練ったり、一九二三年の関東大震災のあとの東京復興計画にも強い関心を寄せ、東京市長から帝都復興院総裁になった後藤新平の都市改造を強く支持したりしていました。

この意味で、将来、渋沢栄一の研究を志す人が、この私の発表が簡単なエスキースを示した「そうとは知らぬサン＝シモン主義者・渋沢栄一の都市論」にヒントを得てより深い研究に取り掛かることを願ってやみません。

渋沢栄一とサン＝シモン主義

パトリック・フリダンソン

サン＝シモン主義が渋沢栄一の思想と行動に与えた影響については、まだ議論の余地が多い。日本の経営史家である原輝史は、一九九六年に出版されたパリの国際会議での報告で、渋沢の考えは「サン＝シモンの考えと類似していないわけではない(1)」と述べた。それ以来、研究はさらに進んでいる。渋沢栄一のフランス人伝記作者である歴史家クロード・アモンは二〇〇七年に公刊された著書のなかで、現在でもよく知られている渋沢の経済と社会に関する考え方は、一八六七年から一八六八年にかけて渋沢が初めてフランスに滞在した際に受けたサン＝シモン主義の影響によるものと主張している(2)。しかしアモンはこの主張を論じた四ページで、彼の非常に詳細な著書のベースとなっている『渋沢栄一伝記資料』全六十八巻にはまったく言及していない。一方、国際日本学の鹿島茂は一九九九年以降の一連の論文と二〇一一年の渋沢に関する著書で、サン＝シモン主義の「原理」が様々な点で渋沢の関心を惹いたのではないかという仮説を提示している(3)。鹿島はまた、二〇一七年十一月十九日に日仏会館で開催された一八六七年万国博覧会の百五十周年を記念するシンポジウムで、渋沢がフランス滞在中に「特権階級の廃止や、産業家、特に資本家が主導的な役割を果たす産業・社会システムに関するサン＝シモンの原則に影響を受けた」(4)と述べている。

他方で、島田昌和による渋沢栄一の優れた伝記（二〇一一年、英訳二〇一七年）はサン＝シモンに言及していない(5)。アメリカ側では、アメリカの歴史家ジョン・H・セイガースが浩瀚な著書『儒教的資本主義――渋沢栄一、明治日本における企業倫理と経済発展』（二〇一八）において、渋沢がフランス滞在中にサン＝シモン的な視点とどの程度に関わっていたのかという問題を提起している(6)。日本史家である坂本慎一の二〇〇二年の著書(7)を引きながら、セイガースは筆者「フリダンソン」自身の渋沢に関する論文（日本語版は二〇一四年、英語版は二〇一七年）(8)で筆者がクロード・アモンと鹿島茂の仮説に与えた支持に異議を唱えている。ちなみに彼の著書の索引にはサン＝シモンの名前はない。セイガースの主張は、渋沢がフランスやヨーロッパに滞在していた間は忙しすぎて株式会社制度を詳しく研究したり、資本主義の制度や技術を深く探求したりすることができなかったというものだ。むしろ渋沢は、サン＝シモンのような考えを儒教の精神的原理を守るための方法としてとらえていた。彼が滞在の終わりまでに銀行業の原理を習得したかどうかも定かではない。その一方で、渋沢は「進歩をヨーロッパ文化の用語で定義する近代主義の考え方を採用」するようになったと言われている。その後の生涯においては、進歩への日本的な道を模索することが、彼の思考を支配することになる、というのである。

ここには学術的な論争がある。渋沢の分析能力、制度や構想における創造性、行動や著作の重要性、そして儒教への愛着については、もちろん誰もが認めるところである。論争となっているのはフランスのサン＝シモン主義者たちとの接触の影響と、彼の行動とかかわる倫理観の重要性である。

サン＝シモン主義者たちとの接触

渋沢が初めてフランスとヨーロッパを訪れたのは、一八六七年のパリ万国博覧会の際であり、滞在は約一年半に及んだ。歴史家たちは、二つの側面からこの博覧会に新たな関心を寄せている。フランス側ではこの博覧会は、地方、国全体、および植民地における工業、貿易、農産物、芸術の奨励、「社会的経済」の展示、三十二カ国の外国の参加をめぐる相互の関連を示す場として研究されている。(9) とりわけ博覧会の総監督を務めたサン゠シモン主義者のエンジニアで社会調査家でもあったフレデリック・ル゠プレはその重要な足跡を残した。日本側では、一八六七年の博覧会は日本の文化や物産をフランスに紹介する展示が設けられたとはいえ、日本の活動に対する西洋の認識を尊重する必要があった（そのため、メイン会場内の展示スペースは限られていた）ことが注目されている。万国博覧会が日本の産業を紹介する定期的な手段となったのはその後のことである。(10)

渋沢がパリ万博に日本代表団の随員として滞在したのは、サン゠シモン主義に従う個性的な人々が支配する環境で行われたことは間違いない。このことからすると、坂本眞一やジョン・H・セイガースの研究においてネットワークや社会的結合という観点からのアプローチが考慮されていないことには驚くしかない。

このネットワークの起点となったのは、フランスの第二代駐日公使のレオン・ロッシュである。彼の行動は、一八五九年から一八六二年まで彼の前任者であったギュスターヴ・デュシュヌ・ド・ベルクールとは対照的だった。この前任者は公使館に閉じこもった生活を送っており、彼についてはエロイーズ・ラモリーによる二〇二三年の修士論文で研究されている。(11) 一方、一八六四年から一八六八年まで駐日公使を務めた外交官レオン・ロッシュは徳川幕府と「急速な和解を開始」し、幕府に対してフランスの経済的・軍事的イニシアティヴを拡大した。(12) ロッシュの努力の目的はフランスがイギリスに代わって日本の特権的パートナーとなり、さらには日本をフランスに依存させることであった。(13) こうしてロッシュの助言により、幕府は横須賀に日本初の海軍工廠を建設するようフランスに要請した。(14) 一八六四年以来、フランスにおける個人的利益の管理を任せていたパリの銀行家兼商人、ポール・フリュリ゠エラール（一八三六―一九一三）を在パリ日本国総領事に推薦したのもレオン・ロッシュであった。

レオン・ロッシュは、徳川昭武公に一八六七年の万国博覧会に参加する使節団としてパリに来るよう説得しただけでなく、フリュリ＝エラールにも昭武公と三十二人の日本使節団を支援させた。ちなみに使節団の庶務と会計を担当することになったのが渋沢栄一である。この銀行家フリュリ＝エラールは一八六六年末から、元大名が委員長を務め、サン＝シモン主義者のジュール・ド＝レセップス男爵が総監督を務める大日本帝国博覧会組織委員会の「特別委員」を務めていた。[15] フリュリ＝エラールはサン＝シモン主義者だった。フリュリ＝エラールは銀行家として外務省や一八六四年に新設された大手銀行ソシエテ・ジェネラルと緊密な関係にあり、この銀行の設立者の一人が銀行家・実業家でもあったポーラン・タラボ〔PLM鉄道の創業者〕である。一八六六年以降、ロッシュやフリュリ＝エラールと共同で、フランス輸出入会社（Compagnie française d'exportation et d'importation）のプロジェクトを立案することになるのがこのタラボである。この輸出入会社の主な目的は、微粒子病という病害を被ったフランスの蚕に替えて日本の生糸を直輸入することであった。[16] しかし同社は一八六七年八月に発行した株式の引受け手を十分に集めることができなかった。他方、ナポレオン三世はレオポルド・ヴィレット中佐を昭武公のフランスでの家庭教師に任命した。[17] ヴィレット中佐が昭武公に宛てた書簡は、寺本敬子によってフランス語の博士論文に続いて最近出版されている。[18] ヴィレット中佐（のち将軍）もまたサン＝シモン主義者の軍人だった。

このように渋沢が一八六七年から翌年にかけてフランスで発見したのは、サン＝シモン（一七六〇―一八二五）の弟子たちであり、その影響力は第二帝政期（一八五二―一八七〇）に頂点に達した。[19] 彼らは師の教義を実行に移し、金融、産業、都市行政で活躍した。彼らは、初期の主要企業のほとんどを設立し、より多くの顧客にサービスを提供する預金銀行につながるような株式銀行を創設した。彼らはまた、蒸気船や鉄道といった近代的な交通システムにおいても重要な役割を果たし、インフラストラクチャーの建設や国から利権を得た企業間のネットワークの運営を支援した。その結果、ローマ帝国から受け継いだ民間企業への公的払下げの慣行が新たな官民関係の基礎となり、フランスの大企業における原価計算や人事管理の端緒が形作られたのである。エジプトのスエズ運河建設（一八五九―一八六九）も、公的払下げの下で運営され、パリの証券取引所で資金が調達されたが、これも同じ戦略に従ったものだった。さらに彼らサン＝シモン主義者らは水道やガスの配給会社の成長においても重要な役割を果たし、そのサービスは大都市の発展に拍車をかけた（例えば一八五三年創設の総合水道会社 Compagnie Générale des Eaux や一八五五年創設のガス配給会社[20] Compagnie parisienne d'éclairage et de chauffage par le gaz）。彼らの計画には、ホテル、観光、デパート、不動産の開発も含まれていた。この他、彼らは大衆とのコミュニケーションに非常に敏感で、大企業の社内コミュニケーション、金融コミュニケーション、雑誌、広告を開発した。彼らはフランス国内でも、新しい植民地でも、また国際的にも「近代化の使徒」となるべく努力していたのである。彼らは、すべての人の進歩に奉仕すると宣明して、政府に対して厳しい要求を突き付けた。

しかし、渋沢がすでにフランスにいた一八六七年九月末、サン＝シモン主義に基づく最大の銀行であり、ペレール兄弟が一八五二年に設立したクレディ・モビリエが、当時フランス経済全体の信用を管理する完全な民間銀行であったフランス銀行の要請で不動産取引に短期資金を投資しすぎたために破綻した。[21] 渋沢はここで、官民関係がサン＝シモン主義者の偉大な実業家たちの繁栄の原点のひとつであると同時に、彼らが作り上げた最大かつ最も創造的な経済集団の凋落の直接的な原因でもあったことを目の当たりにしたに違いない。

原輝史は前述の論文で以下のことを明らかにしている。一九〇二年に渋沢が二度目のフランス・ヨーロッパ旅行に出かけた折、同年九月十一日に、大手預金銀行クレディ・リヨネ（現クレディ・アグリコルSAグループ）を一八六三年に創業したアンリ・ジェルマンに会い、渋沢がジェルマンによる国際投資の選択基準の幅の広さに感心したことと、ジェルマンが日本の財政運営や外交政策の方向性を批判したことを対比した。[22] 筆者が二〇二四年一月にモンルージュのクレディ・アグリコル史料館で閲覧した三十箱のクレディ・リヨネ史料では、この交友関係がいつ始まったのか、あるいは二人の接触が一八六七年から翌年にかけての旅行中に始まったのかどうかを確認することはできなかった。しかし、筆者の師であるジャン・ブーヴィエは、一九六〇年に出版されたクレディ・

リヨネの最初の二十年間についての大著の中で、一八五七年からジェルマンがリヨンの商人・銀行家のフランソワ・アルレス＝デュフールと親密な関係にあったことを述べている。アルレス＝デュフールは、彼の友人で歴史上著名なサン＝シモン主義者であったプロスペル・アンファンタンにサン＝シモン主義を紹介されており、アンファンタンとともにサン＝シモン主義の理念を「生き抜いた」人物であった。アルレス＝デュフールはプロスペル・アンファンタンを宴席に招いて彼が創立した総合水道会社についても語らせている。[23] ジャン・ブーヴィエがこの著書で描いたジェルマンの肖像は、創造者であり、銀行業と産業の両方に関心を持ち、「活動の種類と利益の機会を混ぜ合わせた」人物だった。それは資本家が地域、社会、国家に及ぼし得る影響において典型的なサン＝シモン主義者であり、それは渋沢にも当てはまる特徴である。[24]

倫理観と行動

渋沢に関する著作は絶えず蓄積され更新されているが、渋沢の倫理観についてはいくつかの解釈が提唱されている。[25] まず渋沢の発想の起源を石田梅岩（一六八五―一七四四）に求める見解がある。石田梅岩は京都の商人であり、教師・哲学者にもなった人物であり、その著作は商人としての活動と、正直さと質素倹約の日常的な実践の両方を促すものだった。[26] 渋沢にもっと近いところでは、ジョン・H・セイガースが、日本の著者たちとともに、一八五四年に「和魂洋才」の精神で和解を提唱した儒学者・佐久間象山（一八一一―一八六四）の業績に注目している。[27] 本書への寄稿者であるエディ・デュフルモンのように、渋沢と同時代の中江兆民がフランスの経済的自由主義を日本に紹介し、ルソーの哲学を取り入れる上で果たした役割を紹介する者もいる。[28] また、ヨーロッパの様々な影響を指摘する者もいる。渋沢が文章や演説で表明した倫理観以上に渋沢の行動の指針として単純なプラグマティズムを持ち出す懐疑論者もいる。[29]

ここで取り上げるべき唯一の疑問は、渋沢にとってサン＝シモン主義はどこに位置づけられるのか、ということである。実際、渋沢のフランス滞在を日本における「はかない成功」の単なるエピソードに矮小化したくなるかもしれない。(30) 筆者は三つの異なる、そして相互に補完的な回答を提示したい。

第一に、ジャネット・ハンターが二〇一六年の著書で示したように、(31) 渋沢の倫理的提言は、日本が参入しようとしている資本主義的市場について渋沢が徐々に形成した考え方に沿ったものである。〔欧米向け輸出が始まった〕二十年後に渋沢は、日本におけるある種の貿易慣行や日本の輸出品が「商業道徳」を欠いていると非難する欧米の度重なる批判に応えなければならない、と感じた。渋沢は、企業家が採用すべき、あるいは必要であれば法律や政令、裁判所によって強制されるべき他のよい良い慣行や規則を提案しようと努めている。彼は儒教を再解釈し、資本主義が根付いた様々なあり方を道徳化しようとしていたのである。

第二に、渋沢は、彼の変化、断絶、欠点、誤り、失敗を越えて、第二帝政下で実践されたサン＝シモン主義に近い信念を表明している。その信念とは、ずっと後年になって一九〇五年に投資家・経済学者のウジェーヌ・デシタルによって「想像力を哲学的飛躍と事業の双方に向ける二重の運動」と的確に定義されているものである。(32)

第三に、個人的な接触や産業的・社会的成果への訪問を通じて、フランスでサン＝シモン主義に間接的に触れたことが、渋沢の生産以外の分野での活動につながった可能性がある。最初の例は、「労働者の教育、賃金、安全を高めるためのさまざまな手段を広報する」ためにル＝プレが設けた一八六七年万国博覧会の「社会的経済」出展者グループによる展示である。特に、シュネーデル鉄鋼会社の社会的業績は名声を博した。「ル・クルーゾ〔シュネーデル社の工場〕」のパビリオンに入るやいなや、来場者は、その産業力を目の当たりにして、ある種の瞑想的な感嘆の念を抱いた。(33) 観察者も歴史家も、一八六七年の「社会的経済」グループの功績を家父長主義的《パテルナリスト》なものと評しているが、渋沢がどのような印象を抱いたかは定かではない。また、渋沢が一八六七年と翌年に訪れたフランスの現場は、サン＝シモン主義者たちとの人脈によって選ばれた可能性が高い。歴史家セルジュ・シャサーニュのおかげで、渋沢が一八六八年八月二十四日に見学したルーアン近郊の綿工場が、一八五九年にサン＝シモン主義者オーギュスタン・プイエ＝ケルティエによって再興されたプティ・キュヴィリー市の「巨大な」ラ・フードル製糸工場であったことを突き止めることができた[34]。渋沢は、当時フランスでその近代性で有名だったこれらの設備の生産力に感銘を受けたと書いている。他方、科学ジャーナリスト、ジュリアン・トゥルガンは一八六二年に、「ラ・フードル工場には六百人から七百人の従業員がおり、男性、若者、子供、女性、そして小さな女の子までいる」とも述べている[35]。このジェンダー化された社会構成は、渋沢が六年後に日本で利用可能な人材について考え始めていたことを考えれば、見過ごすことはなかっただろう。とはいえ、このような視察や博覧会における「社会的経済」の成果によって、渋沢がのちに投資家として会社の方針を左右する立場になったときに、家父長主義的労使関係を組織的に熱狂的に支持するようになったとは思えない。むしろ、日本企業が今後直面しているであろう問題に対する鋭い認識と、サン＝シモン主義に対する断片的な認識や儒教的遺産だけでなく、世界各地での数多くの経験から期待される成長に伴う社会的手法を模索するという、緩やかなハイブリッド化の方が可能性が高いように思われる。

サン＝シモンの日本語訳が出版されたのはずっと後の時代である。『新しいキリスト教――保守派と革新派の対話』（原著一八二五年刊〔『新基督教論』兼谷美英訳、金星堂、一九二八年〕）は、そのユートピア的な側面のゆえに刊行は時期尚早であった[36]。しかし「すべての人が互いに兄弟としてふるまうように」という警句は一定の共感を呼び、伝統的な序列を超えた能力、才能、資格に基づく社会の推進や、「道徳的、物理的な面で最も貧しい層の存在の改善に最も貢献した」人々への称揚は、渋沢の関心を惹いたかもしれない。

第二帝政期のサン＝シモン主義者の間では、言葉も大事だが行動も大事だった。この一月にクレディ・アグリコルのアーカイヴでアンリ・ジェルマンのコレクションに目を通したとき、筆者はこの偉大な銀行家が貧しい人々の救済、病院や慈善団体の支援に費やした時間と資金を測定することができた。渋沢栄一にあっても、倫理的な勧告を作成するために費やされたエネルギーは、日本でこうした勧告に対する大きなニーズがあったことを示している。渋沢の慈善、健康、社会的活動は、一八七三年に〔第一国立銀行を創立する〕成功を収めるとすぐに始まった。それは一八九〇年以降、日本のエリートの一部が近代化の名の下に西洋の思想を無批判に受け入れることによって生じた「道徳の衰退」に対して抗議したことに対する状況的な反応にとどまるものではなく、また、億万長者によく見られる慣習に従って、責任ある地位から引退することを選んだときに慈善活動の花が咲いたというだけのものでもなかった。

法哲学者の嶋津格は、渋沢がサン゠シモン主義の影響を受けたと考える人々の一人であるが、二〇一九年に渋沢のタイプの儒教倫理は彼の事業における成功を説明できるか、という問いを提起した。嶋津はこれに対して「どちらかといえば否定的」な答えを返している。渋沢の成功は「マニアックに政治・軍事に集中していた」多くの同時代の指導者たちとは異なり、官と民にまたがるキャリアとビジネスへの注力によるものだと嶋津は示唆している。また「自分が説明する自分が成功した理由は、必ずしも他人が信用するとは限らない」とも付け加えている。(37) ここでも議論は未解決のままだ。

結論

研究においては、論争がしばしば知識の発展に役立つ。この意味で今回提示した論争には、三つのメリットがあるように思える。

第一に、この論争は渋沢が儒教を基盤に徐々に実践していった思想的混交がどの程度の広がりを有していたのかを浮き彫りにしている（渋沢はサン゠シモンを引用していないが、アダム・スミスなど他の著者を引用している）。

第二に、この論争を通じて、渋沢が影響力をおよぼす実践の専門家でもあったこと、特に自分自身を物語ることを通して影響力をおよぼしたこと、そして彼を継承した人々がその後、学術的な研究によって示唆されたサン＝シモン主義者の影響の可能性を取り入れたことが示された。

第三に、この論争は渋沢を、ある時代における近代化への移行の代理人という役割に矮小化するのではなく、彼が生きた時代を超えて、世界資本主義の中で、とりわけグローバル・サウスが影響力を増しているこの世界において、主流とは異なる、おそらく少数派の声を伝え続けていることを示唆している。

（矢後和彦訳）

【原注】

（1） Terushi Hara, « Les facteurs psychologiques et culturels de la modernisation japonaise : le cas de Eiichi Shibusawa », in Raymond Boudon et Pierre Chaunu (dir.), *Autour de Alain Peyrefitte. Valeurs et modernité*, Paris, Éditions Odile Jacob, 1996, p. 120.

（2） Claude Hamon, *Shibusawa Eiichi (1840-1931), bâtisseur du capitalisme*, Paris, Maisonneuve et Larose, 2007, p. 54-57.

（3） 鹿島茂「サン＝シモン主義者渋沢栄一」『月刊公論』一九九五年五月号―一九九六年六月号。『諸君！』一九九八年九月号―二〇〇四年十月号。鹿島茂『渋沢栄一 I（算盤篇）・II（論語篇）』文藝春秋、二〇一一年。

（4） 以下のシンポジウムの紹介記事を参照。Japan and the 1867 Paris Exposition（The Japan Journal：TJJ Online, 2018, https://www.japanjournal.jp/society/pt20180309238.html).〔鹿島茂による基調講演は以下のとおり。「一八八七年パリ万国博覧会、再考」、松戸市戸定歴史館・渋沢資料館編『忘れられた幕末維新』二〇一九年〕

（5） Masakazu Shimada, *The Entrepreneur Who Built Modern Japan: Shibusawa Eiichi*, Tokyo, Japan Publishing Industry Foundation for Culture, 2017.

（6） John H. Sagers, *Confucian Capitalism. Shibusawa Eiichi, Business Ethics, and Economic Development in Meiji Japan*, New York, Palgrave Macmillan, coll. Palgrave Studies in Economic History, 2018, p. 43-45.

（7） 坂本慎一『渋沢栄一の経世済民思想』日本経済評論社、二〇〇二年。

（8） Patrick Fridenson, “Public-Private Connections and Boundaries: From Shibusawa Eiichi's Experience to a Global Historical Experience”, Patrick Fridenson and Takeo Kikkawa (eds.), *Ethical Capitalism. Shibusawa Eiichi and Business Leadership in Global Perspective*, Toronto, Toronto University Press, 2017, p. 59-74. パトリック・フリダンソン「官民の関係と境界」、パトリック・フリダンソン／橘川武郎編『グローバル資本主義の中の渋沢栄一』東洋経済新報社、二〇一四年。

（9） Édouard Vasseur, *L'Exposition universelle de 1867. L'apogée du Second Empire*, Paris, Perrin, 2023.

（10） Angus Lockyer, “Japan at the Exhibition, 1867-1877: From Representation to Practice”, *Senri Ethnological Studies*, no 54, 2001, p. 67-76 ; *idem*, “The Problem of Sovereignty in an Age of Empire. Representing Japan in Paris in 1867”, *Critical Asian Studies*, vol. 45, n° 4, 2013, p. 615-662.

（11） Héloïse Lamaury, *Gustave Duchesne de Bellecourt, le premier ambassadeur français au Japon (1859-1862)*, mémoire de master 2 d'histoire, 2023. この非常に有益な論文は、フランスの資料、特に外務省のアーカイヴにのみ基づいている。なお厳密に言えば、デュシュヌ・ド・ベルクールは大使ではなく弁理公使であり、その後全権公使となった。

（12） Michio et Asako Shibata, « Un aspect des relations franco-japonaises à la fin de l'époque Tokugawa : le projet de fondation de la “Compagnie française d'exportation et d'importation” », *Revue d'histoire moderne et contemporaine*, t. XVI, n° 2, avril-juin 1969, p. 173-188.

（13） Richard Sims, *French Policy Towards the Bakufu and Meiji Japan, 1854-1895,* London, Japan Library, coll. Meiji Japan Series, 1998. Masaya Nakatsu, *Les missions militaires françaises au Japon entre 1867 et 1889*, thèse de doctorat d'histoire, Université Sorbonne Paris Cité, 2018.

（14） Elisabeth de Touchet, *Quand les Français armaient le Japon : l'arsenal de Yokosuka 1865-1882*, Paris, Presses universitaires de Rennes, 2003.

（15） Le génie industriel. *Revue des inventions françaises et étrangères*, n° 181, t. XXXI, January 1866, p. 95.

（16） Li Jun-Mieung, *Les relations économiques et financières entre la France et le Japon de 1859 à 1914*, thèse de 3 cycle d'histoire, Université Paris IV, 1977.

（17） Guillaume Carré, « Les banquiers du Shôgun : le projet de la Compagnie française d'exportation et d'importation de Léon Roches,

Paul Flury-Hérard et la Société Générale », in Dominique Barjot et Jean-François Klein (dir.), *Rencontres impériales : l'Asie et la France. Le « moment Second Empire »*, Paris, Hémisphère Editions, 2023, p. 495-513. Mark Ericson, « Tokugawa-French Relations », *Shashi: The Journal of Japanese Business and Company History*, Vol. 8, nº 1, April 2024, p. 1-26.

(18) Noriko Teramoto, *Lettres de Léopold Villette à Akitake Tokugawa : de l'Exposition universelle de Paris en 1867 à la Guerre russo-japonaise*, Tokyo, Hitotsubashi University Center for Historical Science Literature, 2009.

(19) Antoine Picon, *Les saint-simoniens : raison, imaginaire et utopie*, Paris, Belin, 2002.

(20) ジェネラル・デ・ゾーは当初、サン＝シモンの信奉者たちの影響を受けていた。Patrick de Gmeline, *Compagnie Générale des Eaux 1853-1959. De Napoléon III à la Ve République*, Paris, Éditions de Venise, 2006. ガスについては、レナード・R・ベルランシュタインによる以下の先駆的な著書を参照。Lenard R. Berlanstein, *Big Business and Industrial Conflict in Nineteenth-Century France: A Social History of the Parisian Gas Company*, Berkeley, University of California Press, 1991.

(21) 多くの議論を呼んでいるこのテーマについては、以下の回顧が簡潔ではあるが長年参照されている。Franck Yonnet, « De l'utopie politique à la pratique bancaire. Les frères Pereire, le Crédit mobilier et la construction du système bancaire moderne sous le Second Empire », in Pierre Dockès et alii (dir.), *Les traditions économiques françaises 1848-1939*, Paris, CNRS Éditions, 2000, p. 203-216.

(22) Terushi Hara, *op. cit.*

(23) Jean Bouvier, *Le Crédit Lyonnais de 1863 à 1882. Les années de formation d'une banque de dépôts*, tome I, Paris, SEVPEN, coll. « Affaires et gens d'affaires », 1960, p. 148-149.

(24) *Idem.*

(25) Cf. Masato Kimura, "Research trends on Shibusawa Eiichi", *Journal of Cultural Interaction in East Asia*, vol. 11, 2020, p. 79-90.

(26) Kanju Tanaka, "Ishida Baigan", site Zen and the Eastern Spirit, 2005, https://rakudo.jp/en/contents/6_baigan.htm

(27) John H. Sagers, *Origins of Japanese Wealth and Power. Reconciling Confucianism and Capitalism, 1830-1885*, New York, Palgrave Macmillan, 2006, p. 73-90.

(28) Eddy Dufourmont, « Allier confucianisme et capitalisme, intérêt et justice : Shibusawa Eiichi, Nakae Chomin et l'introduction du libéralisme économique français ». 以下も参照のこと。Eddy Dufourmont, *Rousseau et la première philosophie de la liberté en Asie : Nakae Chômin, traducteur du républicanisme français (1874-1890)*, Lormont, Le Bord de l'eau, coll. « Documents ».

(29) Franck Michelin, "Shibusawa Eiichi and the Rise of Capitalist Economy in Northern Japan. A Research Project", *Revue française*

d'histoire économique, n° 11-12, 2019, p. 190-202.

(30) Jean Charton, « La France du Second Empire au Japon, 1858-1871. Un succès éphémère? », *Bulletin de l'Institut Pierre Renouvin*, n° 43, 2016, p. 103-112. この見解は、今後は前出のエリクソンによって補正されていくだろう。Mark Ericson, *op. cit*.

(31) Janet Hunter, "*Deficient in Commercial Morality?" Japan in Global Debates on Business Ethics in Late Nineteenth and Early Twentieth Centuries*, London, Palgrave Macmillan, coll. Palgrave Studies in Economic History, 2016, p. 76, 85, 86, 90, 98.

(32) Eugène d'Eichthal, *Notice sur la vie et les travaux de M. Henri Germain*, Paris, Typographie de Firmin-Didot et Cie, coll. « Institut de France », 1905, p. 6.

(33) *Les Établissements Schneider. Économie Sociale*, Paris, Imprimerie Générale Lahure, 1912.

(34) Serge Chassagne, « Aux origines de l'usine géante de la Foudre », *Études Normandes*, vol. 42, n° 1, 1993, p. 42.

(35) Julien Turgan, *Les grandes usines de France*, t. 3, Paris, Michel Lévy-A. Bourdilliat, 1863, p. 129-176.

(36) Cf. Saint-Simon, *Œuvres complètes*, Paris, PUF, 2012.

(37) Itaru Shimazu, "The Most Successful and Moralistic Merchant at the Dawn of Japanese Capitalism. Shibusawa and His Confucianism", in Christoph Lütge et Christoph Strozetzki (dir.), *The Honorable Merchant – Between Modesty and Risk Taking. Intercultural and Literary Aspects*, Cham, Springer, 2019, p. 191-198.

一九二〇年代日本の国際主義者とフランスの自由社会主義者

ベルナール・トマン

一九二四年の日仏会館の設立は、第一次世界大戦の以前にさかのぼるプロジェクトの集大成であったことはいうまでもない。とはいえ日仏会館が第一次世界大戦直後という特殊な状況の中で出発したという事実を無視することもできない。とりわけ社会史に関心のある研究者にとって、第一次大戦後の戦間期という時代は日本において特別な意味を持っている。戦間期は工業化と都市化の加速という特徴的な状況に刺激されて社会問題が提起された時期であったが、同時にロシア革命の余波とフランスをはじめとする第一次世界大戦の戦勝国の威信の高まりによって外部からの影響が増大した時期でもあった。

こうした情勢のなかで、日本の国際連盟加盟によって確認された国際協調路線に敏感に反応し、フランスとの特別な関係をもち、新設された日仏会館とのつながりもあった日本の有識者たちは、フランスの有識者たちとの接触を通じて社会問題に対する考えや行動をどのように育んでいったのだろうか。

本稿は思想史の研究ではない。フランスの社会思想が、本稿がこれから「国際主義者（internationalistes）」と呼ぶ人々によってどのように受容され、そして解釈されたかを詳細かつ体系的に考察するものではない。本稿の目的はむしろ、同時代の二国間の連関史の精神に則って、こうした国際主義者たちがどのような文脈と方法でフランスの自由社会主義者と呼ぶべき人々の思想や行動に接し、彼らと意見交換を行ったのかに目を向けることである。

ここで用いる「自由社会主義者（socialistes libéraux）」という用語は政治思想史のセルジュ・オーディエから借用した便宜的なもので、第三共和政期の社会改良主義者たちを指す。彼らは社会問題の解決策を見出すべきという考えを国際的に広めることに関与していた。[1] ここでは特に、国際連盟の創始者の一人であり、一九二二年にノーベル平和賞を受賞したレオン・ブルジョワ（Léon Bourgeois, 1851-1925）、および一九二八年に日本を訪問し、フランス贔屓の一群の日本の国際主義者たちと交流する機会を得た国際労働機関（ＩＬＯ）事務局長のアルベール・トマ（Albert Thomas, 1878-1932）を扱うこととする。

本稿で取り上げる日本の「国際主義者」は主に日本国際連盟協会の関係者で、特に日仏会館を通じてフランスとも特別なつながりを有していた。渋沢栄一はもちろんその代表であるが、若槻礼次郎もまたそうである。若槻礼次郎は一九二〇年代から日仏会館の運営に直接たずさわり、一九三六年から一九四六年まで日仏会館理事長を務め、ジュネーヴのＩＬＯを訪問し、内務大臣、次いで内閣総理大臣として戦前の日本の社会政策に決定的な役割を果たした人物である。

もちろん、戦前の日本の国際主義を単純にとらえてはならない。歴史家・後藤（柴田）春美によれば、パリ講和会議に出席した日本政府代表は国際連盟の創設にそれほど熱心ではなかった。連盟が白人国家のクラブになって日本は不利な立場に追い込まれるとの危惧があったためである。[2] パリ会議の当時、国際協調主義の中心的な政治家であった幣原喜重郎は日本が不慣れな国際連盟の多国間主義よりも二国間主義を好んだ。ＩＬＯが設立されたとき日本は加盟国であったにもかかわらず、特定の規則、特に労働組合組織が自由に代表を任命できることを意味する「三者構成原則」を受け入れることに非常に消極的であった。また後述するように国際連盟協会に近い実業家たちは、日本は国際連盟やＩＬＯへの加盟が意味する社会基準を尊重する立場にはない、と常に主張していた。しかし、一九二〇年代にはこのような消極的な態度にもかかわらず日本が一定の政治的・社会的基準に徐々に適合していったこと、そしてここで取り上げた日本の国際主義エリートがこの過程で重要な役割を果たしたことを否定することはできない(3)。

一九二〇年代日本における連帯主義社会思想の導入

社会問題に関心を持つ日本の国際主義者の活動はさまざまな知的影響を背景にしていた。まずこのことを押さえておこう。第一次世界大戦まで、日本の学者や官僚は主にビスマルクのドイツ・モデル、あるいはグスタフ・フォン・シュモラーやルヨ・ブレンターノといったドイツ歴史学派に代表される、社会権の促進よりも公衆衛生学的なアプローチを重視する考え方に影響を受けていた。この影響は特に十九世紀末に金井延や桑田熊蔵といった、ドイツ人教授に学んだ日本人たちが帰国後に設立した社会政策学会を通じて広まった。しかしながら社会問題に関する日本の国際主義者の考え方には、フランスの影響もみてとることができる。それは十九世紀末の国際法研究にみられ、例えば経済学者ポール・ルロワ＝ボリュー（Paul Leroy-Beaulieu, 1843-1916）は、国際法学者・山田三良に影響を与えている。山田三良は日仏会館創設に一役買い、一九三〇年代には副理事、第二次世界大戦後は理事長を務めた人物である(4)。とりわけ移民問題が日本の社会問題の中心になりつつあった時期にあって、フランスの経済学者の考え方は労働者の海外移住の権利に関する山田の論文に影響を与えたのである(5)。しかしこうした影響が多様化してきたのは、第一次世界大戦後のことである。そのころになるとイギリスの影響が、福田徳三や河合栄治郎のような経済学者や社会改良主義者を通じて高まり、厚生経済学（Welfare Economics）、フェビアン主義、またトーマス・ヒル・グリーン（Thomas Hill Green, 1836-1882）のような進歩的自由主義者の考えが紹介された。他方でこれはあまり知られていないが、フランスの連帯主義（Solidarisme）、特にレオン・ブルジョワの思想も見出された。ブルジョワは国際連盟の創設にも大きな役割を果たし、その最初の総会の初代議長を務め、前述のとおり一九二二年にはノーベル平和賞を受賞している。

「社会連帯（solidarité sociale）」という用語は、一九二〇年という早い時期に自由主義的ジャーナリストの長谷川如是閑が自身の雑誌『我等』に載せた「床次内相と社会連帯」という論文にあらわれている[6]。長谷川は、エミール・デュルケム流に近接関係の連帯メカニズムの崩壊を指摘し、当時の内務大臣であった床次竹二郎の厚生事業の精神に関する論文を批判している。床次内相は、社会政策について社会保険の発展や社会権の促進を通じた社会的絆の再構築という観点よりも慈善事業という観点でとらえ続けていたからである[7]。

この社会的権利と市民権の促進という問題はフランスの連帯主義の核心であったが、一九二〇年代初頭の日本では依然としてほとんど知られていなかった。田子一民の一九二二年の著書『社会事業』をみてみよう[8]。田子一民は内務省に新設された社会局の局長であり、協調会理事を務め、渋沢栄一が会長を務める中央社会事業協会の理事でもあった。その著書『社会事業』の中で田子は、連帯の名の下に、日本のエリートが覚醒し、社会的不安と闘う国民に対する連帯の義務を提唱している。しかしこの考えは正義の実現に基づくものではなく、法と民主主義に基づく社会的市民権の促進は含まれていなかった。彼は社会連帯という言葉を使っているが、フランスの連帯主義には言及していなかったのである。

フランスの連帯主義思想が日本に紹介されたのは一九二三年、丸山岩吉によってであった。ここでは連帯主義は、社会主義と自由主義経済思想の中間に位置する社会思想として言及された。同時にそれは大正デモクラシーの時代に表面化した市民権の問題と共鳴しながら、生存権と市民の連帯義務に基づく社会思想としても紹介された。

ブルジョワの思想を紹介したこの本は反響を呼び、一九二四年と一九二五年に相次いで解説文が出された。連帯主義に特に深い関心を向けたのは、渋沢栄一が一九二〇年に設立した協調会である。協調会の機関誌『社会政策時報』の四六号と五三号には「社会連帯主義に於ける国家的干渉の根拠」と「社会連帯主義に於ける任意的組合運動」と題する二本の論文が出ている。(9) いずれも慶應義塾大学経済学部教授を務めた増井幸雄の著作である。これらの論文では、労働組合の正統化、合法化、およびその保護が議論され、日本の福祉国家の基礎が築かれつつあった当時、協調会が連帯主義に関心を寄せていたことを明確にあらわしている。渋沢が会長を務める日本国際連盟協会もまた、一九二六年にレオン・ブルジョワの連帯主義に関する論集を出版している。

出版の対象となった連帯主義者はレオン・ブルジョワだけではなかった。キリスト教法学者・社会学者の中島重《しげる》は美濃部達吉の弟子であり、より多元的な国家概念、特に社会運動に正当性を認めるような国家概念の提唱者の一人であったが、一九二五年と一九二六年にレオン・デュギー（Léon Duguit, 1859-1928）の思想を紹介する二本の論文を発表している。(10) レオン・デュギーはデュルケムの社会学を公法に導入した人物であり、主要著作の一つである *Les transformations du droit public*（1908）は、一九二六年に『国家変遷論——個人権・社会権・国家の変遷』というタイトルで翻訳出版された。彼の財産法に対する考え方は、渋沢の考え方の一部と比較することができる。レオン・デュギーは財産権の社会的機能に関する理論を擁護しており、彼にとって、所有者は特定の社会的機能を与えられているのである。なお連帯主義がどのように日本に導入されたかという問題とは別に、フランスの社会法が民法学者アンリ・カピタン（Henri Capitant, 1865-1937）によって日本に導入されたことは注目に値する。日仏会館の機関誌『日仏文化』は一九三二年七月の新第二輯で労働法、とりわけ労働組合法に関するカピタン教授の日本での講義を特集している。(11)

ところが日本における連帯主義の紹介を研究している池本美和子によると、連帯主義の影響を受けたと思われる日本の有識者は、法に基づく正義よりも道徳的義務を強調することによって連帯主義的思考を歪曲する傾向があったという。日本の改良主義者らによって解釈された連帯主義は、池本の見解では、個人の自由と自律性をも反映する民主主義システムの構築を支持する哲学ではなく、実際には家族主義国家を支持する道徳哲学であった(12)。これは政治学者・石田雄《たけし》の見解とも重なる。石田によれば、一九二〇年代の日本の社会的連帯の概念には、社会を構成するのは個人であり、社会連帯は国家に正義を目的に行動することを義務づけるという視点が欠けていた(13)。とはいえ池本や石田がいうように、法と正義に基づく真の社会的市民権の創造を中心とする連帯主義的な考え方は、日本の統治エリートの社会的思考に本当に影響をおよぼすことがなかったと結論づけるべきなのだろうか。民衆に対する道徳的義務という、いまだに支配的な儒教的概念は連帯主義にとって本当に障壁だったのだろうか。他方で、連帯主義思想の核心である個人の権利と義務を明確にすることは、社会法を推進しようとし、ＩＬＯの活動に活路を見出した日本の一群の社会改良主義者たちの関心の核心にこそあったといえるのではないだろうか。

渋沢栄一と若槻礼次郎――社会問題と社会権

このような真の社会権に近づいていく進化は、まさに渋沢栄一の中に見出すことができる。渋沢の社会思想は明治から大正初期にかけて発展し、当時の多くの啓蒙的な人物たちと同様に、社会問題が慈善や社会事業の域を超えて市民権や法の問題になっていることを理解していた。農商工高等会議において工場法が議論された際に、この会議は将来の工場法の妥当性が議論された主要な場になったが、議長を務めた渋沢は当初はヨーロッパ式の法律の移植に難色を示したものの、最終的には労使関係を規制する法律の考えを支持するようになった(14)。

渋沢が副会長で中心的な立役者だった協調会は、この転換点を顕著に示しており、この転換の主要な舞台であった。渋沢は協調会の機関誌である『社会政策時報』創刊号に寄せた文章の中で次のように書いている。

世間やゝもすれば協調会は温情主義だといふ、蓋し温情も語義の上から見れば洵に結構である、けれども若

し其中に強者が一歩を譲つて、弱者に恩恵を施すといふ気分を含んでゐるならば、我協調会の趣意とは全然相違する。(15)

こうした言説はレオン・ブルジョワのそれと共鳴する。レオン・ブルジョワはある演説で「人間の意志に法的隷属と同じくらい重くのしかかる経済的隷属がある〔……〕労働者の存在が資本の恣意的な力に依存するとき、労働者の意志は本当に自由なのだろうか」と述べている。(16) 一九二〇年代の初頭にはレオン・ブルジョワの思想はまだ邦訳されていなかったので、渋沢は直接知る由もなかっただろう。しかしこれらの言説をくらべると、一部とはいえ日本の社会改良主義者が社会問題へのアプローチ、社会的権利の発展の必要性に対する認識において、フランスの連帯主義者を受け入れることが十分に可能なレベルに達していたことがみてとれる。

さらに一九一九年末の協調会の設立は、新たな国際環境とレオン・ブルジョワのようなフランスの自由社会主義者が国際連盟を通じて、あるいはアルベール・トマがＩＬＯを通じて推進した国際秩序への統合という新しい規範に日本が適合する必要性からもたらされたものと解釈することができる。アルベール・トマがその政治的才能によって、今日とは比較にならないほど重要な国際組織に変貌させることに成功したＩＬＯへの加盟は、日本政府に政労使の三者構成原則を受け入れさせ、その結果、政府が絶えず弾圧してきた労働組合を認めることを義務づけたのである。(17)

協調会の目標の核心にある階級間の協調というテーマは、社会的調和に関するある種の新しい儒教的伝統を掘り起こす仕方に訴える一方で、日本の特殊な文化的背景において、労働者の利益を擁護するための自律的メカニズムの原理を正当化し、より民主的な社会的市民権の形態を正当化する手段でもあった。(18) 協調会にとってＩＬＯがいかに重要だったかは、一九二四年に協調会がＩＬＯ東京事務所の受け入れを申し出たが、ＩＬＯがこれを拒否したという事実にうかがえる。結局ＩＬＯ日本事務所からの定期的な報告を協調会の機関誌『社会政策時報』

に掲載することで合意が成立した[19]。協調会に関する研究の刷新に尽力した歴史家・高橋彦博は、レオン・ブルジョワやレオン・デュギーの連帯主義的な考え方が協調会の推進者たちに与えた影響に言及し、彼らが労働組合を単なる脅威としてだけでなく、より民主的で多元的な方法で構想された国家を円滑に運営するために不可欠な中間団体として考えることができたと述べている[20]。後述するように、渋沢は一九二八年にＩＬＯのアルベール・トマ事務局長が来日した際に歓待した重要人物の一人であった。また、協調会会長で日仏会館名誉会員でもあった徳川家達がジュネーヴのＩＬＯを訪問したことも特筆すべきことであった。ＩＬＯの公文書館には、一九三〇年九月三日付でＩＬＯ東京事務所長・鮎沢巌からアルベール・トマに宛てられた部外秘メモがのこされている[21]。

この文書に登場する若槻礼次郎（一八六六―一九四九）は、一九三〇年のロンドン海軍軍縮会議のために渡欧した際にアルベール・トマがジュネーヴに招いた人物であり、帝国大学仏法科の出身で、日仏会館とのつながりからして、公然の親仏派であった。若槻は一九二四年から日仏会館の評議員であり、一九三五年から一九四六年までは財団の理事長を務めている。したがって若槻は、日本における連帯主義思想の浸透と日本の社会政策の転換点との同時性を示す好例をなしている。若槻は、大蔵省の高級官僚として十年以上頻繁に接触していた渋沢と同様に、真の社会的対話を発展させる時が来たと考えていた。彼は、労働者階級の存在と、彼らの利益を代表することの正当性を認めていたのである[22]。

若槻礼次郎は、内務大臣、そして内閣総理大臣として、労働者階級の市民権獲得の立役者の一人となった。若槻は内務省社会局と協力して、貴族院や枢密院の強い抵抗にもかかわらず、一九二五年に内務省の男子普通選挙法案を国会で可決させることに成功した。また一九二六年初めには、失敗に終わったが、帝国議会で労働組合に関する法律を可決させようとした。それにもかかわらず、彼は共産党に断固反対する社会改良主義者であり、一九二五年に治安維持法を採択させた内務大臣でもあった。とりわけ、この年の一月に日ソ基本条約が結ばれ、ソ連との国交が再開されたことに後押しされて共産主義が侵入することを恐れたのである。治安維持法は基本的に弾圧の道具として歴史に記憶されたが、それでも若槻の共産主義インターナショナル（コミンテルン）への反対は、彼をフランスの自由社会主義者と分かつものではなかった。ＩＬＯの目的のひとつは、まさに労働運動における共産主義インターナショナルの影響力に対抗することであり、アルベール・トマは、特に一九二八年の来日時には共産主義に対する激しい敵意を隠さなかった。

一九二八年のアルベール・トマ訪日をめぐる政治問題

アルベール・トマの来日は当時マスコミで大きな注目を集めた。彼の来日は自由社会主義にとどまらず、彼がＩＬＯ事務局長として主要な担い手の一人であった連帯主義のプロジェクトと、日本の国際主義者との間の特別な交流の瞬間であったと見ることができる。

トマはＩＬＯをアメリカ不在のヨーロッパ諸国のクラブではなく、真にグローバルな組織にしたいと考えていた。トマにはまた、その三年前にハワイで設立されていた太平洋問題調査会にＩＬＯが疎外されることを避ける意図があった。この太平洋問題調査会では、本書で三牧聖子論文が示しているように日本の国際主義者たち、特に渋沢が活発に活動していた。トマの具体的な目的は日本によるＩＬＯが採択した新条約の批准を促進するだけでなく、東京でのアジア国際労働会議の開催を準備することであった[23]。

トマの旅程は周到に準備されていた。それは国立東洋語学校の学長から、当時日仏会館に研究員として滞在していた日本研究者シャルル・アグノエル（Charles Haguenauer）を推薦する手紙が届いていることからもわかる。この手紙の中で、アグノエルはデュルケム主義者であり、マルセル・モース（Marcel Mauss）やシルヴァン・レヴィ（Sylvain Lévy）の弟子であったと記されているが、この記述もまた、トマの知的傾向からして、トマの関心を喚起することを意図したものであったかもしれない[24]。

トマの訪日は、当時のマスコミがそう呼んでいた非共産主義的な「右翼」労働組合運動と統一を目指す社会民主主義的な政治運動への支援と広く解釈された。[25]すなわちこの訪日は、一九二八年二月に行われた最初の男子普通選挙で初めて無産政党の代議士が国会に誕生したことに対応していたのである。この訪日はまた、多くの共産主義者が逮捕された三・一五事件などによって強化された反共政策を支持するものとも解釈された。トマの旅は、デモやビラ、さらには匿名の敵意むき出しの手紙にも見舞われた。[26]

残念なことにアルベール・トマの微妙な立場は、政府の権力と手を結び、労働者運動の左翼に対する弾圧に手を貸すものとも見なされた。無産大衆党東京部連合会が配布したビラは、トマを労働者階級の敵と決めつけ、ＩＬＯ事務局長の観光旅行とそれに関する大阪での言い訳に言及していた。

「資本家の手先裏切り者幹部アルベール・トーマを追い返せ！」

「アルベール・トーマとはどんな人間か？　彼は国際労働局の局長様で、年俸は数万円を貰っている。即ち帝国主義列国が国際連盟におさめた金で雇われているのだ。彼はかつてフランスの社会主義者だったが、欧州戦争中には大臣になって、資本家同志の利益のための戦争を助け、労働者をこの戦争にうまく送り込む役目をした。その功績で戦後国際労働局の局長に祭り上げられたのである。」

「彼は日本の労働状態や労働運動の状態を観察に来たと言っているが、それは嘘だ。彼は毎日資本家団体の御馳走になったり、京都や奈良見物に日を暮す男に、日本労働者の苦しい生活が分るものか。実際の目的は、東洋にも資本家のよく言うことを聞く労働組合の国際的連絡を作って、資本家に引き渡そうというのだ。[27]」

（原文は旧かな遣い）

国際連盟協会を中心とする一群の国際主義者たちは、トマに国家元首級のもてなしで応じた。この国際主義者たちは実業界と結びついた人物で占められていたため、この人々と自由社会主義者のトマとの距離が近いとみられたことに対して多くの批判が寄せられた。それにもかかわらずトマが会った経済界の代表者たち、特に親仏派の人たちとの間には意見の相違や議論があった。

アルベール・トマと稲畑勝太郎・渋沢栄一との交流

一九二八年十二月九日、トマは当時の主要な使用者団体であった日本工業倶楽部を訪問して大阪商工会議所会頭の稲畑勝太郎と交流した。稲畑はポール・クローデルに協力して関西日仏学館の設立にも尽力しており、渋沢と並んで使用者側における国際主義運動の主要な代表者の一人といえる。彼は一九二七年の第十回国際労働会議の使用者側代表でもあった。

やや緊張したやりとりの中で、彼はトマが会った多くの使用者と同様にＩＬＯ総会で採択された条約の批准の進捗に関して日本の特殊事情を考慮するよう求める一方、国際主義者の間できわめて不評だった一九二四年の米国移民法で人種別移民割当制から日本人を除外したため、日本人労働者がもはや米国に移民できなくなったことを指摘した。

稲畑　〔……〕今日は、すべての国が同じように自然から恩恵を受けているわけではないことを思い出していただきたい。この観点から見ると、日本もそうではありません。一方で、増え続ける人口の一部を移住させたいと思っても、それは不可能です。そのため、私たちは全人口を養うことを考えなければなりませんが、それは工業生産に有利な仕方でなければならないのです。例えば、お隣の中国では、紡績工場で働く労働者の賃金が日本より三〇—四〇パーセントも低い。中国が発展すれば、高度な工業国になるでしょう。一方、アメリカはどうでしょうか。アメリカはＩＬＯに加盟していないため、さまざまな思い通りの法律を適用することができます。すなわち日本は、ジュネーヴでの決定をまだ順守していない国と、ＩＬＯの外にある国にはさまれているのです。もし日本が独自にジュネーヴの決定を適用することになれば、日本は不利な立場に立たされることになります。人口を養うためには産業が不可欠です。私たちは労働組合を創設・発展させる必要性を認識していますが、わが国の特殊な状況のゆえに欧州諸国のように進めることはできません。トマ氏は、こうしたわが国政府に条約を批准するよう要求しに来たのです。

トマ　要求はしていません。

稲畑　新聞にはそう書いてありましたよ。二十の条約のうち批准されているのは九つだけで、あなたは他の条約を批准するよう政府に働きかけに来た、と。おそらくそれは間違いだと思いますが……。

トマ　新聞からあなたが受けた印象を正すためにひとこと言わせて下さい。私たちの組織についてはよくご存知でしょう。昨日の講演でも、私たちの役割を非常に詳しく説明しました。どの国も条約を批准する義務はありません。主権国家として、批准することもしないこともできるのです。このような条件下で、私は日本政府に圧力をかけに来たのではなく、ＩＬＯ理事会の指示に従い、日本政府の状況を調査し、どのような点で、どのような理由で批准が行われていないのか、これが私が行っている調査ですが、このことを確認しに来ただけなのです。十年前、日本の経営者たちは「批准は可能だ」と言っておられましたが、今日なお批准されていません。私が驚くのもご理解いただけるでしょう。私はその事情を知るためにやって来たのです。新聞が何を言っているか存じませんが、それが私が来た理由です。(28)

この緊迫したやりとりがあらわしているように一九二〇年代後半に日仏会館と関西日仏学館が軌道に乗る頃には、日本の国際主義者たちは日本固有の問題を把握できない国際社会に対する憤りを抱き始めた。日本の国際主義者とフランス連帯主義者の間のもう一つの断絶は、二人の交流の中に見ることができる。稲畑は、トマがジュネーヴに戻った後、トマに宛てた長い手紙の中で、日本がヨーロッパ諸国と同等の社会保障制度を開発する必要がないだけの家族的連帯の伝統についても問題を提起している。

この機会に、日本の雇用主でもある私の意見を述べさせてください。まず第一に、この国の社会状況がヨーロッパ諸国とは大きく異なっていることを忘れてはなりません。しかも、私たちの労働者の状況は家族制度と関連しています。ご存知のように、わが国の人口は毎年百万人ずつ増加しています。毎年一、二万人の移民を海外に送り出すのは容易なことではありません。それゆえ増え続ける人口には常に仕事を提供できるようにしなければなりません。他方、産業界への負担がさらに重くなれば、その負担を増やすことはできず、必然的に失業はますます激しくなります。現在でもすでに多くの労働者が職を失っているのです。しかし家族生活の習慣のおかげで、失業した労働者はほとんど皆、家族に助けられて物乞いをせずに済んでいます。したがって導き出される唯一の結論は、労働条件にかかる雇用主の負担を軽くして、その結果、産業を強化する必要があるということであり、それが多くの失業者を救う唯一の方法なのです。(29)

日本は一九一九年に締結された失業保険に関する条約を一九二二年に批准していたが、一九二二年以来、失業保険の導入が検討されていたにもかかわらずまだ導入していなかった。稲畑が言いたかったのは、日本には家族的連帯が存続しているため、失業保険は必要ないということだった。これは工業化と都市化によって、家族による第一次的連帯メカニズムがもはや十分に機能せず、連帯は社会権の基礎の上に再構築されなければならなかったにもかかわらず、それを認めないということであった。トマは常にこの種の言説に遭遇し、今回の旅行によって日本の状況はヨーロッパの先進国とそれほど違わないことを観察することができた、と主張してこうした言説を無効にしようとした。

渋沢は、アルベール・トマが講演したレセプションのいくつかに出席し、日本の国際主義者の一部とこうした意見の相違について言及したことがあるが、彼がそれについてどう考えていたのかについては何の痕跡も残っていない。残されているのは一九二八年十二月十五日、日本工業倶楽部での日仏協会との共催レセプションに先立ち、東京銀行倶楽部で日仏会館主催の労働問題に関する討論会が開かれた際の渋沢とトマの直接のやりとりである。

参加者の中には、アルベール・トマ、鮎沢巌ＩＬＯ東京事務所所長、渋沢、添田敬一郎協調会理事、鈴木文治総同盟書記長（国際労働会議の常任労働者代表）、それに添田寿一と阪谷芳郎がいた。

この会合で渋沢とトマは社会的対話の問題に関して似たような立場にあることを指摘した。この観点からすると渋沢の立場は稲畑の立場よりもはるかに進歩的であった。渋沢はフランスの自由社会主義者に近い日本の国際主義者だと思われた。日仏会館が主催したこの討論会は、トマと渋沢によって団体交渉モデルの輸入の必要性について以下のような結論に達して締めくくられた。

トマ　過日或る集会で「若し労働組合が腫物であると仮定すれば死ぬまで持つて行かねばならぬであろう性質のものである」と云ふたのですが、労働組合は腫物でも病気でなく寧ろ産業の近代的実際の病気であるところの共産主義と戦いの唯一の武器で御座います。一体現代国家はいづれも産業に基礎を置いて居ります。故に其の産業の根幹をなす所の労働組合は、国家繁栄の基礎であると言ひ得ると思ひます。
渋沢　全然同感で御座います。私は日本の工業を家内工業から工場工業に代へたいのでありますが、之は仏蘭西の御手本によつてやりました。そして労働問題が起ると、資本家からも労働者からも悪く云はれました。然るに今度トーマさんが来て下さつて、親しくお申訳をして下さつたのは実に嬉しう御座います。

トマ　渋沢子爵は仏蘭西の制度を持つて来たと云はれますが、それならば労働組合を輸入していたゞきたいと思ひます。(30)

結論

日仏会館は一九二〇年代の日本を特徴づけていた国際協力の雰囲気を最も永続的に代表していた。しかし設立初期に実業界の親仏派の日本人国際主義者たちのアイデンティティゆえに、この知的交流と文化協力の場が同時に社会問題についての論争にも深くかかわっていたことは興味深い。一九二〇年代がフランスの社会思想、とりわけ連帯主義が日本で受容されるのに適した時期でもあったことを想起すると、このことはさらに興味深い。一九二八年のアルベール・トマの来日に際して開催された労働問題に関する討論会は日仏会館がこの種の討論会に関与したことを示す好例である。アルベール・トマの訪日が示したのは、当時の親仏派の国際主義者たちが、疑いようのない反共主義や財界の一員であること以上に、さまざまな感受性を持っていたことであった。真の社会的権利の発展を主張するフランスの連帯主義思想からまだ遠かった者もいれば、若槻礼次郎や渋沢栄一のようにそうした発展の必要性を確信していた者もいたようだ。渋沢はこの点でも先駆者であった。

（矢後和彦訳）

【原注】

（1） Serge Audier, *Le Socialisme libéral*, Paris, La Découverte, coll. « Repères : sciences politiques, droit », 2006. *La Pensée solidariste. Aux sources du modèle social républicain*, PUF, 2010.〔本書所収のエディ・デュフルモン論文では、同じセルジュ・オーディエの著作による socialisme libéral を「リベラル社会主義」と訳している。〕

（2） Harumi Goto-Shibata, *The League of Nations and the East Asian Imperial Order, 1920–1946*, Palgrave Macmillan, 2020.

（3） Bernard Thomann, « Labor Issues as International Affairs: Japan and the International Labour Organization from 1919 to 1938 », *Social Science Japan Journal*, Oxford University Press, 2018, p. 329-344.

（4） Béatrice Jaluzot, « Le rôle des juristes japonais dans la fondation de la Maison franco-japonaise », *Ebisu [En ligne]*, 51, 2014.〔ベアトリス・ジャリュゾ「富井政章と杉山直治郎——日仏会館創設における法学者の役割」『日仏文化』八三号、二〇一四年〕

（5） Terada Kuniyuki, *Actors of International Cooperation in Prewar Japan – The Discourse on International Migration and the League of Nations Association of Japan*, Baden-Baden, Nomos Verlagsgesellschaft, 2018, p. 56-73.

（6） 長谷川如是閑「床次内相と社会連帯」『我等』第二巻七号、一九二〇年。

（7） 床次竹二郎「社会事業の根本精神」『社会と救済』第四巻四号、一九二〇年。

（8） 田子一民『社会事業』帝国地方行政学会、一九二二年。

（9） 増井幸雄「社会連帯主義に於ける国家的干渉の根拠」『社会政策時報』第四六号、一九二五年。増井幸雄「社会連帯主義に於ける任意的組合運動」『社会政策時報』第五三号、一九二六年。

（10） 中野重「デュギーの法理思想」『同志社論叢』第一八号、一九二五年十二月。「デュギーの国家論」『社会科学』第二巻三号、一九二六年三月。

（11） アンリ・カピタン「労働協約」杉山直治郎訳、「特集カピタン博士講演集」『日仏文化』新第二輯、一九三二年七月。

（12） 池本美和子「日本における社会連帯論」『佛教大学社会学部論集』第三七巻、二〇〇三年九月、六頁。池本によればふたつの連帯主義があった。池本美和子「二つの社会連帯——戦前日本の社会連帯思想とフランスの社会連帯主義」『佛教大学大学院紀要』第二六号、一九九八年三月。

（13） 「個人が社会を構成し、その社会連帯が正義のために行動するように国家を義務づけるという観点は失われる」。石田雄『日本の政治と言葉 上——「自由」と「福祉」』東京大学出版会、一九八九年、二七二頁。

（14） 南俊治『明治前期の労働衛生』日本産業衛生協会、一九五五年、四〇頁。

（15）「労働問題解決の根本義（男爵 渋沢栄一）」『社会政策時報』創刊号、一一五頁、大正九年九月、『渋沢栄一伝記資料』第三一巻、五一七―五二〇頁。

（16）Cité par Serge Audier, *La pensée solidariste. Aux sources du modèle social républicain*, PUF, coll. « le lien social », 2010, p. 147.

（17）Thomas Cayet, « Travailler à la marge : le Bureau International du Travail et l'organisation scientifique du travail (1923-1933) », *Le mouvement social*, n. 228, juillet-septembre 2009, p. 39.

（18）Dean W. Kinzley, *Industrial Harmony in Japan: The Invention of a Tradition*, London, Routledge, 1991.

（19）Archives de l'OIT, (C 35-2-1).

（20）高橋彦博『戦間期日本の社会研究センター――大原社研と協調会』柏書房、二〇〇一年、一九九頁。

（21）Archives de l'OIT, (cat 5-45-2-5).

（22）若槻礼次郎『古風庵回顧録――明治・大正・昭和政界秘史』読売新聞社、一九五〇年、一六二―一六三頁。

（23）『國民新聞』一九二八年七月四日。

（24）Archives de l'OIT, (cat 1-28-5-14).

（25）『大阪毎日新聞』一九二八年二月二十二日。

（26）Archives de l'OIT, (cat 1-29-11-2).

（27）Archives du BIT, (cat 1-29-11-2.

（28）Archives de l'OIT, (cat 1-29-11-1).

（29）Archives de l'OIT, (cat 1-29-11-5).

（30）『伝記資料』第三六巻、三四三―三五〇頁。初出は『竜門雑誌』第四八四号、八七―九八頁、昭和四年一月、労働問題懇談会、日仏会館主催。

時をよく知る

——渋沢栄一の女子教育論

ジャネット・ハンター

一九一一年十月七日、イギリスのフェビアン社会主義者でロンドン・スクール・オブ・エコノミクスの創設者であるシドニー・ウェッブ（Sidney Webb）、ベアトリス・ウェッブ（Beatrice Webb）夫妻が日本女子大学校を訪れた。かれらを出迎えたのは、数日前にすでに会って食事をしていた渋沢栄一である。渋沢の日記によれば、その日の天気は晴れで寒かった。一行は九時半に渋沢が一八七〇年代から深く関わってきた福祉施設「養育院」に集合し、十一時半に日本初の女子大学たる日本女子大学校に移動して創立者である成瀬仁蔵に会った後、ウェッブ夫妻が講堂でスピーチを行った。その後、夫妻は一九〇七年に竣工した洋風の学生寮、晩香寮で昼食のもてなしを受けている。[1] 渋沢は日本女子大学校の創立当初から支援を申し出ており、生涯を通じてその支援に尽力した。募金活動にも積極的に参加し、講演も数多く行っている。[2] 彼はこの教育的イニシアチブを誇らしく思い、外国からの訪問者を頻繁に案内していた。ベアトリス・ウェッブは海外旅行の詳細な日記を残しているが、残念ながらこの日見たものに対する彼女の思いは記されていない。しかしベアトリスの女性教育に対するアプローチは、渋沢のそれと共通するものがあっただろうと思われる。ある一流の歴史家が指摘しているように、社会主義的な傾向や個人的な独立心にもかかわらず「ベアトリスは男性の精神的優位を率直に認め〔……〕女性の教育には何よりも家事の指導が必要であることに同意した」のであった。[3] 同様に日本の歴史家たちも、渋沢が生涯を通じて「良妻賢母」という基本原則を信奉していたこと、そしてこの原則が何を意味するかについての渋沢の変化する見解は、西村茂樹〔一八二八―一九〇二、明六社・日本弘道会の創設者〕が信奉したような女子教育に関する儒教的な考え方や、福沢諭吉のような運動家が主張した西洋的なモデルの両極端を避けていたことを明らかにしている。[4] その意味で、ベアトリス・ウェッブも渋沢栄一も時代の産物であった。この文脈で特に注目すべきなのは、渋沢が女子学生たちに命じていた、自分たちが生きている時代を適切に理解することの重要性、すなわち「時をよく知る」ことである。時間と場所を認識することを強調するこの見解は、流動性を受け入れること、つまり変化は許容されるものであり、しばしば必要とされるものであることを意味していたが、同時に、価値あるもの、日本独特のものを捨て去ることなく、それを実現する必要があることも示唆していた。その結果、他国との比較が必要となった。周知のように渋沢にとってこうした国際比較は非常に重要であり、彼は海外旅行や外国人観光客との出会いから強い影響を受けていた。そこで本稿では、渋沢の著作やこれまでの歴史家の研究成果を活用して、渋沢の見解に関連する時間と文脈の重要性、そしてそれに伴う西洋との比較の重要性を示唆する。本稿を通じて筆者は、女子教育に関して、渋沢は彼が生きた時代の現実だけでなく、他国の人々が抱く日本に対する認識をも変えようとしたことを強調したい。

渋沢栄一と女子教育

渋沢栄一はその長い生涯の中で、数多くの女子教育機関と関わりを持った。最も著名なのは一八八八年に開校した東京女学館と一九〇一年に設立された日本女子大学校であろうが、その他にも女子教育を目指すさまざまな教育機関の資金調達に携わり、卒業式や創立記念式典に講演者として招かれることもあった。女性教育の必要性を総合的に認識していた渋沢は、その教育の内容や受けるべき対象については必ずしも過度に口をはさむことはしなかった。彼は女性のための大学教育を支持することには納得していたが、高等教育に進む女性の割合は非常に少ないに違いないと認識していた。渋沢はむしろ、中等教育が果たす役割が大きく、さまざまな職業に就く女性もまたより良い教育の恩恵を受けるだろうと考えていた。例えば、彼は帝国劇場関連の女優養成所である帝国女優養成所を支援した。一九〇八年に設立されたこの養成所は、高等教育を受けた十六歳から二十八歳までの少女を募集していた。その年の九月、渋沢は生徒たちに、演劇は日本の重要な文化の一部であり、非の打ちどころのない優れた女優になるよう努力すべきであると力説した。(5)

このような女子教育の提唱は、渋沢が育った時代にはなかったものである。彼が生まれた一八四〇年には、女性の教育の多くの側面に厳しい制約があった。明治時代に入り女性の教育制度は徐々に改善され始めたが、男性に比べればかなり遅れていた。一八六〇年代後半に渋沢が初めて海外を訪れたときにも、女子教育が彼の課題であったという証拠はない。実際、彼は後年「外国が嫌ひで」育ったので、当初は外国旅行を特に希望していなかったと告白している。これは外国人を夷狄と見なす中華思想と一致するものであったため、海外に行けという指示には渋々従ったのだと彼は述懐している。(6)周知のようにその指示とは、徳川昭武率いる使節団の一員としてフランスで過ごすことだった。しかしこの時期に渋沢が女子教育に関心を持っていたとしても、彼の興味をそそるものはフランスにはほとんどなかっただろう。渋沢がフランスに滞在した一八六七―六八年は、フランスで義務教育の無償化と女子高等学校（リセ）の設立が始まるより前だった。無償の初等教育が整えられるには一八八一―八二年［のジュール・フェリー法］を待たねばならず、フランスの研究者たちが説得力を持って論じているように、一八八〇年にカミーユ・セー（Camille Sée）が女子高等学校設立のイニシアチブを取った後も、多くの同時代人たちは男性に影響を与えるための女子教育に焦点を当てていたのである。セー自身「共和国は、男子の母となるべき若い女性を教育する」と述べている。女子高等学校の設置を法制化するセーの提案は「女性たちをその真の天職、すなわち子供たちを教育し家事をすることから引き離すことはなく、彼女たちを物知り、才女気取り、屁理屈屋へと変貌させることでもない」と強調していた[7]。新しい女子高等学校は、男子生徒のバカロレア取得のための課程とは別の課程を提供していた。女生徒たちは教会の管理下にはなかったが、一八八〇年の法律では、当局の同意があれば通常の授業以外に敷地内でさまざまな宗派による宗教指導を行うことが認められていた[8]。フランスの状況は、渋沢が育ってきた女性の役割や教育に対する伝統的な考え方に疑問を抱かせるようなものではなかったのである。

その後の海外旅行や外国人との出会いによって、渋沢の女子教育に対する考え方は確かに変化していくことになる。渋沢自身、その考え方は三つの段階を経て変化したと述べている。しかし女性の天職は妻であり母であるとの彼の確信に変わりはなかった。クロード・アモンは、渋沢が海外を旅行したことで女性教育におけるプロテスタントの倫理観の役割をよりよく理解できるようになったと適切に示唆している[9]。しかしそのプロテスタントの倫理観は、日本はもちろんのこと、ヨーロッパであろうと北米であろうと、女性の社会的役割の中核は家庭での責任を果たすことであるという基本的な考え方に固く根ざしていたことを忘れてはならない。女性の教育に対する渋沢の発展的な支援は、教育を向上させることによって女性が社会の貴重な一員、国民として貢献するために重要な家事責任をよりよく果たせるようになるという信念が前提となっていた[10]。渋沢はこの信念を終生貫いたのである。一九二〇年代になって八十歳を過ぎてから、渋沢は一九二四年に設立された女子教育機関である川村女学院の支援者となった。この学園の創始者たちは、女学生たちに「婦人としての責務を果たし、家庭のために、国家のために、奉仕の誠を致したいと思います」という徳目を教え込んだ[11]。この基本的な考え方は渋沢の家庭生活の指針でもあった。一八九一年の渋沢家の家訓にある女性の教育に関する規定には、女性は貞淑で清らかで、優雅で気品があり、従順で、家庭に貢献することに几帳面であるように育てるべきであると記されている[12]。渋沢の女子教育、特に女子高等教育への支援はこのように限定的であり、多くの点で曖昧さを含んでいた。彼は女性教育の重要な推進者であったが、島田昌和が指摘したように、女性の高等教育は社会が適切に機能するために必要な女性の生来の美徳を損なう危険性があることも懸念していた。[13] 見城悌治が指摘するように、渋沢のアプローチは男女の権利の間に大きな格差があることを事実上認めたものであり、理想とは程遠いものであった。[14]

時間、場所、および西洋との比較の重要性

渋沢が女子教育に関して時間と場所の重要性を強調したのは、一九〇六年に日本女子大学の学生たちの前で行った演説の中で明確に表現されている。渋沢は「時をよく知る」ことを勧め、「世の中の時代がいかがなるありさまであるかを知る」ことの重要性を強調した。そして、自国のこと、歴史、習慣、将来、そしてその中での女性の役割について知ることが大事であると力説した。[15] 彼は、当時の日本の社会状況は複雑であり日本人の生活環境も同様に複雑であり、さらに複雑になっていく可能性が高いことを認めた。しかし彼は、この複雑さは逆に、女性が直面する状況に対処するためにはより鋭い知性、つまりより多くの教育が必要であることを意味すると主張した。「これからの婦人は明敏になる頭脳、強き記憶力、固き信念を以て自分の常に説く共同奉仕の責任を果たすだけの者でなければならぬ」[16]。渋沢によれば、あらゆるレベルの教育を受ける女子学生自身が、自分たちが学び、生活している環境を十分に認識することが極めて重要であった。女子教育の性質はその時々に必要とされるものと一致しなければならないというこの基本原則に内在するのは、女子教育は決して固定的で不変のものではありえないという認識であった。いかなる特定の時点においても、それはその時々の状況や実勢によって形成されなければならなかった。常に変化し続ける国の要請に適応しなければならなかった。もちろん、渋沢が女子教育機関における適切なカリキュラムの内容に関して強い考えを持っていなかったわけではない。これまで見て

きたように、彼は「良妻賢母」の原則に強くこだわり、新しい知識と既存の知識、習慣や道徳との望ましいバランスについて、はっきりとした意見を持っていた。しかし、それは渋沢が日本の女性が西洋の女性と同等の教育を受けることがますます重要であると考えていたことをも意味している。

国際比較と日本の国際交流を重視する姿勢は、渋沢の公的な発言の多くにはっきりと表れている。先に述べたように、渋沢は一八八八年に設立された女子教育機関である東京女学館と密接な関係にあり、資金集めや諮問委員を務めるだけでなく、晩年はその運営に携わることもあった。東京女学館は十一歳から女子を受け入れ、当初は英国国教会の七人の宣教師によって英語で教えられていた。[17] この教育機関は当初から国際的な側面を持ち、それは他の多くの初期の女子教育機関とも共通していた。この東京女学館の創立から十年余りを経た一九〇〇年、渋沢は次のような声明を発表している。渋沢は、東京女学館の重要な目的は「日本婦人をして欧米の婦人の享有する所と同等の教育および家庭の訓練を受けしむること」であり、それは日本の国際的な知名度を高めるのに役立つだろうと述べている。[18] 女性の教育レベルの向上は、西洋人との交流の新たな機会を提供し、そのような交流の成功に不可欠であったのである。

渋沢は、一九〇八年十月に行われた東京女学館創立二十周年記念講演の中で、日本社会の伝統的な性別区分のゆえに、従来、経済活動やその他の「外」の活動に参加するのは男性であり、女性はこうした生活領域にほとんど関与してこなかったことに遺憾の意を表明した。渋沢によれば、これは事実上、人口の半分がどうでもいい存在であるかのように振る舞っていることを意味していた。ここ数十年の間に状況は徐々に改善されたとはいえ、日本の女性はアメリカやヨーロッパの女性たちに比べるとまだまだ遅れている、と述べる。もちろん、渋沢は北米やヨーロッパで起きていることすべてを肯定していたわけではない。彼の曖昧な感情は、日本が「男尊女卑」のゆえに批判されてきたのに対して、欧米の一部の国々は「男卑女尊」と呼ばれるような、日本とはほとんど正反対の状態にあると示唆したことにあらわれている。しかし、いずれにせよ、日本女性の立場の変化は認められなければならず、それは日本女性が海外で彼女たちと同等の高等教育を受けた女性たちと相まみえて同様にふるまうためには国内外の社会についてより多くの知識を必要とすることを意味していた。[19] しかし、このような知識の習得も、その知識そのものが「婦人の道」に沿って適切に使用されなければ、無駄になってしまう、という。本当の学問とは、日常生活に必要な学問だったのだ。「学問というのは即ち日常の行いが学問で〔……〕学問と事実とは始終一致すべきものである。学問即ち事実である、実務が即ち学問である〔……〕この学校で学ぶことは即ち貴女方が実務に就くべき準備である」。この最後の命題は、おそらく重要なのは学問の内容そのものではなく、むしろその知識がどのように吸収され、どのように使われ、他の分野の本質的な知識とどのように組み合わされるかという渋沢の懸念に関連していた。女性が地球の地理について知っているのは大いに結構だが、自分の家の間取りや大きさについて無知であれば、ほとんど役に立たないだろう。物理や化学の知識があっても、味噌の作り方やたくあんの漬け方を学ぶ女性には何の役にも立たない、と彼は訴えた。[20]

それから何年も経った一九一七年、渋沢は日本女子大学の学生を前にして、女子高等教育の必要性について当初は疑問を抱いていたことを認めた上で、女子高等教育が西欧を最も進歩した諸国にしたものだと述べている。「欧羅巴の最も進歩したもので、私も賛成した一人であります」。しかし、日本女子大学のシラバスは「実情に沿った」結果をもたらすものでなければならなかった。すなわち「婦徳」と「高い知識」を備えた卒業生が「立派な婦人」になるということである。[21]

女子教育に対する欧米人の見解の中で渋沢の心を打ったのは、一八六九年から一九〇九年までハーバード大学の学長を務めたチャールズ・ウィリアム・エリオット (Charles William Eliot) であった。エリオットは女性の高等教育を強く支持したわけではなかったが、日米の女子教育の著しい格差に渋沢の目を向けさせた。このことは、日米関係の将来にとって女性教育が不可欠であるという渋沢の信念を強めた。「婦人の教育程度が両国にとって非常に違っているのですが、どうしても両国親善は婦人の手によってなさるべきでありますから、大いに教育を高めていただきたいものです」[22]。日本女性とその教育に対する西洋の意見が渋沢に与えた強い影響は、一九二四年の日仏会館設立のわずか数年前、一九二〇年に日本女子大学で行った別の講演にもはっきりと表れている。この講演の中で、彼はアメリカの大手銀行家トーマス・ラモント（Thomas Lamont）の妻フローレンス・ラモント（Florence Lamont）との出会いについて明確に言及している。フローレンス・ラモントはスミス・カレッジを卒業し、コロンビア大学で哲学の修士号も取得していた。フローレンスは渋沢に、自分の世代の女性で大学に行った者はほとんどいないと語っていた。少なくとも大学教育を受けた者は口うるさく破壊的で、「ハイカラ」とでも呼ぶべきものだという世間一般の認識があったからだという。しかし彼女自身は、女性が社会で責任を適切に果たすためには十分な教育を受けなければならないという信念があり、そうした批判を無視して勉学に励んできた。このような見方は、日本女性が家庭内の「務め」の制約の中でさえ、与えられた社会的役割を十分に果たすためには教育が必要だという渋沢の考えを裏付けるものであった。しかし、西洋人女性の行動に関する曖昧さは残った。同じ講演の中で渋沢は、あるアメリカ人女性ジャーナリストと対立したことがあり、その女性ジャーナリストは渋沢が一部の女性の非常に利己的だと思われる振る舞いを嫌っていることに異議を唱えたと述べている。「自分は先般米国に行った時に、ある新聞の婦人記者と婦人のことについて議論し、米国婦人のように亭主に靴を脱がせたり荷物を運ばせたり、勝手気儘に降り舞ふのは大嫌いだと言ったところが、その記者は躍起となって自分に反対し大議論をして、とうとう食事の時間を一時間も遅らしたことがあった」[23]。渋沢は、出会った外国人たちのこれらの見解の多くに強く反対したかもしれないが、彼らの意見に耳を傾ける用意はあり、日本と西洋との比較はこの問題に関する彼の思考にとって強力な助けとなった。

このように渋沢は、女性による新しい知識の習得はこの国の将来にとって不可欠であると認識していたが、他の伝統的な長所や美徳を犠牲にしてはならないと強く感じていた。日本女子大学校を創立した直後、渋沢は、女子に高等教育を与えることが将来の義理の両親の気に入るものとなるかどうかについて大きな疑問を持っていたことを告白している。[24] 特に晩年の彼の発言の多くは、女子教育が過度に学問に集中し、必要な精神的・道徳的側面が欠けていることを懸念していたことを示している。多くの日本の女子生徒たちは、外国の歴史や地理についてはよく知っているが、自分の国や伝統についてはあまりに知らなさすぎると渋沢は繰り返した。渋沢はまた、いわゆる「モダン・ガール」や女性運動の台頭によって特徴づけられる一九二〇年代の社会的傾向についてより幅広い懸念を表明し、女子学生たちに彼の懸念を理解するように求めた。彼が当時八十歳代になっていたことを考えれば、こうした新しい潮流への懐疑は驚くべきことではないかもしれない。一九二六年三月の東京女学館での講演で、渋沢は聴衆に向かって次のように自らの懸念を述べている。「想フニ現今社会ノ状態ハ漸ク堅実ノ美風ヲ捨テ、浮華ニ流レ虚栄ヲ衒フノ傾向ヲ来サントス、是レ一ハ邦家ノ為メ一ハ家庭ノ為メ大ニ警戒ヲ要スル所ナリ、諸子ハ克ク意ヲ此等ノ諸点ニ注キ、世ノ風潮ニ眩惑セズ着実穏健ノ志操ヲ確守」なければならない。[25] 要するに、彼は女性教育には知識と徳の両方が必要だと強く感じており、日本の若い女性が多くの情報や知識を受け取る一方で、倫理や道徳の指導が不十分であることに深い憂慮を何度も表明していた。彼は一九二四年に、そのような指導は一般教育だけでなく、高等教育機関でも必要であると日本女子大学で学生たちに語っている。「事実婦人の教育も今日は知識教育に傾いて精神教育を重んじない傾向がだんだん著しくなってきた」[26]。この点でも西洋との比較が決定的に重要なものとして残っていた。渋沢は、アメリカの子供たちが日曜学校や教会で教育を受け、母親から実践的な問題を教わるという事実を強調した。対照的に、日本にはそのような信仰に基づく教育はないと渋沢は指摘したのである。

結びにかえて

最後に、一九一一年に日本を訪れたベアトリス・ウェッブに話を戻そう。彼女と夫シドニーは日本社会が好きであることを前提に来日し、それまでの四十年間に日本が成し遂げた偉業に驚嘆した。「このような素晴らしい業績を可能にしたのは、日本人の性格である。日本人の並外れた理想主義、あるいは神秘主義は、そのすべてを貫く畏敬の念に現れている……それは、日本における驚くべき愛国心と自己犠牲の精神に見られ、慎重な計画、粘り強い努力、現在を未来に従属させるという驚くべき能力を伴っている」[27]。日本人は「事実、おそらく世界で最も実行力のある人種であり、目的のために手段を発見する能力のある人種である」。ベアトリスは、日本は慈悲深い権威と効率性を兼ね備えた「ネオ・フェビアン主義者」であると示唆した。悲しいかな、日本初の女子大学を訪問し、日本のエリートやその妻たちからさまざまなもてなしを受けたにもかかわらず、この称賛はジェンダー問題には及ばなかった。ベアトリスは日本の女性のことをあまりよく思っておらず、「人形」「重労働農民」「織物工場で奴隷として働く労働者」「檻に入れられた売春婦」などと軽蔑的に呼んでいた。彼女は「そのような尊敬を抱かせないように見える唯一の人物は、女性と僧侶である」と指摘した[28]。もちろん彼女の見解はきわめてヨーロッパ中心主義的であり、人種差別的ですらあった。同世代の他の人々と同様、彼女は国家と民族の世界的なヒエラルキーという概念に賛同しており、その頂点には西欧の列強諸国があった。これが渋沢栄一が人生の大半を過ごした世界であり、彼がさらされた国際的な交流の条件であった。同時代の他の多くの日本人と同様、彼もまた、このヒエラルキーの中での自国の立場を変えようと決意していた。その意味で、彼の女子教育支援は、彼が生きた時代の現実だけでなく、日本に対する外国の認識をも変えようとする試みであった。

（矢後和彦訳）

【原注】

（1）「渋沢栄一日記」明治四十四年十月七日、『渋沢栄一伝記資料』第三九巻、七九頁。

（2）渋沢栄一記念財団編『渋沢栄一を知る辞典』東京堂出版、二〇一二年、七五頁。

（3）Jane Lewis, 'Re-Reading Beatrice Webb's Diary', *History Workshop* 16, Autumn 1983, p. 44.

（4）任夢渓「女子教育の近代化と渋沢栄一――「女大学」から日本女子大学の創設へ」、町泉寿郎編著『渋沢栄一は漢学とどうかかわったか――「論語と算盤」が出会う東アジアの近代』ミネルヴァ書房、二〇一七年、一五〇、一五四頁；Claude Hamon, *Shibusawa Eiichi (1840-1931) : Bâtisseur du Capitalisme Japonais* (Maisonneuve et Larose, 2007), p. 164；宮本又郎編著『渋沢栄一――日本近代の扉を開いた財界リーダー』ＰＨＰ、二〇一六年、三五六頁。

（5）「女優養成所開所式」『竜門雑誌』第二四四号、第七〇―七一頁、明治四十一年九月、『伝記資料』第二七巻、四三六―四三八頁。

（6）川村女学院鶴友会編『講演集』第四輯、昭和四年九月刊、昭和四年七月十七日、『伝記資料』第四五巻、八三頁。

（7）Proposition de Loi sur l'Enseignement Secondaire des Jeunes Filles présentée par M. Camille Sée, in *Lycées et Collèges de Jeunes Filles : Documents, Rapports et Discours* (4th edition, Paris: Léopold Cerf, 1880), p. 61, available at https://www.senat.fr/connaitre-le-senat/lhistoire-du-senat/dossiers-dhistoire/les-lois-scolaires-de-jules-ferry/les-lois-scolaires-de-jules-ferry-la-loi-du-21-decembre-1880-sur-lenseignement-secondaire-des-jeunes-filles.html

（8）Loi Camille Sée, 21 décembre 1880, at https://www.lelivrescolaire.fr/page/31336643 の第五条。

（9）Claude Hamon, *op. cit.*, p. 167.

（10）任夢渓「女子教育の近代化と渋沢栄一」前掲論文、一五〇、一五四頁。宮本又郎編著『渋沢栄一』前掲書、三五六頁。Claude Hamon, *op. cit.*, p. 164.

（11）同院鶴友会雑誌部編『川村女学院十年史』、昭和九年五月刊、『伝記資料』第四五巻、八五頁。

（12）渋沢史料館『「女大学」から女子大学へ――渋沢栄一の女子教育への思い』渋沢史料館、二〇〇二年、一八頁。

（13）「女子のあるべき姿を求めて」、島田昌和編『原典で読む　渋沢栄一のメッセージ』岩波書店、二〇一四年、七六頁。

（14）見城悌治『渋沢栄一――「道徳」と経済のあいだ』日本経済評論社、二〇〇八年、一二八頁。東京女学館ウェブサイト https://tjk.jp/mh/ も参照。

（15）「女子のあるべき姿を求めて」、島田昌和編『原典で読む　渋沢栄一のメッセージ』前掲書、七八頁。

(16)「女子と高等教育」『竜門雑誌』第三八三号、大正九年四月、『伝記資料』第四四巻、六三〇頁。
(17) Claude Hamon, *op. cit.*, p. 165.
(18) 見城悌治『渋沢栄一――「道徳」と経済のあいだ』前掲書、一二八頁より引用。
(19)「東京女学館創立二十年紀念祝典に於ける演説」(十月三十日)『竜門雑誌』第二四七号、一五―二一頁、明治四十一年十二月、『伝記資料』第二六巻、八六九―八七〇頁。
(20)「東京女学館創立二十年紀念祝典に於ける演説」、同前、八七二―八七三頁。
(21)「例外に対する杞憂もあり」『家庭週報』第四一六号、大正六年五月一日『伝記資料』第四四巻、六〇三―六〇四頁。
(22) 川村女学院鶴友会編『講演集』第四輯、昭和四年七月十七日、一〇三―一〇七頁、昭和四年九月刊、『伝記資料』第四五巻、八三頁。
(23)「女子と高等教育」『竜門雑誌』第三八三号、大正九年四月、『伝記資料』第四四巻、六二九―六三〇頁。
(24)「女子のあるべき姿を求めて」、島田昌和編『原典で読む　渋沢栄一のメッセージ』前掲書、八〇頁。
(25)「告辞案」大正十五年三月三十日、東京女学館書類(一)、『伝記資料』第四五巻、三一頁。
(26)「世に出てゝ指導者たれ」『家庭週報』第七四二号、大正十三年四月一日、『伝記資料』第四四巻、六五二頁。
(27) Beatrice Webb Diary of 18/11/1911, cited in Lisanne Radice, *Beatrice and Sidney Webb – Fabian Socialists* (Macmillan, 1984), p. 189.
(28) Norman & Jean MacKenzie, ed., *Diary of Beatrice Webb*, vol.3, 1905-1924 (Virago, 1984), pp. 165, 172-173.

第四章　国際協調への取り組み

クローデル、渋沢栄一、日仏会館

ミッシェル・ワッセルマン

広くそう思われているのとは違い、東京の日仏会館の建設計画はポール・クローデルのアイデア豊かな頭脳から生まれたものではない。クローデルが駐日フランス大使としての任期中にこの計画を実現し、日仏会館が彼の外交官としてのミッションの象徴になったのは事実であるが。

実際には、日仏会館のアイデアは親仏派エリートの組織である日仏協会に由来する。一九〇九年に設立された日仏協会は、明治期を通し英語やドイツ語に比してその影響力に大きな陰りを見せたフランスの言語と文化にふたたび輝きを与えようとしたのである。一九一四年に着任した、クローデルの二代前のフランス大使ウジェーヌ・ルニョー（Eugène Regnault）は日仏協会の要望を提言としてパリの外務省に伝えたが、第一次世界大戦のあいだ、この計画は休眠状態におかれた。しかし、一九一九年にフランス外務省と公教育省は、大戦中に英仏の連合国側でドイツと戦った日本との知的接近をはかるため、リヨン大学区長のポール・ジューバン（Paul Joubin）とリヨン大学の東洋語教授モーリス・クーラン（Maurice Courant）から成る大学使節を東京に派遣する。ミッションの目的は、ルニョー大使が提言した「フランス学院（Institut français）」の東京での建設可能性を調査することだった。

「フランス学院」は、二十世紀初めにフィレンツェ（一九〇七）、ロンドン（一九一〇）、サンクトペテルブルク（一九一二）、マドリッド（一九一三）とヨーロッパ各地に開設されたフランス語フランス文化の教育普及機関である。しかしリヨン大学使節は、フランス語で高等教育を受けるだけの語学力をもった公衆が日本には欠けている現実を確認し、展望を逆転させて、ローマやアテネのフランス学院（Écoles françaises de Rome et d'Athène）をモデルに、フランスの若手東洋学者を養成するための滞在型研究機関の設置を提言する。大学使節はこの提言を、使節を迎え入れ相談に乗ってくれた実業界の長老渋沢栄一に手交して帰国する。

大学使節に協力を約束した渋沢は、一九二一年三月に日仏協会の中に日仏協同機関の設立を準備する七人から成る委員会を組織する。同年十一月に東京に着任したクローデルは、設立すべきフランス文化機関に教育機能を追加し、いわばルニョー構想とジューバン構想を統合した「フランス会館（Maison de France）」構想を日本側に提示する。日本のフランス語教育が旧式であることを確認したクローデルは、将来会館に留学して滞在する研究員が「個人の研究を行うだけに満足せず、教育活動も行い」、それぞれの分野における研究の現状を伝え、日仏双方の若手エリート間に「親しい密接なコンタクト」を打ち立てるべきだと考えた[1]。

日本インドシナ間の関税問題という障害

フランス側の政治的意図と渋沢が実業界でもつ人脈による資金力を合わせ、この文化協力プロジェクトの前途は開かれたと思われた。作家クローデルの外交官としての経歴はそれまで経済商務担当だったので、これは文化の分野で初めて取り組む大きなプロジェクトだった。しかし、このプロジェクトには、文化とは無関係に見える乗り越えがたい障害があった。日仏間に十年ほど前に結ばれた通商協定は、日仏相互に最恵国待遇を与えていたが、仏領インドシナは除外されていた。インドシナのフランス商工会は、すでにインドシナ市場に溢れている日本の安価な工業製品のさらなる進出を警戒していたからである。この問題を重視した日本政府は、インドシナを日仏通商協定から除外する措置にたえず抗議しており、一九二二年八月に渋沢が外務大臣と文部大臣を訪ね、会館建設への政府の後援と補助金を申請したとき、回答を先送りされた。政府の後援と補助金の約束がなければ、プロジェクトは先に進まない。

ところが同じ一九二二年に、有力な貿易商社数社から成る団体「インドシナ友好協会」が設立され（会長は貴族院議員の黒田清輝子爵）、関税問題解決のため同協会による翌年のインドシナ総督モーリス・ロン（Maurice Long）の公式訪問が決定されると、帝国政府の態度は軟化する。ところが訪日計画の前にロン総督は病気で亡くなる。そこで後任総督のマルシャル・メルラン（Martial Merlin）が、公には一九二三年九月の関東大震災の弔問のため、実際には関税問題に関する交渉を再開するため訪日することになり、総督の訪日は翌二四年五月に実現する。

渋沢栄一を代表者として文部省に申請した「財団法人日仏会館」の設立が、一九二四年三月七日（まさに本シンポジウム初日が百周年にあたる）に許可される。政府から補助金三万円が下付され、渋沢が財界から集めた寄付金が五万五千円に達する。「煙草王」と呼ばれた富豪実業家の村井吉兵衛が所有する、赤坂山王台の広壮な屋敷が、一九二五年一月から無償で会館に貸与されることが決まる（その敷地には現在日比谷高校が建っている）。クローデルが一時休暇で帰国する前の一九二四年十二月十四日に、閑院宮殿下の主催、加藤高明首相以下主要閣僚隣席のもとに、日仏会館の開館式が行われる。このとき村井邸はまだ帝国復興局が使用していたため、開館式は日本工業倶楽部で行われたのだった。開館式での演説は外交官クローデルの演説の白眉であり、職業上の深い満足感を表現していた。

着任から三年を経過したクローデルには、日本とインドシナ間の関税交渉の展望を開き、東京のフランス文化機関建設計画を実現した実績があった。遠隔地に勤務する外交官に与えられる職務規定上の一時帰国によって、クローデルは往復の船旅を含めて十三カ月間日本を離れる。しかし実際にはクローデルに、ジャポニスムの環境の中で育った子供時代から憧れた日本に帰任する考えはなかった。一九二四年四月の国民議会選挙で「左派連合」が勝利し、クローデルを日本に任命したアリスティッド・ブリアン（Aristide Briand）とその一派がケードルセ（仏外務省）のトップに返り咲いていた。クローデルは、震災という特に困難な条件の中で十分な実績を挙げたという思いから、当時トップクラスの外交官が狙っていた、二国間関係がセンシティヴなポスト、駐ベルリン大使に任命されることを望んでいた。クローデルは帰国中の一年間、そのための運動をするが、資格上はまだ駐日大使であり、駐日大使の職責として日本インドシナ関税交渉のフランス代表団の長を務め、かつ七月二十九日に外務省対外事業部で開かれた日仏会館パリ委員会の座長を務めた。日仏会館パリ委員会には日本側から石井菊次郎大使の代理として横山一等書記官が参加していた。委員会で決まったことは、その議事録によれば[2]、日仏会館に派遣する「フランスの一流の学者」はディレクターとして最低一年滞在し、最低三年滞在して日本の言語と文化の諸側面を研究する四人の「高い教養をもつ若手」研究員を指導すること。「委員会は（委員会に参加している）高名なインド学者シルヴァン・レヴィ（Sylvain Lévi）が一九二六年春から一年間、新しい財団の指導を引き受けたことを『感謝の念をもって』確認し、レヴィ氏が着任するまでフーシェ氏が一九二五年の冬から臨時ディレクターを務める」ことである。アルフレッド・フーシェ（Alfred Foucher）はソルボンヌの仏教考古学教授で、その時アフガニスタンで発掘調査にあたっていたが、直接日本に向かうことになった。

日本の法律に基づいて設立された財団法人は、現地メセナの厚意により提供される村井邸に入居する。その財源は帝国政府の補助金と民間から集めた寄付金である。日仏会館パリ委員会は、東京の日仏会館のトップにフランスの碩学を任命し、この決定を在仏日本大使館の代表は承諾したものと思われる。

一九二五年十二月にクローデルは、ベルリンのポストが空くのが遅れたため、日本に帰任することになる。実際には、ここでは詳しい理由は省くが、ケードルセ（仏外務省）にはクローデルを駐独大使に任命するつもりはなかった。

ベルリン赴任は叶わなかったものの、その代わり、クローデルは一年後にワシントンに任命され、大正天皇の大葬に参列したあと、一九二七年二月に離日する。駐米大使在任中はブリアン派の外交官として、戦争の違法化を定めたブリアン＝ケロッグ協定（一九二八）の締結に貢献し、経済のエキスパートとして一九二九年の恐慌を予見し、その余波の知的フォローを行なった。

「双頭の構築物」日仏会館

一九二六年に話を戻して、クローデルが日本に帰任する船旅でシンガポールに寄港していた二月八日に、日仏会館パリ委員会はふたたび会合を開き（今回は座長の明記なし）、前回会合での決定事項に対する日本委員会の「所見」を検討した。

日本会館理事会トップのクローデル宛一九二六年七月二十四日付によれば、日本側は「日本委員会〔日仏会館理事会〕の予算とフランス側パリ委員会の予算は、会館の通常業務の管理と執行と同様、それぞれ独立であるべき」としていた[3]。

二六年二月八日のパリ委員会で、「日仏会館の管理運営責任は分割できない」と考えるシルヴァン・レヴィは、日本大使館の横山代表に「日本委員会はパラレルな二本立ての管理運営組織を考えているのか」と質問すると、横山は「日仏会館はただひとりのディレクターによって管理運営されるはずだ」と答える。フランスの対外文化教育政策を統括する対外事業部のジャン・マルクス（Jean Marx）課長は、「パリで近く建設されると期待する仏日会館[4]が日本人ディレクターひとりによって、フランス人秘書の補佐を得て管理運営されるのと同様に、東京の日仏会館のディレクターはフランス人で、日本委員会が任命する日本人の秘書によって補佐される」と発言する[5]。

議事録には「委員会は全会一致でこの意見に賛成し、東京の委員会にその方向で書き送ることを決定した」とある。ところが、奇妙なことに、議事録の結論は、それとは異なる組織原則を、何の根拠もなく（単なる不注意による誤記だろうか？）定めている。曰く「日仏会館は、フランス人ディレクターによって、フランス人の秘書と日本人の秘書の補佐を得て管理運営される」(6)。こうした全体は、アバウトで、即席と誤解の不愉快な印象を与える。横山書記官の発言（「ただひとりのディレクター」）もどう解釈すべきか不明である。

通常のやり方とは違って、パリ委員会は会議の議事録を、フランス大使館を通さず、直接日本委員会に送付した。日本側が受け取ったのは四月三十日より前であることは確かである。一月に臨時のディレクター代理として着任したアルフレッド・フーシェは、四月三十日付でパリの本省に、パリ委員会の議事録が日本側理事会の「感情を逆撫でしている」と報告しているからである(7)。

日本側理事会は何はともあれ時間をかけて公式の返答を認め、七月二十四日付でクローデルに送付する。中禅寺湖畔の大使館別荘で数日来ヴァカンスを過ごしていたクローデルに、日仏会館「ディレクター」の肩書きの渋沢栄一（実際は日仏会館理事長）と、二人の副理事長、フランスに留学した工学博士の古市公威と法学博士の富井政章が「サブディレクター」の肩書きで署名した激しい抗議の書簡が届けられる(10)。三人の主張はこうである。世界各地にある「もっぱらフランスの資金で建設されたフランス会館がフランス人によって運営され維持されるのは当然でしょう」。しかし「日本側の資金で設立され維持される日仏会館の場合はそうではありません。〔……〕したがって」、と署名者たちは過度の表現上の配慮なしに、「フランス委員会によって任命されるディレクターは、もっぱら日本側理事会が責任をもつ日仏会館の予算と運営に関する問題に介入することは避けていただくことが望まれます(8)」。

クローデルはパリ委員会の不手際に憤り、二七年一月十日付本省宛公信で「私どもの頭越しで日本側に伝えられた嘆かわしい議事録(9)」を非難する。しかしパリ委員会としては、前年七月の最初の委員会で大使自身が座長の権限をもって担保した決定を明示的にして再録したに過ぎない。

容器（contenant）と中身（contenu）

何はともあれクローデルは即刻対応に乗り出し、二日後には中禅寺の別荘から、会館の執行常務理事の木島孝蔵宛に論点整理の書簡を送り、その中でクローデルは、パリ委員会の論拠の弱さを率直に認める。「パリ委員会の日仏会館の運営についての理解には誤解があったと思います。帝国政府と日本委員会が運営予算を拠出する日仏会館の運営に、フランスから派遣されるディレクターが介入する権限も手段ももたないのは、まったく明らかなことです」。しかしながら、他方で「両国間の精神的関係の振興をはかる文化施設である日仏会館の知的学術面での管理が、日本委員会の干渉を受けずに行われるべきであることも、よく理解していただかねばなりません。〔……〕財団の物質面での運営費用が日本側によって賄われるのと同様に、寄宿研究員とディレクターの俸給はフランス側が支出するのですから。〔……〕／したがって日仏会館には、容器（contenant）と中身（contenu）という区別すべき二つのものがあります。容器とは、日仏会館の建物と、その中で行われる活動を支える物理的器官であり、中身とは、会館の設立目的を実現するためフランスから派遣される学術スタッフであります。容器は日本人によって管理運営（administrer）され、中身はフランス人によって指揮（diriger）されます[10]」。

この区別を明示した上で大使は、帝国政府に提出された定款には「フランス人ディレクターと日本側理事会代表」それぞれの責任が何ら明確に定義されていないとし、日仏双方の責任者の「権限と権威」を明確にする方向で定款の変更可能性を検討し、それぞれに与えるべき地位名称（肩書き）を決めるよう理事会に求めた。彼はさらに、フランス人ディレクターは理事会の正規メンバーとして考慮されるべきであるとした。

そのあとクローデルは中禅寺から戻り、七月三十日、日仏会館での日本側との会合に参加する。この会合で、日仏両委員会の間の「連携と協調を確保する」ため以下の点が合意される。一つには、「東京の理事会にはフランス側の代表二名が席を占め、同様にパリ委員会には日本側の代表二名が席を占める」こと。もう一つは、「フランス人ディレクターはフランス人寄宿研究員（pensionnaire）の研究を指導し、日本側の理事長、副理事長、常務理事から成る常務会の合意のもとに、会館の講演会、会合、展覧会、出版などのプログラムを立てること」である。(11)

フランス側の大使と、日仏会館を「双頭の構築物(12)（œuvre à deux têtes）」と呼んだシルヴァン・レヴィが、このような玉虫色の解決に満足したかどうかは定かではない。会館のフランス側責任者が日本側常務役員(二)と共有しない特権は、研究ディレクター（directeur d'études）としての権限だけになった。

他方クローデルは、数カ月前から、大阪商業会議所会頭の稲畑勝太郎とともに、関西日仏学館の建設計画に取り掛かっていた。日仏会館で経験した困難に懲りて、京都の新しい機関に二つの自律的組織が並び立つことを避けるべく工夫した。一九二六年十二月に日仏学館の母体となる日仏文化協会（Société de Rapprochement intellectuel franco-japonais）の設立総会が開かれるが、理事会メンバーは日仏半数ずつとされ、理事長は駐日フランス大使とされた。関西日仏学館は、クローデルが次の任地ワシントンに向けて離日した半年以上あと、一九二七年十一月に京都の九条山にオープンする。その管理運営はフランス人ディレクターに一元的に任された。

東京の日仏会館の運営体制についてはスタートで誤解があったが、誤解はなかなか解消されなかった。第二次大戦中に会館のフランス学長だったフレデリック・ジュオン＝デ＝ロングレ（F. Joüon des Longrais）が「昔の回想」で引用するある辛口のフランス人老大使は、「クローデルの許しがたい過ち」と呼んだという。(13)この誤解は、日仏会館の中で協力していくべき二つの組織の関係の上に、構造的な形で長く尾を引いた。(三)

（三浦信孝訳）

【原注】

（1）《Note sur la Maison de France de Tokyo》（東京フランス会館に関する覚書）、一九二一年十二月、日仏会館史料。

（2）《Texte des résolutions adoptées par le Comité français de la Maison franco-japonaise le 29 juillet 1925》（一九二五年七月二十九日の日仏会館フランス委員会決議文書）、日仏会館史料。

（3）一九二六年七月二十四日付、渋沢栄一・古市公威・富井政章からクローデル宛、日仏会館史料。

（4）一九二九年五月に完成オープンするパリ国際大学都市の日本館 Maison du Japon を指すが、この時はまだ構想段階だった。

（5）《Réunion du Comité de la Maison franco-japonaise》du 8 février 1926,《Procès verbal》（一九二六年二月八日の日仏会館パリ委員会議事録）、日仏会館史料。

（6）同前。

（7）《Rapport sur le premier trimestre 1926》（一九二六年第一四半期報告、アルフレッド・フーシェから外務省宛、フランス外務省史料）。

（8）一九二六年七月二十四日付、渋沢・古市・富井連名のクローデル宛、日仏会館史料。

（9）一九二七年一月十日付、クローデルから本省宛、フランス外務省史料。

（10）一九二六年七月二十六日付、クローデルから木島孝蔵宛、日仏会館史料。〔この書簡は Jacques Robert,《Paul Claudel et la Maison franco-japonais》,『日仏文化』二三号（一九六八年三月）で初めて公開された。なお、動詞 administrer と diriger の使い分けは、「容器」を管理運営するのが日本人で、「中身」を指揮するのがフランス人であることを示す上で巧みである。〕

（11）一九二六年七月三十日の合意、日仏会館史料。

（12）《La Maison franco-japonaise de Tokyo》, *La Revue de Paris*, septembre-ocotobre 1928, p. 418.〔シルヴァン・レヴィ「東京の日仏会館」『日仏文化』九三号（二〇二四年四月）、六六頁。〕

（13）Frédéric Joüon des Longrais,《Souvenirs d'antan》,『日仏文化』三〇号（一九七四年三月）、五九頁。

【訳注】

（一）渋沢が日仏会館の理事長、古市と富井が副理事長であるにもかかわらず、渋沢が「ディレクター」、古市と富井が「サブディレクター」として署名しているのは、パリ委員会が「日仏会館は、フランス人ディレクターによって、フランス人の秘書と日本人の秘書の補佐を得て管理運営される」と通告してきたことに反論するためとも考えられる。

（二）　原文は « un véritable aréopage »。「アレオパゴス」は古代アテネの長老会・最高法廷のことで、転じて重要人物を集めた賢人会議を意味する。ここでは権威ある学者や企業家から成る日仏会館常務役員会を指す。クローデルの要求により、フランス人ディレクターは日仏会館理事会の一員として、会館の運営に参加することになった。

（三）　本稿はミッシェル・ワッセルマン『ポール・クローデルの黄金の聖櫃』（三浦信孝・立木康介訳、水声社、二〇二二年）の第一章「日仏会館」の要約になっている。なお、日仏会館の Directeur français の日本語正式名称は「日仏会館フランス学長」とすることが、一九三一年にクローデルの二代後のド・マルテル大使と日仏会館の渋沢理事長の間の交換書簡で合意されたが、長く「館長」と呼ぶ慣習が続いた（ベルナール・フランクと彌永昌吉の共著「日仏会館の歴史、目的および活動」『日仏文化』三一号（一九七四年七月）、一五三頁を参照）。それに対し、関西日仏学館の Directeur は設立当初から「館長」と呼ばれていた。「容器（contenant）と中身（contenu）」のクローデル方式は、東京で苦心した経験に学び、京都では容器を提供した日仏文化協会の会長をフランス大使とすることによって、両方をフランス主導で統一したためである。東京の日仏会館は、シルヴァン・レヴィの言う「双頭の構築物」のままとどまった。それを「クローデルの許しがたい過ち」とするかどうかは意見が分かれるところで、クローデルの生誕百年にあたる一九六八年当時フランス学長だった憲法学者ジャック・ロベール（原注10を参照）のように、「詩人大使」の巧みな外交手腕として評価する向きもある。

一九二四年、日仏会館設立と排日移民法の衝撃
――国際連盟協会会長渋沢の世界平和活動

三浦信孝

「日本近代経済の父」と呼ばれる渋沢栄一（一八四〇―一九三一）について書かれた優れた評伝は数々あるが、晩年の渋沢が設立に関わった日仏会館について言及したものは少ない。逆に一九二四年に設立された日仏会館の歴史について書かれた論文や著作も少なくないが、その中で同じ年にアメリカの議会で可決された「排日移民法」の衝撃について言及しているものは皆無である。民間経済外交のパイオニアだった渋沢の「国民外交」に関する著作は日米関係が中心で、排日移民法の成立に至る経緯は詳しく分析されているが、当然そこには日仏会館についての言及はない。

そこで本稿では、百年前の一九二四年が、日仏会館の設立がアメリカの排日移民法の衝撃によって霞んでしまった逆説的な年であり、実業界を引退して「国民外交」に力を注いだ晩年の渋沢が、日仏関係よりも悪化する日米関係の重い課題にどう取り組んだかを明らかにすることを課題にする。日仏会館の設立を日仏の二国間関係だけで論じるのには限界があり、第一次世界大戦で大きく様変わりした世界地図の中で捉え直す必要があるのではないか。これが本稿執筆の動機である。

一　一九二四年の日仏会館設立

本書の元になったシンポジウムの初日三月七日が日仏会館の創立記念日になっているのは、一九二四年三月七日に当時の文部大臣名で申請者の「子爵渋沢栄一外二名」に「財団法人日仏会館の設立が民法第三四条に依り許可」されたからである。「外二名」とは、明治初年にフランスに留学し、パリのエンジニア養成の名門校エコール・サントラルを卒業した工学博士の古市公威男爵と、日本人としてリヨン大学で最初に法学博士号を取得した富井正章（一九二六年に男爵）である。三月十七日に政府補助金三万円が下付され、渋沢が音頭を取って財界から集めた寄付金が八万円に達し、懸案の仮会館として永田町の村井吉兵衛邸内の洋館が無償貸与されることになって、日仏会館の開館式は十二月十四日に丸の内の日本工業倶楽部で、会館総裁の閑院宮の主催により加藤高明首相、幣原喜重郎外相ら政府高官列席のもとで盛大にとり行われた（図1）。(1)

この日の晴れの舞台に理事長の渋沢栄一（八十四歳）は風邪をこじらせたため欠席し、代わりに副理事長の古市公威が、一九一九年のリヨン大学使節の来日から会館設立までの経緯を紹介し、「詩人大使」ポール・クローデル（五十六歳）が、前年の大震災の災禍を乗り越えて会館設立を準備した渋沢以下日本側の努力を讃え、会館のため自邸内の洋館（図2）を提供した村井吉兵衛の厚意に感謝し、会館の前途を祝福した。クローデル大使は日仏会館の名誉理事長に推されている。(2)

リヨン大学使節というのは、第一次世界大戦が終わった翌一九一九年にフランス政府が、大戦で連合国側に立ってドイツと戦った日本との「知的接近」をはかるため派遣した公式使節で、その目的は、東京にフィレンツェやマドリッドにあるようなフランス語フランス文化の普及機関「フランス学院（Institut français）」をつくる可能性を調査することだった。東京に「フランス学院」をつくる構想の元は、大戦中の四年間フランス大使だったウジ

図 1　1924 年 12 月 14 日，丸の内の日本工業倶楽部で催された日仏会館の開館式。前列左端からクローデル，閑院宮，通路を挟んで右側に岡田文相，幣原外相，加藤首相。渋沢は風邪のため欠席（日仏会館蔵）

図 2　赤坂山王台に立つ村井吉兵衛の別邸。日仏会館は 1925 年末から 28 年までこの建物にあった。その後建物は解体され，29 年にそっくり御茶ノ水の地に移築され，1958 年まで使われた（日仏会館蔵）

エーヌ・ルニョーが一九一七年六月に本省に送った「日本におけるフランス学院設立計画」である。[3]リヨン大学使節はそれを受け、大戦の終結を待って日本に派遣されたものである。二人の大学使節が東京に到着したのは、一九一九年一月に始まったパリ講和会議でヴェルサイユ条約が締結された六月二十八日の翌日であることは、偶然とはいえ意味深い。

パリ講和会議の議長はフランスを勝利に導いたジョルジュ・クレマンソーで、その首相在任期間は一九一七年十一月から一九二〇年一月までである。リヨン大学使節団の派遣が決まったのは一九一九年二月だが、一九一八年に戦争大臣を兼ねていた首相が自ら、航空教育軍事使節団のフランスの費用負担による日本派遣を決定しており、約五十名から成るフォール使節団は既に一月に到着していた。[4]フランスはドイツやイギリスに遅れをとっている日本との関係を、一九〇七年の日仏協約を転換点に、大戦での勝利を共有した機をとらえ文化協力と軍事協力の両面で強化しようとしたと考えられる。[5]

リヨン大学区長ポール・ジューバンとリヨン大学東洋語教授モーリス・クーランから成る大学使節は、政府派遣であるだけに原敬首相や中橋徳五郎文部大臣、山川健次郎東京帝大総長、パリ講和会議から帰った西園寺公望に面会するが、使節をまず兜町の事務所に迎え、八月四日に飛鳥山邸の午餐会に招いて相談に乗り、協力を約束したのは実業界の長老渋沢栄一だった。渋沢はこの午餐会に、帝国学士院長の穂積陳重と元大蔵大臣の貴族院議員阪谷芳郎（二人は渋沢の長女と次女の娘婿である）を主人側として、二人の親仏派の学識経験者、すなわち土木工学の権威で日仏協会理事長の古市公威と、帝国大学法科大学教授、学長を経て枢密顧問官だった富井政章、藩閥打倒・憲政擁護を唱える衆議院議員の犬養毅を陪席させている。犬養毅だけは場違いな感じがしなくもないが、犬養が何度も日本に亡命した革命家孫文の庇護者であり、渋沢も孫文と親交があって、大学使節が日本のあと中国にも行くことを知っていたためかも知れない。

しかし一九一九年のリヨン大学使節は現地での調査の結果、東京にフランス語による高等教育機関「フランス学院（Institut français）」を設置する条件は整っていないと判断し、代わりにフランスが学者・研究者を派遣してフランスの学術文化を日本に伝え、同時に若手日本研究者が留学して研鑽を積む滞在型の研究交流機関である「フランス会館（Maison de France）」を提案する。(6)

一九二〇年はフランスで政権交代があって動きはない。ただ、後述するように、渋沢は四月に設立される日本国際連盟協会の会長を引き受け、また三月と四月にはアメリカの西海岸と東海岸から相次いで実業家の代表団を招聘し、数日にわたり懸案の移民問題を中心に日米関係について本音で協議した。(7)

日仏会館の計画が動き出すのは一九二一年になってからである。一月に首相兼外相に帰り咲いたアリスティッド・ブリアンはポール・クローデルを駐日大使に任命する。しかし、三月から八月までの皇太子裕仁親王の欧州巡遊日程に訪仏も組まれており、出発は九月にずれ込む。

他方、日仏協会は三月十四日に臨時会を開いて、渋沢を座長に懸案の日仏文化交流機関について協議し、親仏派の有識者七人を実行委員に任命する。渋沢のほか古市公威、東大宗教学講座初代教授の姉崎正治、東大法学部フランス法教授の杉山直治郎、長くリヨンの日本領事を務め前年帰国した木島孝蔵、リヨン大学法学博士の外交官で一九二三年からパリの日本大使館一等書記官、ついで国際連盟帝国事務局長、さらに国際連盟事務次長の重責を担う杉村陽太郎、そして東大文学部で約三十年間フランス語と文学を教え一九二一年に退職して暁星学園校長になったエミール・エックの七人である。(8)

同じ年の十一月にクローデルが大使として着任し、十二月十七日の日仏協会主催の歓迎晩餐会で、リヨン大学使節のジューバン構想を受け継いだ「フランス会館（Maison de France）」計画を披露し、(9)その一週間後に書面で「フランス会館についての覚書」を日本側に送る。しかし、渋沢はワシントン軍縮会議にオブザーバーとして参加するため十月十三日に横浜を出港しており、翌年一月末に帰国しても渋沢は帰朝報告などで忙しく、二人の出会いはなかなか実現しない。高齢を押して渋沢が四度目の渡米を敢行したのは、移民問題で悪化する日米関係への対処が喫緊の課題だったためである。

英仏対ドイツの間で四年間も続いた第一次大戦後の世界秩序は、国際連盟を中心とするヴェルサイユ体制から、連邦議会上院の反対で連盟に加盟しなかったアメリカ主導のワシントン体制に移っていた。国際連盟を提唱したウィルソンはもはや大統領ではなく、一九二一年にワシントン軍縮会議を召集したのは共和党のハーディング大統領である。会議の狙いは、欧州戦線では戦わずして戦勝国の仲間入りした日本の大陸進出を牽制し、一八九八年の米西戦争の後、ハワイを併合し、グアム、フィリピンを領有していたアメリカが、極東と太平洋に新秩序を確立することだった。

十一月に東京に着任したクローデルの最初の仕事は、ワシントン会議に参加するブリアン首相に「ワシントン会議と日本の軍艦数および中国問題」について詳細な報告を送ることだった。[10]その後クローデルは、海軍の主力艦総トン数の比率を、米・英・日を五：五：三、仏と伊をそれぞれ一・七五とし、アメリカの強い意志により日英同盟の廃棄が決定されて、アングロサクソン・ブロックが日本を「太平洋のロビンソン・クルーソー」と化すワシントン会議の結果を正確に分析している。[11]クローデルはその地政学的分析をのちにパリ講和会議の全権だった西園寺公望と松井慶四郎大使に伝えているが、日英米間の海軍軍縮を歓迎し対米協調を重視する渋沢に共有されることはなかった。

一九二二年十月に実行委員のひとりで東京帝大フランス法教授の杉山直治郎が「日仏会館目論見私案」を文部大臣に提出する。これが《Maison franco-japonaise》という相互的名称の初出だが、クローデルはこの文書を受け取っていながら、二国間の友好関係を象徴する相互的なこの名称をなかなか使わない。渋沢がフランス大使館を訪ねクローデルと日仏会館の計画について面談するのは、ようやく一九二三年一月八日のことである。

一九二三年四月四日に首相官邸で日仏会館設立に関する協議会が開かれ、渋沢はワシントン会議の首席全権だった加藤友三郎首相以下主要閣僚や、古井、富井、姉崎正治ら親仏派の学識経験者や団琢磨、大倉喜八郎ら財界人の協力者約三十人を前に日仏会館の設立計画を説明し、官民の協力体制が確認される。財界人からの寄付金募集が始まり、会館建設計画が軌道に乗り始めたと思われた、まさにその矢先の一九二三年九月一日に、東京と横浜の全域を関東大震災が襲う。死者・行方不明者が一〇万五〇〇〇人、被害額が国家予算の約四倍にのぼる大惨事である。渋沢の震災復興支援とクローデルの罹災者救援活動については、渋沢が唱えた震災は天罰だとする「天譴《てんけん》」論の真意や、朝鮮人・中国人、社会主義者の虐殺を含むクローデルの本省宛震災報告など書くべきことは多いが、ここでは省略せざるを得ない(12)。

実行委員たちは十二月八日に東京銀行倶楽部で協議会を開き、渋沢の「何ぞ震災により挫折すべけんや、ただ時利あらず、しばらく規模を縮小し計画を緊にして進行すべきのみ」との決断により、資金規模を五十万円から十万円に縮小して当初の計画を実行することを評決した。翌年一月二十七日に再び協議会が開かれ、十八人の学者と財界人の設立委員が署名する「日仏会館設立趣意書」が日仏両語で発表される(13)。

一九二四年二月に渋沢、古市、富井の連名で日仏会館の設立許可願いが出され、三月七日に文部大臣から財団法人としての設立を認可される。その日に東京銀行倶楽部で創立委員会が開かれ渋沢が理事長に選出される。政府からの三万円の助成金が下附され、渋沢は財界での人脈を生かし二月に再開した寄付金募集に尽力する。ところが折り悪しく、四月になると渋沢が懸念していたアメリカの「排日移民法」が連邦議会の下院ついで上院で通過のニュースが飛び込んだのである。

二　一九二四年「排日移民法」の衝撃

一九二四年の米国移民法（Immigration Act of 1924）は、ＷＡＳＰ（White, Angro-Saxon, Protestant）中心で建国したアメリカが第一次大戦後増加した東欧・南欧からの移民を制限するため、出身国別に割当て（クォータ）枠を定める一九二一年の「割当て移民法」をより厳しくする法律だった。法案で問題になるのは「帰化権のない外国人は移民として入国を認めない（no alien ineligible to citizenship shall not be admitted to the United States）」という第一三条C項で、アジア人は帰化する権利のない外国人とされ移民割当て制の対象国リストから外された。中国からの移民は一八八二年の中国人排斥法以来禁止されていたから、日本人とは書いてないが日本人を排斥する人種差別的移民法である。

その根拠になったのは、若くして渡米して二十年、バークレーの高校とカリフォルニア大学を卒業してハワイで一家を構える一世のタカオ・オザワ（小澤孝雄）に対し「コーカサス人種（白人）でない」という理由で帰化権を認めない連邦最高裁判所の一九二二年十一月十三日の判決である。この判決が、日本人は人種的に白人ではなく「帰化権のない外国人」とする法的根拠になり、「帰化権のない外国人は移民として入国を認めない」とする一九二四年の排日移民法につながった[14]。一九二四年二月から下院の移民委員会で確定された法案が本会議で審議され、四月十二日に下院で三二三対七一、十六日に上院で七一対四という大差で可決される。

白人の列強と肩を並べる「一等国」になったつもりでいた日本人を中国人と同じ劣等民族扱いする屈辱的な法律として報じられると、日本人の反米感情が一挙に盛り上がり、五月末には米国大使館前で米国大使宛抗議書を懐に割腹自殺する人が現れた。

四度も渡米して実業家や有識者と交流を重ね、なんとか最悪の事態を避けようと努力してきた八十四歳の渋沢の落胆は大きかった。アメリカという国は「建国の当初から正義人道を唱道し、自らその範を全世界に示してきた国」ではなかったか。野心的な一部の地方政治家の所業ならいざ知らず、連邦議会がこのような決定を下すことはありうべからざることに思われた。しかし詳細な報告に接し、一切の事実が判明するに及んで、期待が裏切られ、自分の二十年来の努力が全て水の泡になったことを知ると、四月十七日、帝国ホテルで開かれた汎太平洋協会での例会で渋沢は、排日移民法が改正されるまでは死んでも死にきれないとして涙するが、「願わくはアメリカの大統領が拒否権を行使してもらいたい」と結んだ。

アメリカから手ひどい裏切りを受けて深く傷ついたのは、三度目の訪米から帰った渋沢が一九一六年に設立した「日米関係委員会」に集う知米派、親米派の有識者たちだった。五月二十二日、日米関係委員会は破局を回避するためクーリッジ大統領による拒否権の発動を願って関係者に電信を送るが、二十六日に大統領は法案に署名し新移民法の七月一日の発効が確定する。一八七八年にハーバード・ロースクールを卒業した金子堅太郎は、ルーズベルト大統領と同期で、日露戦争の時はアメリカを回って世論を日本側に引きつけた実力者だが、排日移民法によって「わが事終れり」とし、渋沢が引き留めたにもかかわらず「日米協会」の会長を辞任した。一八九九年に英文で『武士道（Bushido: The Soul of Japan）』を発表し、「我、太平洋の橋たらん」を信条とした新渡戸稲造は、このとき国際連盟事務次長だったが、排日移民法が存在する限り二度とアメリカの土は踏まないと宣言した。日本で最初の英字新聞ジャパン・タイムズ（Japan Times）の主筆を務め、一九二一年のワシントン会議で渋沢に同行した頭元本貞《ずもともとさだ》は、日米委員会を解散してアメリカに抗議の意思を伝えるべきだと主張した。

渋沢は親しいアメリカの友人シドニー・ギューリックに宛てて、「わが国における反動のいかに苦悩に満ち、またいかに深かりしかは申し上げるまでもなく心痛に耐えざるものあり、到底米国人の想像にだも及び難きものありと存じ候」と述べ、また別の友人スタンフォード大学のジョーダン名誉学長には、「従来アメリカが劣等国として遇し来れる国々と同一線上に日本を立たしめんとするは、残酷といわんか、又無礼といわんか、老生は憮然として嘆息せざるを得ぬ次第に有之候」と書き送る。[15]

しかし反米国粋主義の盛り上がりに憂慮した渋沢は、五月二十日の東京銀行倶楽部での演説で「米国における排日問題の沿革」を詳しく説明し、「まだ未来に望みがないわけではないので、なるべく短気を起こされぬようお願いしたい」と呼びかけた。[16]

三　米国における排日問題の沿革

米国における排日問題の沿革をまとめておくならば、米国西海岸で起こった排日運動の発端は、一九〇六年サンフランシスコ市が日本人学童を公立学校から隔離した措置である。アメリカは出生地主義の国だから移民の子供でもアメリカで生まれれば市民権を与えられる（合衆国憲法修正第一四条一項）。移民の子供が公立学校で学ぶのは最良の同化手段のはずなのに、それを拒否するのは明らかに排外的人種差別である。この時はルーズベルト大統領が介入して、日本政府が一九〇七年に結ばれる「日米紳士協定」を守って対米移民を自主規制することを条件に、サンフランシスコ市は日本人学童隔離を引っ込める。しかし一九一三年にカリフォルニア州議会で日本人の土地所有を禁ずる外国人土地法が成立する。渋沢は東京商業会議所内に「日米同志会」を設立し、添田寿一と神谷忠雄をアメリカに派遣して排日法案緩和のために運動させるが、法案は州議会を通過し、日本人の土地所有権と三年以上の借地権が禁止されるに至る。第一次大戦後の一九二〇年十一月には同じカリフォルニア州で日本人の土地所有権のみならず借地権も全面的に禁止する更に厳しい外国人土地法が州民イニシアティヴによるレファレンダム（人民投票）によって成立し、同様の土地法は周辺の諸州にも広がった。

一九二〇年四月に国際連盟協会会長に就任していた渋沢は、一九二一年六月二十五日に東京で開かれた全国商業会議所連合会で行った講演で、歴代内閣の対中国政策を批判したあと、「また亜米利加との関係は如何？」と問うてこう述べている。「加州方面の移民問題は最早十五、六年の歳月を経過しております。紳士協定とても米国人から頻《しき》りに不満を言われるような有様で、段々悪い方に傾きつつあるのでございます。昨年十一月の日本人排斥の国民投票が、すでに多数を以て通過しました」、「斯様に考察して見ますると、今日の我が帝国は実に容易ならぬことではございますまいか」、「各国相接触する世の中に唯政府、否霞ヶ関のみに外交のことを任せておられるものではないと、奮発しなければならぬではございませぬか」[17]。

それから四カ月後の十月十三日、渋沢は東京駅で原敬首相以下閣僚と実業界の重鎮の見送りを受け、日米関係委員会代表としてワシントン軍縮会議にオブザーバー参加すべく、添田寿一、頭本元貞、堀越善次郎らともに横浜から出港する。初の非藩閥系の「平民宰相」として人気のあった原敬が同じ東京駅で十一月四日に刺客の手によって暗殺されるとは、誰も予測していなかった。原首相が任命した全権代表は海軍大臣の加藤友三郎、貴族院議長の徳川家達、駐米大使の幣原喜重郎の三人だった。しかしワシントン軍縮会議の議題に日本人移民問題を盛り込むのはもともと無理な相談であり、渋沢の四度目の訪米は日米関係の悪化をくいとめることができなかった。

さかのぼれば、一九二四年の排日移民法成立の背景には、一九一九年のパリ講和会議で人種差別撤廃条項を国際連盟規約に盛り込む日本提案が、米大統領ウィルソンを議長とする連盟規約委員会で出席者の賛成多数を得たにもかかわらず、アングロサクソン諸国の反対によって却下されたことがある。

ドイツとの講和条約を議定するために開催されたパリ講和会議に、日本は会議議長のクレマンソーと親交がある西園寺公望を首席全権、牧野伸顕を次席全権として派遣した。講和会議で日本が要求したのは、（一）山東半島の旧ドイツ利権の継承、（二）赤道以北の旧ドイツ領南洋諸島の領有、（三）人種差別撤廃条項の三点だった。（一）の要求は一九一五年一月に日本が袁世凱政権に発した「対華二十一カ条要求」の第一号にあたり、中国の強い反対にもかかわらず英仏の同意のもとに認められたため、北京では日本の侵略に抗議する「五・四運動」が起こり、中国はヴェルサイユ条約に調印しなかった[18]。（二）の要求は、日本による南洋諸島併合は米国領のフィリピンを脅かすというので米国代表のウィルソンが反対し、「委任統治領」という妥協的形式で認められた。（三）の要求は、牧野伸顕が「人種的、宗教的な憎しみが紛争や戦争の源泉となってきた」と主張し、白豪主義のオーストラリアを連邦内に抱える英国や移民問題を抱える米国の反対を考慮しながら、粘り強く交渉した。二月十三日の連盟規約委員会に提出した人種的差別待遇撤廃案は通らなかったので、四月十一日に開催された最終委員会で、牧野は国際連盟規約の前文に「各国の平等及びその国民に対する公正待遇の原則を是認すべき」という「人種」の言葉を含まない文言を盛り込むよう提案し、出席者十六名中十一名の賛成を得た。しかし、議長のウィルソンは、このような重要事項の決定には全会一致を要すとして、日本の提案を退けたのである。

加藤陽子の分析によれば、米国議会上院がヴェルサイユ条約を批准せず、国際連盟に入らなかったのは、移民や帰化は主権国家の国内政策であり、連盟規約によって制約されることを嫌うからだった[19]。日本は第一次大戦の戦勝国として非白人国でありながら五大国の一員になったものの、日本の「脱亜入欧」には人種の壁があったのである。

四　一九一二年の転換点、大日本平和協会と帰一協会

不平等条約の改正を最大の外交課題とする明治政府のスローガンは「富国強兵」「文明開化」だった。「脱亜入欧」は在野のスローガンで、四文字成句として使われた最初は一八八七年のことというが、その起源は一八八五年三月に福沢諭吉が主宰する『時事新報』の社説として発表された「脱亜論」にあるとされる。曰く、「我が国は隣国の開明を待って共に亜細亜を興すの猶予あるべからず、むしろその伍を脱して西洋の文明国と進退を共にし、その支那朝鮮に接するの法も隣国なるが故にとて特別の會釋に及ばず、正に西洋人が之に接するの風に従って處分す可きのみ。我れは亜細亜東方の悪友を謝絶する」。

事実、福沢は一八九四年七月に日清戦争が開戦すると、これを文明国日本が文明の進歩に背を向ける野蛮な清国を教導する「文野の戦争」と呼んで正当化した。しかし福沢は一九〇一年に亡くなるから日露戦争を知らない。それに対し福沢より五歳下の渋沢は、アヘン戦争が起こった一八四〇年に生まれ、日清・日露はもちろん第一次世界大戦、シベリア出兵までを経験し、一九三一年に満州事変の二カ月後に九十一歳で没しており、長寿ゆえに

「戦争の世紀」を生きた。渋沢は第一次大戦の惨禍を見て欧州を文明の範とする「脱亜入欧」路線の限界を悟ったのである。

それでは渋沢はいつ国際関係に目覚め、国際平和の問題に関心を持つようになったのか。一つの転換点は、一九〇二年に初めてアメリカを訪ねヨーロッパを再訪した米欧視察旅行と一九〇四―五年の日露戦争にあると思われるが、より決定的なのは、明治天皇が崩御し元号が大正に代わった一九一二年にあると私は見る。その指標はいくつかあって、まず渋沢自身が手を入れた最初の著述で千ページを超える『青淵百話』乾・坤の出版があり、同時に日本最初の平和運動団体「大日本平和協会」への参加と、宗教や道徳の問題を討議する民間のフォーラム組織「帰一協会」の設立がある。

大日本平和協会は一九〇六年に創設されており、一九一〇年から大隈重信が会長だった。[20] はじめ同協会への資金協力を求められたとき、渋沢は平和運動と社会主義を混同して協力を断っており、娘婿の阪谷芳郎が副会長に就任して協会を改組した一九一二年にはじめて名誉評議員になっている。同年定められた会則には、「本会の目的は人種間及び国家間の関係をして親密ならしめ、国際紛議がなるべく平和的手段を以て解決せらるるように尽力し、以って世界の平和を保全し人類の幸福を増進するにあり」とあり、協会の『平和時報』には阪谷が毎号のように論考を発表しているが、渋沢も「実業界より見たる平和」、「国際道徳と世界平和」など十本ほどの講演を寄稿している。[21]

一九一二年の「実業界より見たる平和」にはこうある。「時々戦争のあるのが国の富を増すのだ、国家の富が勃興するではないかと、甚しきは政治家・学者の中にもかく論ずる人がないとは言へぬ。併しながらこれは全くの誤解と言わなければならぬ。戦争の為に富が増したと思うのは経済上の真理を知らぬ申分であって、寧ろ皆無と言はなければならぬ。もっとも日清戦争の如きは、大いに賠償金が這入つて来たからして為に国家の何れかの部分に利益を与へたに相違ないから、それ等が自然と実業界にも潤沢したでありませうけれども、その間に戦争の為に大なる貨財が費消され、戦争の為に壮丁の力を費し、戦争の為に総ての事物が損耗したといふことは、目で見た通り算盤で算えた通りの事実に相違ない[22]」。

帰一協会は、一九一二年に渋沢が日本女子大学校創立者の成瀬仁蔵、宗教学者の姉崎正治、実業家の森村市衛門左衛門、哲学者の井上哲次郎、宣教師のシドニー・ギューリックら十二人で設立した民間のフォーラム組織で、Association Concordia を英語名とした。協会の標語は「階級、国民、人種、宗教の帰一（Concord between Classes, Nations, Races and Religions）」であり、諸宗教・諸道徳が同一の目的に向かって相互理解と協力を推進することを目指していた。大日本平和協会の標語と同様、帰一協会の標語にも「人種」の一語が入っており、「人種」が当時、国際関係を討議する時のキーワードの一つだったことを物語る。

一九〇〇年にドイツに留学した姉崎はカイザー・ヴィルヘルムが唱える「黄禍論」の流行に辟易して一九〇三年に帰国し、十二月に雑誌『太陽』に「戦え、大いに戦え」と題して日露開戦に激を飛ばしている。フランスの作家アナトール・フランスは一九〇四年に日露戦争が始まったとき、ヨーロッパ人が唱える「黄禍」の元はヨーロッパがアジアを侵略した「白禍」にあると喝破している（『白き石の上にて』）。森鷗外がヨーロッパの「人種哲学」と「黄禍論」について講演し出版したのは一九〇三年から翌年にかけてである。渋沢は日露戦争を人種間戦争とみる見方はとっていないが、「黄禍論」が大西洋の対岸に飛び火したかのように、アメリカで排日運動が起こったのは、日露戦争が日本の勝利に終わった一九〇五年後のことだという認識は持っていた。

大日本平和協会は、非社会主義のリベラル・ナショナル的平和運動団体で、副会長の阪谷芳郎を中心に、やがて国際連盟事務次長になる新渡戸稲造や姉崎正治、添田寿一が参加しており、平和協会は大戦後設立される日本国際連盟協会に合流するから、渋沢の国際平和活動を支える人脈のコア部分がここで形成されたことになる。一九一九年に渋沢は姉崎、添田の二博士を講和会議が行われるパリに派遣して[23]、戦後の平和秩序構築の動きを探らせており、それが一九二〇年四月の日本国際連盟協会の結成につながっている。

五 「最も強き者の申し分が最良なり」

私が一九一二年を重視する理由はもう一つある。

渋沢の四男・渋沢秀雄の『父 渋沢栄一』（実業之日本社、一九五九年）は、「日本近代経済の父、知られざる家庭での素顔」を帯にうたうだけあって、子供の時から父の姿に身近に接した思い出が豊富で、フランス的エスプリを感じさせる興味深い評伝である。旧制一高でフランス語を学んでいた二十歳の秀雄が、七十二歳になっていた父栄一と、兄弟揃って朝食のテーブルを囲んでいた時、話は栄一が四十数年前にパリで学んだフランス語のことに及んだ。その時、父渋沢は秀雄に「“La Raison du plus fort est toujours la meilleure”という諺だけは、御一新前のフランス語をまだ覚えているぞ」と自慢げに言い、「最も強き者の申し分は常に最上なり」という解釈をつけたという。これはラ・フォンテーヌの寓話「狼と子羊」の教訓で、強い者の言い分が道理に叶っていなくても通ってしまう弱肉強食の現実を言い表す諺である（同書文庫版、二〇二〇年、一七〇―一七二頁）。

父はもう七十二歳になっていたとあるから、元号が大正に改まった一九一二年のことである。その年の十月に飛鳥山邸で開かれた竜門社の秋季総会で、四百人の聴衆を前に渋沢は「道徳進化論」と題して次のように述べている。

「かつて私が仏蘭西におった時、教師から教えられた古諺がある、その古諺は仏蘭西語では“La Raison du plus fort est toujours la meilleure”、これを訳すと『より強い人の申分は何時も善くなるものである』といふ意味である。先年西南戦争のあつた時に、勝てば官軍、負ければ賊よという唄があつた、“La Raison du plus fort”は即ちそれである。しかしながら力強き者の説は必ず道理になるということを主張するならば、無理が通って道理が引込むという俚諺に陥るであらうと思う」。

渋沢は続けて「勝てば官軍、負ければ賊、強い者の道理が善くなるという論理」は「主義の為には手段は選ばぬ」、「説を異にする者は敵である、敵を攻撃するに何ぞその方法の正邪を顧みるのいとまあらん」とするのは、「覇者の道徳」であって「王者の道徳」ではないと言う。「王者の道徳」と「覇者の道徳」は、仁義人道にもとづく「王道」か、弱肉強食の「覇道」かという渋沢が好んで使う孟子の対概念である。(24)

一九一二年は孫文らによる辛亥革命によって清朝が倒れ中華民国が誕生した年である。渋沢は翌年来日した孫文と日中合弁の中国興業株式会社設立で合意するが、政変によって孫文は失脚し、同会社の事業は袁世凱によって引き継がれる。一九一四年に訪中した渋沢は「支那の将来と日本の地位に想到して今後如何なる方針をもって対処すべきか」と問うて、「論じるまでもなく我利一遍は断じて不可なり、けだし私利と公益とは決して相背馳するものにあらず、仁義道徳と生産殖利とは全く一致するものなり。もし我々が忠恕の道をもって支那に接すれば、いま孔孟の教えが地を払っている支那人といえども遂には真実に感謝しないことはないだろう。もし欧米人は非道を以ってこれに接し吾人は王道によるとすれば、最後の勝は吾人に存すべし」と言う。(25)

“La raison du plus fort”の諺は渋沢が欧州大戦たけなわの一九一五年三月に帰一協会で行った講演「時局に対する国民の覚悟」でも、「仁義道徳」に反する「弱肉強食」の論理として引用され、「王道と覇道」の違いの説明原理になっている。(26) 渋沢は「欧羅巴《ヨーロッパ》の戦乱は何れ早晩終局を告げるでありませうが、我が国民は此際どういう覚悟を持ったなら宜かろうかを、各方面に於て考慮し研究しなければならぬ」と切り出して、次のように言う。「平和の時でも戦乱の場合であっても、人の世に立って尽くすべき道は」、「己の欲する所を人に施せと言い、又は己の欲せざるところは人に施すことなかれといふ」にあるが、「今般の戦乱の如き意外のことが勃発すると、是非の判断に苦しむことが生じる」。「私は少年の時に経書を読んで孔子教に感化せられ、春秋戦国の歴史を見て当時の策士が能く言った、弱の肉は強の食といふことは、異端である、邪説であると解釈しておりました。後に仏蘭西に渡航して仏語の教授を受ける時に同国に於ける一の俚諺で「強い者の申し分は何時も宜くなるものである」

といふ意味の言葉がある。よく味ふてみると、弱の肉は強の食といふ事と同じ趣旨にて、我々の標準とする仁義道徳とは全く道行きが違う。つまりこれが西洋の功利を主とするより生ずる弊害で、即ちその流儀は異端であるか、もしくはこれが国家社会生存上の必要と認めねばならぬものかといふことを、大に疑ひつつあったのでありますᅟ」。

以上から、渋沢が一八六七年から翌年にかけてのパリ滞在中に覚えた諺「最も強い者の申分が常に最良である」が「弱肉強食」「強いもの勝ち」の論理であり、一九一四年の欧州大戦勃発を機に、かつては文明開化の目標だったヨーロッパ文明に対する懐疑が渋沢のなかに生まれたことがわかる。「弱肉強食」の論理は、渋沢はそういう語彙は使っていないが、一方で資本主義経済による貧富の格差を生み、他方では国家間、民族間に戦争による支配・非支配の関係を生む。前者の弊害に対しては私利私欲のためではなく公益のための経済を「経済道徳合一説」によって説き、後者に対しては商業倫理に則った交易による共存共栄の国際平和を唱える。経済活動にせよ国際関係にせよ、渋沢は「ただ我を募り、慾を恣《ほしいまま》にし、強い者が無理の申し分を押し通す」「覇道」を排し、「己の欲せざる処は人にも施さない東洋流の道徳を進め、いや増しに平和を継続して、各国の幸福を進めていく」「王道」を旨とする。現実主義者から見れば実効性をもたない理想主義に見えるだろうが、これが一九一五年三月時点での渋沢栄一の思想信条である。

六　一九二〇年、国際連盟協会会長に

渋沢を国際平和運動に真に目覚めさせた契機は、一九一四年夏に始まる欧州大戦の「修羅の巷」であり、戦争がいつ終わるとも知れぬ一九一七年十二月に渋沢は「道徳観念の退化」と題しこう述べている。「大体から言えば道徳にも進化があって、時代と共に進歩すべきである、と私は今まで思って来たのであるが、翻つて少し皮肉

な観察を下せば、道徳は進化したどころか、むしろ却つて退化した傾向がある。殊にこれが国際道徳に於て甚しいように見受けられる、斯く道徳が退化して進むべきであるのに、物質文明のみが長足の進歩を遂げ、精神文明の進歩が之に伴はなかったので、あかたも天秤の一方の皿に重量を加えれば、他の一方の皿が急に軽くなるが如くに、精神文明の進歩に逆比例して退化したものであるやも知れぬ。いずれにしても今日国際間に殆ど道徳がないといつても過言ではないほどで、其の結果欧洲戦争の如き、人類の大不祥事をすら惹き起すに至つたのである」。「実は私も戦争が始まる前までは、欧州の文明もだんだんと進歩している模様であるから、国際間に道徳が確守されて、国際道徳が向上する様になるだろうと思っていたのだが、再昨年来、世の中が全くひっくり返ってしまって、欧州の天地はまたもや大昔の野蛮時代と同様になり、国と国が干戈を以って相見える様になったのである。一体、武装平和と申すことが宜しくない。武装平和は全く野蛮時代の遺習であると申しても差し支えない。生産殖利によって国を繁栄させ、その富を以って武力を拡張し、之によって他国を圧迫して之を併呑してしまうのは、国際道徳を無視した野蛮の行為である(27)」。

また同じ一九一七年の別の論考「世界に対する将来の希望」では、「西洋文明は物質的皮相なものに過ぎずという従前の妄断を啓発するに至った原因は、一八六〇年代に於いて巴里に赴き親しく泰西の人士に親炙し泰西の事物に接触したるの一事に存す。かくて余は近世文明の尊重者となれり。然りといえども目下の欧州大戦勃発以来、余はこの近世文明の価値に対して浅からざる疑惑を抱くに至りぬ」。「今回の大戦争が発生するに至りたる深奥なる原因の存するものありと雖も、一言を以って之を掩《おお》へば、列国間に保有すべき相互的調和の理法よりも、実力応用の競争心が勝を制したるが為に生じたる自然の結果に外ならずと言うを得べし。競争の極まる所は人生を野獣化せずんば止まざるなり。之に反して国家と国家、階級と階級、個人と個人との間に真の協力調和が行われるならば、初めて真正なる文明の発達を見るものとす」。「将来平和克服の後に於いて目下の大戦争より得たる苦がき経験に鑑み、武力侵略の手段を棄てて能くその国際的政策の方針を調和と協力の基礎の上に据ゆるに至るべきや否や、是れ世界の将来に関してもっと重大のことなりとす」。「余は人道の力と価値とを信ずるが故に、仮令目前に刻下の欧州大戦の如き人生の悲惨事を見るも、毫も世界の将来について失望することを為さざるなり、望むらくは国籍・人種及び宗教の異同に関せず、余と希望を同うする人士が一致協力して、世界の正義人道の為め誓って奮闘努力せられんことを」と結んでいる[28]。

ドイツと連合国との休戦協定がコンピエーニュの森の列車の中で結ばれるのは一九一八年十一月十一日のことだから、この論考はそれより一年以上も前のものである。

一九一八年一月にウイルソン米大統領が「平和十四カ条」で提唱し、一九一九年六月のヴェルサイユ条約によって設立される国際連盟こそは、渋沢の「世界に対する将来の希望」に応える天の恵みだった。一九一九年のパリには添田、姉崎以外にも国際法学者の山田三良や政治学者の小野塚喜平次ら複数の学識人がいた。彼らは、国際連盟が一九二〇年一月に発足する前から民間の国際連盟協会が英国、フランスをはじめ中国を含む複数の加盟国にできる動きを見て、常任理事国になる日本にも国際連盟協会が必要だということで、一九二〇年四月に日本国際連盟協会が結成され、添田や牧野伸顕に懇請されて渋沢はその会長を引き受けたのだった[29]。

四月二十三日に築地精養軒で開かれた国際連盟協会の発起人会で座長の渋沢はこう述べている。「若し戦後精神的の点に於ても何等かの進歩を見ることが無い様であるならば、寧ろ文明の進歩は人類の幸福の為に禍することとなるのではあるまいか。文明の利器を用ひて相殺戮することのみを専らする様では、神が人を作った目的に反する訳ではあるまいか。古い考えかも知れませぬがそういう考えを抱いて居りました。然し私はその筋のことにつき学問もなく研究も遂げていない門外漢であるので、今申上げた様なことを充分研究せられている方々の間に、こんな企ての成立あれかしと願うのみでありました。それで最近この国際聯盟協会の成立経過を承って、喜んで本日出て参つた次第でございます」。

しかしその場で会長に押された渋沢は、一九二〇年十一月に創刊される協会の機関誌『国際聯盟』に「国際聯盟に対する感想」として「門外漢」ならぬ立派な抱負を述べている。「一昨年の十一月十一日、休戦の条約が締結せられる前に、米国のウィルソン大統領は十四ケ条の講和基礎条件を発表した。その中に真の平和を確保せんとする提唱が現はれ、その後講和の会議が進捗して、遂にその条約が調印される時は、国際聯盟規約が劈頭に掲げられることになった。私が夢物語と思っていたことが、いよいよ現実となったのである。ただ私が不思議の感に堪へぬのは、ウィルソン氏の如き名誉ある一国の大統領が、その中心に立って尽力しその調印を了した講和条約を、本家本元の北米合衆国が批准せぬことで、如何にその間に政界の掛引きがあるにしても、米国の為に惜しまざるを得ない。然し真理は終に徹底するものであるから、国際聯盟の精神は、一層世界に普及せられ且つ充分活動することと思ふのである[30]」。

翌一九二一年六月二十五日の東京商業会議所での演説は全文を引用したい名演説だが、渋沢はその一節でこう訴える。宿願の「戦わぬでも生きることができる世界」を作るためには、「軍艦を造るよりも台場を築くよりも、飛行機よりも、潜水艦よりも、国際連盟が必要である」、それに引き換え「本年の議会を通過した予算の有様などは何事でありましょう、殆ど歳入の半分は軍費に使って終うというのであります。それで軍国主義ではありませぬとはあまりに強弁であると、他国人は冷笑するだろうと思う[31]」。

一九二二年十一月十一日の平和記念日に行った演説では、「若しこの聯盟がないとすれば世界はどうするか、強者の横暴を何に依って制するか、戦争と云う人類最大の不幸に常に脅かされねばならぬ、正義も人道も国際間では消滅してしまう。平和を愛する人士の、又国家の相寄つて聯盟を支持し、その欠を補ひ、その美を成して、暴力でなく道理の支配する世界としなければならぬ所以である。それに付ては国際道徳を大いに進めねばならぬが、私は常に推服して已まぬ言葉がある。それは孔子の所謂『忠恕』の道と、『己の欲せざる所を人に施すことなかれ』という格言である。国際間も常にこの格言に依り相扶け相譲って、中正の道を歩むのでなければ、聯盟の効果は到底得られぬであろうと思う[32]」。

七　王道か覇道か

以上の引用から、渋沢の平和思想には孔子と孟子の教えから学んだ「忠恕」(フランス語に訳すと loyauté et compassion)と「王道と覇道」がキーワードになっていることがわかる。「王道と覇道」で思い出されるのは、一九二四年に最後に日本を訪れた孫文の「大アジア主義」についての神戸講演である。十一月二十八日、神戸商業会議所主催により神戸高等女学校で二千人以上の聴衆を前に孫文は日本国民に対して、「西方の覇道」と「東方の王道」いずれの道をとるのかと呼びかけた。「貴方がた日本民族は、既に一面で欧米の覇道の文化を取り入れると共に、多面アジアの王道文化の本質をも持っているのであります。今後日本が世界文化の前途に対し、西洋覇道の鷹犬となるか、或いは東洋王道の牙城となるか、それは日本国民の詳密な考慮と慎重な選択に係るものであります」。

しかし渋沢における「王道と覇道」の区別は一九一二年が初出ではない。一九〇七年十月二十七日の竜門社秋季総会での演説が最初だが、ここではのちに同じ考えを文章化して竜門社の同人に与えた「勧告」を引用する。「およそ一国の繁盛は国民のあげて希望する所にして、この一国の繁盛は実に国民の知識の進歩と勤勉力行と、しかして之を為す一に道徳仁義の道に従うとにこれ因る。実業者たるものよくこの理を体し、常に義と利との一致を努め、いやしくも君子の商売人たるの覚悟を以て励精勤勉以て一国の富を図らざるべからず。古のいわゆる王道・覇道の別はけだし為政の道のみに限りて之を言うべきものに非ず、実業界にも同一の区別ありと言うを至当とす。およそ自己を本位とせず、一国の繁盛、多数の殷富を目的として実業を経営するはこれ即ち王道なり、之に反して唯一身一家の利益、一族の殷富のみを図り、敢て他の利害を顧みざる経営法は之れ即ち覇道なり、王道を以て事業を経営するものにして初めて真正の実業家と云うを得べし。一国の富強繁栄はかかる真正の実業家に須たざるべからず。以上は予が既往四十年来常に称道し、かつ現に実行し来りし所の主義なり[33]」。

一九〇七年が初出という例はもう一つある。同年十二月十二日に東京帝大法科大学で「工場法と労働問題」を論題に開かれた社会政策学会第一回大会で、来賓の渋沢はこう述べている。

「ちょうど孔孟の王道を以て教の根本とし、王者の仁政と覇者の権略と云ふもの丶差別を論じた所などは、今日の商工業に対しても比較して論ぜられると思ふのであります。故に若し今の実業界に於ける人々が、真正なる孔孟の道を以て王道を行ふと云ふ観念で世の事業に処して行きましたならば、貧富共にその宜しきを得て、決して社会政策学会の御厄介を蒙らずに、平和に沿つて行くと私は思ふのであります。〔……〕私は決して今社会政策学の御攻究が不必要だと云ふ意味に申すのでございませぬが、富者が貧者を押倒すと云ふ弊害が生ずるから、そこに王道が衰えて覇道を惹起すようになる、さらば富と云ふものは、総て平均して宜いといふか、斯う云ふ社会学に私は同意をせぬ。貧富を平均すると云ふことは、遂に国家の富を奪ひ人類の幸福を妨げることになるに相違ないと思ふのである[34]。」

一九〇七年は実業界引退前なので、資本家寄りの発言に聞こえるが、渋沢は企業倫理の基本に置く「王道と覇道」の区別を、十年後には労使協調の社会政策に適用し、さらに国際道徳に広げるだろう。孔子の教えによる「忠恕」の道こそ、本書に再録した渋沢の二つの有名な講演、一九二三年の「道徳経済合一説」と一九二八年十一月十一日の「休戦記念日」にラジオ放送された「国際連盟の精神」をつなぐ道徳観だと言っていい。しかも十一月十一日のラジオ放送は一九二六年から一九二九年まで続けられた。その度に原稿をつくったのであろう、一つとして同じ内容のものはない。

渋沢は一九二四年の排日移民法の衝撃にへこたれず、最後には正義が勝つという信念のもとに国際連盟協会会長として世界平和を訴え続けた。日米関係では一九二六年に「太平洋問題調査会」を設立して、自らは参加できないが第二回のハノイから第三回の京都まで一連の会議をサポートした。京都会議では移民問題をよろしくと議長の新渡戸稲造に頼んでいる。
ここまでを日仏会館との関係で振り返ると、一九二四年十二月十四日に日本工業倶楽部で日仏会館の開館式が行われるが、その翌日の十五日に渋沢は、日米関係委員会は存続するが対米活動を当分の間いっさい中止すると の手紙を在米の関係者七十人に送る。(35) 一九二六年はようやく永田町の村井吉兵衛邸内の洋館にフランスから派遣された学者や留学生が入居し、巡回講演の講師を迎えて本格的な学術交流活動がスタートした年である。一九二九年は、神田駿河台に購入した土地に旧村井邸を移築して四月に竣工式が行われ、パリでは国際大学都市に日本館(Maison du Japon)がオープンする。

渋沢は日仏会館理事長と国際連盟協会会長を亡くなる一九三一年まで務めあげたが、活動の比重が後者にあったことは認めざるを得ない。日仏会館は連盟協会より規模ははるかに小さいが、日仏の学術文化交流という公益目的を実現するため人材と資金と情報と知恵を集めて作られた「合本組織」であり、渋沢が亡くなった後もパリの紋章よろしく「たゆたえど沈まず(Fluctuat nec mergitur)」今日まで存続することができている。逆境にあっても諦めない不屈の忍耐心と、渋沢の人徳を慕って集まってくる協力者の人脈こそ、渋沢の力の秘密だったのだと思う。

E・H・カーが「危機の二十年」と呼んだ二つの大戦の間の二十年は、一九三一年九月十八日の満州事変と世界平和記念日である十一月十一日の渋沢の死を頂点に明と暗の二つに分かれる。満州事変の二年後に日本は国際連盟を脱退し「十五年戦争」につき進むからである。一九二六年と一九二七年に渋沢はノーベル平和賞の候補になっているが、主な推薦人が時の日本政府だったことを割り引いても、渋沢はノーベル平和賞に値する「国際平和の使徒」だったと言えるのではないか。ここでは最後に、一貫して渋沢の協力者だった法学博士、欧州外交史の草分けで慶應義塾大学塾長だった林毅陸《きろく》のオマージュ「国際平和の権化」を引用する。

渋沢翁に接して第一に受くる印象は、春風駘蕩の感じであつた。翁の全人格は平和其ものとも云へる。翁は多くの尊き事業に関係して、それぞれ多大の貢献をせられた其中に於ても、平和の為に尽瘁することを以て、特殊の大使命として居られたのは、最も自然の事の様に見ゆる。翁は大なる愛国者であつた。同時に人道を愛し平和を愛すること亦甚だ切なるものがあつた。吾々は翁の事業に対してと言はんよりも、先づ其の人格に対して、無限の尊敬を払はざるを得ない。

翁は産業界の平和のため、労資協調を力説せられた。翁は社会上の平和のため、各種の社会改良及救済の事業に努力せられた。然し最も重きを置かれたのは、国際の平和であつたと思ふ。先づ日米関係に於て、又日支関係に於て、又一般国際関係に於て、翁は平和の為に絶えず心を用ひ、総ての平和運動の中心となり、機会ある毎に、問題ある毎に、如何なる労苦をも厭はず、一身を挺して国民外交の衝に当り、外客来れば之を迎へて親善を説き、国際紛争起れば声を揚げて平和を説き、隣邦に災害生ずれば涙を振つて人道を説く。そし老齢も病苦も総て之を忘れ、全精力を平和人道に傾け尽さんとせられた。翁は実に国際平和の権化とも云ふべく、其の偉大なる人格は、正に国宝的存在であつたのである。而して其の平和は勿論、低級的パシフィストの不見識なる平和ではなく、正義の平和であつた。夫の不公正にして侮辱的なる米国移民法に対し、終始強く反対せられた如きは、即ち其の一例である。温和篤実なる翁の口より出づる抗議は、米国人の反省を促すに於て特に有効であつた様に思ふ。翁は元来其の血液中に旺盛なる武士的精神を蔵し、報国の念常に鬱勃たるものがあつたのである。又翁は平素道徳と経済との調和を主張し、其の独特の論語論は世間に有名であつたが、同様に其の平和論は経済を離れず、我経済の発達を助くるの点に重きを置いて居た。翁は決して平和の空論を以て足れりとしたのではない。是れ亦特に記憶すべき点である。

言ふ迄もなく、翁は国際聯盟の大なる同情者であり、我が国際聯盟協会の生みの親、並に育ての親であつた。聯盟精神の普及に対する翁の献身的努力は、実に感激に堪へないものがあつた。国際聯盟は尚発達の初期に在りて、其の前途頗る多難であり、国際平和の確立亦望洋の嘆なきを得ない今日、渋沢翁を失ひたるは、実に痛恨の至りと謂はねばならぬ。(36)

【注】

(1) 閑院宮載仁《ことひと》（一八六五―一九四五）は一八八三年から九年間フランスに留学し、サンシール陸軍士官学校、ソミュール騎兵学校、陸軍大学校を卒業した皇族軍人で、一九二一年の皇太子裕仁（後の昭和天皇）の欧州外遊に輔佐役として随伴した。皇族を会館総裁に頂く慣習は現在の常陸宮殿下まで続いているが、あくまで名誉職である。

(2) 『渋沢栄一伝記資料』（以下では『伝記資料』）は第三六巻、二六六―三六七頁を「財団法人日仏会館」にあてている。クローデル大使の名誉理事長受諾を伝える一九二四年十二月十五日付渋沢子爵宛は二九一頁を参照。後任のフランス大使からは会館の「名誉総裁」を委嘱され、「名誉理事長」は退任した前理事長のタイトルになって今日に至る。

(3) 日仏協会は一九一八年六月ルニョー大使の送別晩餐会を開き、名誉会員の渋沢は出席している。

(4) 「フランス航空教育軍事使節団（一九一八―一九二一）」については『日仏文化』日仏会館創立九十周年記念の八三号（二〇一四年）所収のクリチャン・ポラックの同名の記事およびWEB版『航空と文化』二〇一九年新春号所収の「フランス航空教育団が日本に与えた影響」を参照。

(5) マチュー・セゲラ「クレマンソーと日本――一九〇七年の日仏協約から一九一九年のパリ講和会議まで」（前掲『日仏文化』八三号所収）を参照。「日仏協約」は一九〇七年六月にクレマンソー内閣のピション外相と栗野大使の間で結ばれた。協約は両国のアジアにおける属領（フランスはインドシナ、日本は台湾、韓国）を互いに認め、清国の領土保全を謳うが、密約として両国の影響圏（フランスは雲南省と広州湾、日本は南満州）を定めた帝国主義的性格の協約である。

(6) モーリス・クーラン「一九一九年の仏政府派遣リヨン大学使節の報告」中地義和訳、『日仏文化』九三号、日仏会館創立百周年記念号（二〇二四年）、二一―四六頁を参照。

(7) 先走ってしまうが、渋沢雅英『太平洋にかける橋――渋沢栄一の生涯』復刻版（不二出版、一九七〇年）の第九章「日米関係委員会」、特に三三一―三五四頁、および片桐康夫『民間交流のパイオニア渋沢栄一の国民外交』（藤原書店、二〇一三年）の第二章、五三—九七頁を参照。

（8）　この時は杉山の師である富井政章はまだ入っていない。エックの教え子だった辰野隆は一九二一年に東大仏文科初の日本人助教授になるが、この年から二年間フランスに留学し、一九二四年の日仏会館設立時には杉山らと共に理事になる。

（9）　ポール・クローデル『孤独な帝国 日本の一九二〇年代——ポール・クローデル外交書簡（一九二一—二七）』奈良道子訳、草思社、一九九九年、四一—四五頁（草思社文庫、二〇一八年、五九—六三頁）。

（10）　クローデル同書、一九二一年十一月二十八日付公信。

（11）　英米ブロックによる日本の「太平洋におけるロビンソン・クルーソー」化については、クローデルは同書の一九二三年十月二十五日付アレクシ・レジェ宛私信で、日英同盟の廃棄と英領シンガポールの軍港化をあげ、「仏領インドシナのメルラン総督の訪日」を報告する一九二四年六月三日付ポワンカレ首相兼外相宛公信では米国の排日移民法をあげている。

（12）　「渋沢栄一と関東大震災」については渋沢栄一記念財団のサイト https://www.shibusawa.or.jp/eiichi/earthquake/index.html のほか、渋沢秀雄『父 渋沢栄一』実業之日本社、二〇二〇年、三七二—三七六頁、ならびに島田昌和編『原典でよむ渋沢栄一のメッセージ』岩波書店、二〇一四年、第十一章を参照。島田は渋沢による戒厳令布告の具申が朝鮮人に対する残虐行為や社会主義者抹殺の下地を用意したことを指摘する。他方、クローデルの「九月一日の関東大震災」の報告は前掲『孤独な帝国 日本の一九二〇年代』の一九二三年九月二十日付の書簡に詳しく、特に朝鮮人・中国人の虐殺と無政府主義者大杉栄と伊藤野枝らの殺害は十月三十日付の書簡で報告している。

（13）　『伝記資料』第三六巻、二七一頁は日本語版だけなので、前掲『日仏文化』九三号、四七—五〇頁を参照。十八人の創立委員は渋沢以外の親仏派学識人は五人で、あとは団琢磨、大倉喜八郎、井上準之助、服部金太郎、小野英二郎ら財界人である。

（14）　Ozawa v. United States については以下を参照した。https://encyclopedia.densho.org/Ozawa_v._United_States および大島正太郎「一九二二年の米最高裁「オザワ対合衆国」判決——百年前でも過去ではない」（霞関会「論壇」より、二〇二二年十一月二十三日付公開）。

（15）　ここまでの分析と引用は、前掲、渋沢雅英『太平洋にかける橋』の第十一章「国民外交の崩壊」による。四月十七日の帝国ホテルにおける汎太平洋協会昼食会での講演は以下を参照、『伝記資料』第三七巻、四三三—四三四頁。

（16）　『伝記資料』第五一巻、四三—四八頁。

（17）　『伝記資料』第三六巻、四四二—四四九頁。引用中の「十五、六年前」は日露戦争後の一九〇六、一九〇七年を指していて正確である。

(18) 一九一〇年に日本に併合されていた朝鮮では、ウィルソンの民族自決主義に励まされ、ソウルで「三・一独立運動」が起こり、全道に波及した。吉野作造は『中央公論』四月号に「対外的良心の発揮」を、石橋湛山は『東洋経済新報』五月十五日号の社説「鮮人暴動に対する理解」を書いて、日本の植民地政策を批判したが、渋沢の目に入っていたのだろうか。

(19) 加藤陽子『戦争の日本近現代史』講談社現代新書、二〇〇二年、第七講、特に一八八―一九一頁を参照。最終委員会出席者十六人のうち仏伊の代表など十一人が賛成、英米の代表など五人が反対した内訳については、篠原初枝『国際連盟』中公新書、二〇一〇年、六六―六八頁を参照。フランス代表はレオン・ブルジョアとパリ大学法学部長フェルディナン・ラルノードで、ラルノードはウィルソン議長の議決方式に反対したが押し切られてしまったという。

(20) 大隈の会長就任演説「平和事業の将来」は『大隈重信演説談話集』岩波文庫、二〇一六年に収録。

(21) 岡本真奈「大日本平和協会における二十世紀初頭の『平和』認識と国際秩序観」『洛北史学』第二〇巻、二〇一八年を参照。緒方貞子「国際主義団体の役割」、細谷千博ほか編『日米関係史――開戦に至る10年（一九三一―四一年）三』東京大学出版会、一九七一年（新装版二〇〇〇年）は大日本平和協会のみならず、日米関係委員会、日米協会、国際連盟協会、太平洋問題研究会を包括的に扱っている瞠目すべき先行研究である。

(22) 「実業界より見たる平和」『竜門雑誌』第二八九号（一九一二年）、『伝記資料』第三五巻、五〇一―五〇六頁。

(23) 姉崎はコレージュ・ド・フランス教授のインド学者シルヴァン・レヴィの招きで同コレージュで講義することになっており、渋沢の依頼によりブーローニュのアルベール・カーン邸に迎えられている。渋沢発カーン宛一九一九年三月二十四日付英文書簡およびカーン発渋沢宛五月三日付は『伝記資料』第四〇巻、三三八―三三九頁を参照。同年二月四日に帝国ホテルで開催された大日本平和協会主催、添田寿一渡欧送別会での渋沢の演説は『平和時報』第七巻二号所収。他にも一月三十一日には帰一協会主催、二月七日には東京商業会議所主催の送別会があり、渋沢はそれぞれ演説をなす。

(24) 「道徳進化論」『竜門雑誌』第二九五号（一九一二年）、『伝記資料』第四二巻、四一九―四二五頁。

(25) 支那漫遊中の演説・講話より、『竜門雑誌』第三三六号（一九一六年五月）、『伝記資料』第三二巻、五三二頁。

(26) 「時局に対する国民の態度」『竜門雑誌』第三二六号（一九一五年）、『伝記資料』第四六巻、五八二―五八六頁。

(27) 「道徳観念の退化」『竜門雑誌』第三五八号（一九一八年）、『伝記資料』第四四巻、九三―九四頁。

(28) 「世界に対する将来の希望」『竜門雑誌』第三四九号（一九一七年六月）、『伝記資料』第三六巻、二五七―二五八頁。

(29) 日本国際連盟協会設立の経緯は『伝記資料』第三六巻、三六九―三七一頁に詳しい。先行研究として、池井優「日本国際連盟協会――その成立と変質」『法学研究』第六八巻二号（一九九五年）、最新のものとして飯森明子「日本国際連盟協会と新たな国際問題への姿勢」、飯森明子編『国際交流に託した渋沢栄一の望み』ミネルヴァ書房、二〇一九年。
(30)『国際聯盟』第一巻第一号(一九二〇年十一月)、『伝記資料』第三六巻、三七四—三七九頁。
(31)『東京商業会議所報』第四巻第九号(一九二一年九月)、『伝記資料』第三六巻、四四二—四四九頁。
(32)『伝記資料』第三六巻、四五八頁。
(33)『竜門雑誌』第二四九号(一九〇九年二月)、『伝記資料』第二六巻、四五四—四五五頁。一九〇七年十月の演説は『竜門雑誌』第二三六号(一九〇八年十月)、『伝記資料』第二六巻、四〇三—四〇七頁を参照。
(34)一九〇七年社会政策学会演説、『伝記資料』第二七巻、三七〇頁。
(35)一九二六年の首相は加藤高明、二七年の首相は若槻礼次郎で、外相はどちらも幣原喜重郎、推薦文を取りまとめたのは姉崎正治だが、海外からの推薦状も複数ノーベル委員会に寄せられた。吉武信彦「ノーベル賞の国際政治学——ノーベル平和賞と日本」『地域政策研究』第一三巻、第二・三合併号(二〇一〇年十一月)を参照。ちなみにノーベル平和賞の受賞者は、一九一九年はウッドロー・ウイルソン、翌二〇年はレオン・ブルジョワ、二六年はロカルノ条約を締結した仏外相アリスティッド・ブリアンと独外相シュトレーゼマン、二七年はフランスのビュイッソン人権連盟会長とドイツ平和協会会長のクヴィデ、二九年はブリアンと共にパリ不戦条約を締結した米国務長官ケロッグだった。
(36)『国際知識』第一二巻二号(一九三二年二月)、二八—三二頁、『伝記資料』第三六巻、三八四—三八五頁。

渋沢栄一と国際協調、ナショナリズム

三牧聖子

「戦争の時代」における渋沢

世界は「戦争の時代」が再来したかのような様相を呈している。ロシアによるウクライナへの軍事侵攻に端を発する戦争は、二年を超えた。二〇二三年十月七日、パレスチナ自治区ガザを拠点とするイスラム組織ハマスがイスラエルを越境攻撃し、イスラエル市民一二〇〇名を殺害したことを端緒に、ハマスとイスラエル間の戦闘も始まった。二〇二四年四月の現在、パレスチナ側の犠牲は三万人を超えた。犠牲のうち女性や子供が七割を占めるという。

平和が切に求められる現代の世界において、渋沢の思想や実践はどういう示唆を与えるのか。さらには、国際協調を追求した渋沢でも超えられなかった限界はあるのか。あるとしたら、私たちはその限界をどのように克服していけるのか。本稿はこのような問題意識に基づき、国際協調への渋沢の貢献とその限界、今日への示唆を考えるものである。

平和の不可欠な要素としての「国民外交」

「一体外交と言う事は〔……〕衝に当るお人だけにお願いすべきでない。国民全体が出来る限り、外交――と申しては穏当でありませんが、外国の事情に通じ、当局の御経営に資せねばなりません」[1]。こうした信念のもと、渋沢は生涯を通じて「国民外交」に従事した。渋沢が「国民外交」という言葉にこめた含意について、渋沢の民間交流への貢献を包括的に検討した片桐庸夫は、渋沢は、国家の一員として国民にも国家に対する責任があり、政府及び外務省の展開する外交を支援し、補助すべきだと考えていたと分析している[2]。

渋沢の「国民外交」の主たる対象とされたのが、アメリカだった。日露戦争中、アメリカにおける対日友好感情はまさに絶頂にあった。しかし日露戦争後、カリフォルニア州を中心に発生した日本人移民排斥問題は、両国間の関係に影を落とすことになる。アメリカは既に一八八二年の中国人労働者入国禁止法で中国人を締め出し、その後矛先が向けられたのが、一九〇〇年代から急激に増加し始めていた日本人移民だった。高まる排日気運は、ついに一九〇六年十月にサンフランシスコ日本人学童隔離事件に発展したが、両国政府が問題解決に尽力した結果、日本側が移民を自主的に規制する旨を約束し、一応の解決を見ることになった。

日米両政府には、速やかな解決に向けての同意が基本的に存在した[3]。日本政府にとって、移民排斥は日本国の面子に関わる問題であったが、日米の友好関係というより大きな命題に比して、それは相対的に小さな問題であった。アメリカは貿易の最大の相手国であり、中国大陸への進出を進めるにあたっても日米の友好関係を保つことは重要だった。日本政府は、日本側が移民を自主規制する形での穏便な解決を模索した。

日本政府の譲歩に対し、民間の論調は批判的であった。日本人移民の数は、他の移民集団の数に比べると微々たるものであったが[4]、日本国民は日露戦争に勝利し、欧米列強の仲間入りをしたことへの自負に湧きかえっており、白人国家に拒絶されたことはその自負を大いに傷つけたのである。大隈重信は、一九〇七年、『東洋経済新報』に「米国の排日問題に就て」（三月十五日号）を発表し、「米国排日熱の真意義は、米国民族の日本民族に対する軽侮なり」と傷つけられた自尊心を主張した。[5] 大隈はさらに、『東洋経済新報』掲載の「対米問題」（七月五日号）で、先の学童隔離事件を、「我が日本民族が、国際交通上白人同様の待遇を受くるか、受くる能はざるかを決定する所の、最も重大なる問題」として、政府の対応に不満を示した。そして「今や実に世界の一等国として東洋に雄視するに至」った日本が、「未だ民族として、欧米の天地に於て、白人同様の待遇を受くるに至」っておらず、「民族としての位地は、未だ支那人、朝鮮人、印度人の列に置かれ」ていることを遺憾として、「優等なる人民は亦優等なる待遇を要求するの権利あり」と主張した。[6]

こうした状況に危機感を募らせたのが、日露戦争時に外相を務めた小村寿太郎だった。日露戦争とその後のポーツマス講和条約締結の経験は、日本外交を円滑に進める上で、米国世論の動向がいかに重要かを小村に知らしめた。小村は、アメリカとは平素から、政府間の交流に加えて民間交流を重ね、国民レベルでの相互理解を図る必要があると考え、その適任者として渋沢に白羽の矢を立てた。小村の考えは渋沢も共有するところであり、渋沢は国民外交に着手することになる。

実業人として渋沢がまず注目したのが米国の商業会議所だった。渋沢は一九一五年、サンフランシスコで開催されたパナマ運河開通記念万国博覧会を観覧し、その後、シカゴ、ピッツバーク、フィラデルフィア、ニューヨーク、ボストン、ワシントン等を訪問し、商業会議所や実業人のみならず、政治家や学者とも交流を持った。とりわけニューヨークにおけるインターナショナル・バンキング・コーポレーション会長フランク・A・ヴァンダリップ（Frank A. Vanderlip）との面会は、日米両国の有識者が、移民問題やその背景にある山東半島問題、朝鮮問題等について忌憚なく協議できれば、両国の関係は改善していくと渋沢に確信させるものであった。[7]

アメリカに託された国際道徳の期待

しかし渋沢の期待は裏切られていく。一九一一年にはカリフォルニア州議会に日本人移民の土地所有禁止を意図するカリフォルニア州排日土地法案が提出された。事態を憂慮した渋沢は、一九一三年四月、約百名の実業家とともに日米同志会を組織し、会長に就任した。同会の目指すところについて渋沢は、こう語っている。「吾々日本人は加州排日問題に対して人道上、国際正義の道理を以て米国人の反省を促し、両国間の親善を図ろうとする」(8)。移民排斥を批判する際、民族的な自尊心といったものではなく、「人道」や「国際正義」に依拠するところに、国際人としての渋沢の感覚が表れている。

しかし、日米同志会の結成からほどなく、一九一三年五月にカリフォルニア州で第一次排日土地法案が可決されてしまう。その後も渋沢は「アメリカは正義人道を重んじ、すべての人間は平等であるという大前提のもとに建国されたと聞いている。そうしたアメリカの建国の理想を日本国民は尊敬し、たよりにもしてきた。そのアメリカが日本人を差別するのは理解できない」と訴え続けた。一九一六年二月には、新渡戸稲造や大倉喜八郎、金子堅太郎ら各界の代表的な知米派二十四名とともに日米関係委員会を東京商業会議所に設置し、「国民外交」の拠点の一つとした(9)。

さらに一九一四年七月に勃発した第一次世界大戦は、渋沢に大きな衝撃を与えたが、同時に国際道徳への新たな期待を生み出していった。アメリカで戦時指導を担ったウッドロー・ウィルソンは、当初は建国以来の方針にならって中立政策をとったが、最終的に参戦を決意した。孤立から世界平和への関与へ。この外交政策の大転換を支えたのは、世界からの孤立によってアメリカの安全が確保される時代は過ぎ去ったという時代認識と、アメリカの安全は、究極的には世界の安全と切り離すことができないという相互依存的な安全保障観であった。大戦が勃発してほどなく、ウィルソンは義兄ストックトン・アクソン（Stockton Axson）に宛てて次のように書いている。「諸国家が深く結び付けられた現代世界にあっては、二カ国間の紛争は当該国のものとだけみることはもはや不可能であり、いかなる地域における攻撃も、世界の均衡への攻撃なのである」[10]。ウィルソンは、大戦を「世界を民主主義にとって安全にするための戦争（War to Make the World Safe for Democracy）」と意義づけ、一九一八年一月八日、大戦後に構築されるべき平和について、十四カ条の原則を発表した。それは、ヨーロッパで構築されてきた大国中心主義的な平和のアンチテーゼとして、自由貿易や国際連盟の創設、民族自決に基づくより公正な平和に向けた諸原則を掲げるものだった。

渋沢は、第一次大戦の勃発とウィルソンのイニシアティブによる国際連盟の創設をどのように見ていたのだろうか。当初渋沢は、ベルギーの中立を侵犯したドイツの行動を「国際道徳」「正義人道」に背いたものと批判し、世界大戦を、ドイツが体現する「弱肉強食を旨とする侵略主義」と、連合国や日本が体現する「平和を愛する王道主義」との戦いとして捉えていた[11]。しかし大戦が長期化する中、渋沢はドイツのみならず、ヨーロッパ全体が「国際道徳は全く廃墟致した」状況になったとみるようになり、その理由を、「他国の幸福を犠牲にするも自国の利益を謀りさへすれば、それで足れり」とするヨーロッパ流の個人主義に求めていく。大戦中に渋沢は、アジア人初のノーベル賞を受賞したインドの詩人・思想家ラビンドラナート・タゴールと日本で会う機会を得たが、タゴールとの間でも、個人主義と国際道徳との関係が話題となった。タゴールは、アヘン戦争時のイギリスの行いを例に挙げて、ヨーロッパ人による国際道徳の蹂躙は今に始まったことではないと強調したという[12]。

大戦を経て、国際道徳の実現に懐疑的になっていった渋沢に、再び希望を与えたのがウィルソンが提唱した国際連盟だった。とはいえ渋沢のウィルソンへの期待は無批判的なものではなかった。渋沢は、「ウィルソン大統領は宜しく其本を勉めて、国際連盟を主張されるには、一歩進めて国際道徳を高めることを努めなければならぬ」と釘を刺し、さもなくば連盟の試みも空文に終わってしまうとの懸念を表明していた[13]。

渋沢のアメリカ観の特徴は、その欠点や問題を率直に見据えつつ、信頼や希望を失わない、複眼的な眼差しにあった。一方で渋沢は、世界大戦を経て本格的に台頭し、戦後の講和会議を主導するまでになったアメリカの振る舞いについて、「国際道徳が完備したとは言へぬ節がある」と冷静に見ていた。その上で、「自他の国々の欠点多きことは勿論である。どうぞ亜米利加をして、成るべく国際道徳の円満なることに国民を挙げて努めて貰ひたい」と、アメリカへの期待をつないだ。こうした渋沢のアメリカ観は、当時の日本では稀有なものだった。大戦が終わると、国民の間には、連盟やウィルソンへの冷ややかな視線が広がっていった。確かに連盟は、国際平和や民族自決といった普遍的な大義を掲げたが、講和会議において、民族自決は敗戦国ドイツの領土にしか適用されず、戦勝国であるイギリスが保有する広大な植民地は問題とすらされなかった。さらに国民の連盟へのシニシズムを決定づけたのが、連盟規約に人種差別撤廃条項を盛り込もうとする日本全権団の試みの挫折であった。同条項は、白豪主義を採るオーストラリアなどの激烈な反発を受け、全会一致が得られなかったという理由で議長のウィルソンによって葬り去られた。人種平等案の挫折は、連盟は普遍的な平和の理想を掲げてはいるものの、その実態は、戦勝白人国家が、「平和」の名のもとに、不公平な現状を他国に押し付けるための道具にすぎないという、日本国民が抱き始めていた連盟への不信感を決定づけるものだった[14]。

もっとも有色人種を差別し、排斥する白人国家に憤る日本国民の多くには、日本もまた、中国人や韓国人を差別し、抑圧しているという自戒や反省の念は希薄だった[15]。アメリカに対し、国際道徳や正義人道に則った振る舞いを求めた渋沢は、こう付け加えることを忘れなかった。「同時に日本も同様にありたいと私は祈念するのであります[16]」。

ワシントン会議・太平洋問題調査会を通じた国民外交の試み

渋沢は、第一次世界大戦後、海軍軍縮や極東問題を協議したワシントン会議（一九二一―一九二二）にオブザーバーとして参加した。この時既に八十一歳であった。渋沢には、この機会を活かして悪化の一途を辿っていた日米移民問題の打開の糸口を見つけたいという気持ちがあった。渋沢は、日米協会初代会長の金子堅太郎らとともに、移民問題の解決に向けた努力を原敬首相に訴えるなどしたが、移民問題を持ち出すことがアメリカやイギリスとの関係を悪化させることを懸念した原はこの提案に消極的だった。[17] 渋沢は諦めずワシントンでも関係者への働きかけを続けたが、努力は実らず、ワシントン会議の結果、アジア・太平洋地域の現状維持についての四カ国条約、中国の門戸開放などを規定した九カ国条約、海軍軍縮条約が調印されたが、移民問題については何ら取り決めはされなかった。

近年の研究では、ワシントン会議を通じて、果たして本当に東アジアに「新秩序」がつくられたのかどうか、根本的な疑義が呈されている。[18] その先鞭を切ったのが、服部龍二『東アジア国際環境の変動と日本外交 1918-1931』（二〇〇一）である。服部は、ワシントン会議における取り決めは、既存の秩序の再確認に過ぎなかったという「ワシントン体制旧秩序説」を打ち出した。確かにワシントン会議が、海軍軍縮など重要な成果を実現したことは事実である。しかし、それは、帝国主義を乗り越えた新たな秩序への端緒になったとはいえない。こう服部は主張し、服部の研究を皮切りに、ワシントン会議の実態を批判的に問う研究が活性化してきた。[19]

もっともワシントン会議には、もうひとつ、重大な欠陥があったというべきだろう。それが移民問題である。「華府（ワシントン）会議に何等関係のない身」[20] という自覚がありながらも、日米移民問題の膠着を打開するために、八十一歳にしてワシントン会議にオブザーバー参加し、現地で精力的に活動した渋沢は、首相の原はじめ、政策決定者が必ずしも認識していなかったワシントン会議の限界を見抜いていたのではないだろうか。渋沢の移民問題解決へのこだわりは、持続的な平和は国家間の取り決めだけでは築くことはできず、民間の活発な交流、国民同士の相互理解に支えられねばならないという信念をよく表している。

その後もアメリカで日本人移民排斥の動きに歯止めはかからず、一九二四年には排日移民法がアメリカ議会を通過し、日本人移民の新規渡航は全面禁止とされた。「人種差別に基づき、日本人を不当に締め出すアメリカ」――排日移民法は、日本人のこうしたアメリカ不信に根拠を与え、「アメリカや白人国家から締め出されている以上、アジアに活路を求める他ない」とアジア膨張論を活性化させていくことになる。

それでも渋沢をはじめ、移民問題の解決に尽力してきた人々は諦めなかった。次の舞台となったのが、アジア太平洋の地域協力を掲げて一九二五年にハワイのホノルルで設立された太平洋問題調査会（Institute of Pacific Relations：IPR）であった。IPRには、国際連盟には非加入であったアメリカ・ソ連・中国、同地域に植民地を持つイギリスやフランス等の植民地宗主国、朝鮮やフィリピン等の従属国など、アジア太平洋に利害関係を持つ諸国家が広範に参加し、一九六一年にその活動が停止されるまで、定期的に国際会議が開催された。IPRの画期性は、広範な加盟国に加え、各国代表があくまで一個人として参加し、自由主義的・国際主義的な精神に則り、客観的な討議によって太平洋の諸問題を広く討議するというスローガンの下、宗主国からの参加者も、従属国からの参加者も、かなり自由な発言を許された点にあった。

一九二〇年代のIPRは、国益の追求を運命づけられている政府ではつくれない平和を、民間人である自分たちのイニシアティブでアジア太平洋につくりあげようという理想主義に満ちていた。第一回ホノルル会議で、オーストラリア代表のダンカン・ホールはこう宣言した。「我々の根本問題は、太平洋地域では、英連邦や国際連盟といった既存の組織が、十分な国際協調の基礎を提供していないことにある。〔……〕我々は、太平洋特有のニーズを満たすための汎太平洋連合（Pan-Pacific group）を必要としている」[21]。IPRは議題を限定せず、広く懸案事項を討議することを掲げていたが、「現在太平洋を悩ませている最も深刻な問題」として、(1)移民問題、(2)国家間の商業・産業関係の発展から生ずる諸問題、(3)異なる宗教・民族・文化間の接触に伴う問題の三つが挙げられた[22]。とりわけ、1や3は、ワシントン会議のような政府間の会議では議題にあがりにくいものだ。

IPR設立当時、既に八十歳を超えていた渋沢は、IPRが開催する国際会議自体に出席することはなかったが、IPRへの関わりを続けた。一九二五年の第一回の会議の前には、IPRの意思決定機関であった太平洋支部の議長をのちに務めることになるジェローム・グリーンを自宅に招き、意見交換の機会を持った。一九二九年の第三回京都会議の前には、同会議に参加するために来日した、コロンビア大学教授のジェームズ・ショットウエルとも会談を持った[23]。ショットウェルはその後、民間人でありながらパリ不戦条約(一九二八)の起草に大きく貢献することになる人物だ。

もっともIPRにおける議論が移民問題の解決にどれだけ貢献するものだったかは疑問が残る。IPRの設立を促した考えは、異なる国の人々の相互交流が平和をもたらすという、理想主義的な考えであった。すなわち、アジア太平洋地域の人々は、貿易や移民などの形で相互に接触することが多くなったにもかかわらず、意思疎通を図る場が十分に存在しない。それゆえに、諸国家の代表が定期的に顔を合わせ、率直に懸案事項を討議する場さえあれば、平和は実現すると考えられたのである。第一回ホノルル会議を支配していたのは、「相手のことをよく知るならば、相互不信は解消される」、「人々が国際的な視野で物事を考えるならば、正しい解答が導き出される」といった楽観的な見解であった[24]。

しかし、諸国家が抱える紛争の多くは、「相互理解の不足」や「誤解」に由来するものであり、それゆえに対話や相互交流を緊密化させていくことによって解決可能であるという考えは、第二次世界大戦前夜に書かれた、現実主義国際関係論の古典、E・H・カーの『危機の二十年』(一九三九)の中で、紛争や戦争の根本原因を洞察せず、平和に関して誤った前提に立脚した「ユートピアニズム」と厳しく批判されることになるものであった[25]。

IPRの参加者の中にも、E・H・カー流の「現実主義」をもって、国際平和という課題を、相互交流や相互理解の問題にすり替えようとする大国の試みに異議を唱える者もいた。中国からの参加者である。第一回目の会議で、中国から参加したT.Z.Kooは「確かに太平洋の人々が直面している問題は様々であるが、大まかに言えば、それは極めて単純な問題として提起される」として、「太平洋には二つの集団――過去、東洋の人々の犠牲の下に権利と領土の拡張に努め、現在その特権をできるだけ長く保持しようと画策している白人特権集団と、近年ナショナリズムと人種意識に覚醒し、過去奪い去られてきたものを取り返そうとしている集団がいる。この二つの集団の対立こそ、今日の太平洋の根本問題であり、この問題を放置すれば建設的な太平洋の発展などは到底見込めないばかりか、早晩紛争と破滅は不可避であろう[26]」と述べた。欧米や日本による帝国主義支配にさらされていた中国にとって、IPRでの議論は、帝国主義という平和の最大の阻害要因から目を逸らし、表層的な協調関係を構築しようとする「ユートピアニズム」に他ならなかったのである。

渋沢は「ナショナル・リベラル」の限界を越えられたか？

日米関係に関する古典であり、今日でも示唆的であり続けている叢書に『日米関係史――開戦に至る10年』（一九七一―一九七二）という四巻本がある。このシリーズの三巻に所収の論説「国際主義団体の役割」で緒方貞子は、戦前の国際主義団体や自由主義者たちはアジアにおける日本の侵略行動、そして日米開戦をなぜ止められなかったのかを問い、彼らは「はなはだ無力であった」と厳しい評価を下している。さらに緒方は、自由主義者たちの挫折の理由は、国内外の厳しい条件だけに求められてはならないという重要な指摘もしている。

確かに、一九三〇年代以降の日本では、国内では右翼や軍部の圧力が強まり、国外では、アメリカが日本に対していよいよ強硬になっていった。しかし、緒方は、戦前の自由主義者たちが国際平和に向けた真の力になりえなかった理由は、外的なものだけでなく、彼らに内的な限界があったからだと看破する。すなわち、戦前の自由主義者のほとんどは、日本が中国に持つ帝国主義的な権益を批判することなく、それを当然のものとしてを支持する「ナショナル・リベラル」であり、日本政府が追求する帝国主義的な政策に、真のオルタナティブを提示する存在ではなかった。一九三〇年代に入り、中国がナショナリズムを強め、列強に奪われてきた国権の回収を求め、日本の満蒙権益が危険にさらされる中で、多くの自由主義者が、「リベラル」であることよりも「ナショナリスト」であることを選んだのである。

　渋沢は、「ナショナル・リベラル」という限界をどれほど乗り越えていたのだろうか。先行研究はこれに否定的である。一方で渋沢は、「日中間は同文同種の関係あり。国の隣接せる位置よりするも、はた古来よりの歴史よりいうも、また思想、風俗、趣味の共通せる点あるに徴するも、相提携せざるべからざる国柄なり」、「人情を理解し、己の欲せざる所はこれは人に施さず、いわゆる相愛忠恕の道をもって相交わるにあり」と、日中友好の重要性を度々強調したが、日中を対等な関係と見ていたかといえば疑問だ。于臣は、「我国は地理上より言ふも又従来の関係上よりも言ふも、東洋の盟主となり、清韓の富源を拓き、清韓の文明を扶翼せざるべからざれば［……］戦後に於ては欧洲列国の東洋に着眼して商権拡張に努むべきは一層盛大なるべきを以て、我国に於ても啻《ただ》に之と比肩して利権を争ふに止まらず、更に進みては嶄新一頭地を抽づるの覚悟なかるべからざるを於てをや」という渋沢の主張を紹介しながら、渋沢は中国を対等な存在とは見ておらず、経済進出において「相愛忠恕」の精神が貫かれたかどうかにも疑問符がつくと指摘している。[27] 渋沢の「国民外交」を包括的に検討した片桐も、その重大な限界のひとつは対中外交にあったとしている。渋沢は『論語』に記された、思いやりや同情、赦しを意味する「恕」と、「己が欲せざる所を人に施す勿れ」という考えを対中関係の原則としたが、現実には、中国への経済進出において日本が欧米に遅れをとっていることに焦燥感を抱いており、渋沢が推し進めた対中政策にこれらの思想が貫かれていたとはいえないとしている。[28]

先行研究が指摘する渋沢の対中観や対中交流論の限界を踏まえた上で、なお注目すべきは、中国への災害支援である。渋沢は中国で度々発生する天災に、大いに同情し、継続的に救援活動を行った[29]。『渋沢栄一伝記史料』によれば、渋沢は、一八七七年に中国北部・中部地方に生じた飢饉の救済活動にはじまり、一九〇七年中国南部に生じた飢饉救済、一九一五年広東地区に生じた水害救済、一九一七年天津に生じた水害救済、一九二〇年に中国北部に生じた干ばつ救済、一九二一年中国被災児支援、一九二六年の中国被災児帰国旅費支援、一九三一年の中華民国水害救済など、継続的に救済活動に従事している。目をひくのが、日中関係の悪化が極まっていた一九三一年の救援活動だろう。中国での大洪水発生を受け、渋沢はすぐさま中華民国水害同情会を立ち上げ、義援金集めを開始した。このとき渋沢は九十一歳。既に救援活動に直接参加する事はかなわない状態であったが、なお、ラジオ放送を通じて日本国民に積極的に対中救援活動に参加するよう呼びかけた。

人ありて我は言ふ、目下支那は到る処排日の風潮盛にして、邦人を迫害し邦貨を排斥しつつあるに、何の水害見舞かあると。是は政治と道徳とを混同せる謬見である。〔……〕この度の水害は全く天災、之を救済するは人道上の義務で、政治とは何等関係はない[30]。

渋沢がラジオを通じてこう訴えた十数日後、奉天郊外の柳条湖で、関東軍が南満州鉄道の線路を爆破する満州事変が起こり、日中関係の悪化は決定的になった。そうした背景のもと、渋沢による支援の申し出は中国に拒否された。政治と道徳は異なるのだ、国家間関係が悪化しても人々は助け合うことができるのだという渋沢の信念は、日中関係の現実を超えられなかった。満州事変の二カ月後、渋沢は九十一歳でこの世を去った。

確かに渋沢はナショナリズムの限界を乗り越えられなかった、「ナショナル・リベラル」であったかもしれない。しかし、渋沢の中に葛藤がなかったわけではない。満州事変に至る日中関係の極度の悪化の中にあって、

「政治」の分野では不可能な対中融和を、「道徳」の次元で試みようとした渋沢の苦難も、私たちは正当に評価すべきであろう。

是々非々でアメリカを見る――渋沢の教訓

渋沢は、日本人移民が不当に排斥される現実があっても、アメリカは「正義と人道の国」であることを信じ続けた。一九一三年のカリフォルニア州での排日土地法成立、一九二四年の排日移民法成立と、その期待は裏切られ続けたが、それでも渋沢は、「亜米利加の日本移民に対する関係が私の知つて居る限り今の有様であつて、斯う申すと脈が切れたやうにお感じなさるか知れませぬが、未ださうではございませぬから、仮令万一に之が思ふやうに行きませぬでも、又未来に望みないと申せぬであらうと思ひます。成べく短気を起されぬやうにお願をしたうございます[31]」と、長い目で日米関係を捉え、アメリカを信じ続けるよう訴えた。

様々に環境は変わったが、今日でも渋沢の時代と同様、日米関係は重要だ。しかし、アメリカは「正義と人道の国」だと信じて、日米関係を緊密化させていればいい、という状況ではない。二〇二四年末の今もイスラエルのガザでの軍事行動は続き、もはやこれはジェノサイド（集団殺害）だとの味方が強まる。しかし、国際社会はガザ停戦に向けて団結できていない。一五〇を超える国家が国連で停戦に賛同を示しているが、アメリカは停戦に反対し、イスラエルへの軍事支援も続けてきたからだ。グローバル・サウス諸国からは、アメリカが掲げてきた「正義」や「人道」は何だったのか、アメリカこそがそれを踏みにじっているではないかという怒りや批判も聞こえてくる。

正義や人道に反したアメリカの行動に対し、どう反応し、どのような日米関係をつくっていくのか。この問いについて、渋沢の模索に学ぶところは大きい。渋沢は、アメリカが正義や人道に反している行動をとったと判断した場合には、原理原則に照らして忌憚なくアメリカを批判し、行動を修正するように地道なはたらきかけを続けた。アメリカのよいところばかり、悪いところばかりをみるのではなく、どちらの面とも誠実に向き合い、日米協調を模索し続けた。理想主義と現実主義の絶妙なバランスのもとに打ち立てられた渋沢の対米観は、今こそ参照されるべきだ。

同様に難しいのが中国との関係だ。二〇二三年の夏には、東京電力福島第一原発事故がもとで発生した処理水の海洋放出を巡り、中国側の反発がエスカレートし、日本製品のボイコットも発生した。以来、両国民の相互感情は悪化している。中国という、様々な紛争を抱えた、しかし重要な隣国とどう付き合っていくか。この問いに関しても、渋沢はさまざまな示唆を与えてくれる。

戦争や自然災害で地球上で多くの人々が苦しむ今日、個人としての無力感を感じてしまう人も多いだろう。確かにひとりひとりができることは限られている。しかし、よりよき世界への道はひとりひとりが最善を尽くすところから始まる。「個人の道徳、一国中の人と人との間の道徳が進まなければ、決して国際道徳を高めると云ふことは私は出来まいと思ふ」[32]。この渋沢の言葉は、今日も私たちの背中を押してくれている。

【注】

（1）　中島啓雄「渋沢栄一と米国のフィランソロピー」、飯森明子編『国際交流に託した渋沢栄一の望み――「民」による平和と共存の模索』ミネルヴァ書房、二〇一九年、五九頁。

(2) 片桐庸夫『民間交流のパイオニア渋沢栄一の国民外交』藤原書店、二〇一三年、四〇―四一頁。
(3) 簑原俊洋「移民問題解決への二つの日米交渉――一九一三年珍田・ブライアン会談と一九二〇年幣原・モーリス会談」『神戸法学雑誌』第五〇巻一号(二〇〇〇年)、三九―九二頁。
(4) 一八九一―一九二四年(排日移民法によって、日本人移民の渡航が全面的に禁止された年)までの日本人移民総数は、二七万五八二〇人。この数は確かにアジア系移民では最大の集団であったが、最も多い一九二〇年代でもアメリカの総人口の〇・一パーセント、カリフォルニア州の人口の二・一パーセントに過ぎなかった。移民研究会編『日本の移民研究――動向と目録』日外アソシエーツ、一九九四年、五一頁。Roger Daniels and Harry H.L.Kitano, *American Racism: Exploration of the Nature of Prejudices*, (Prentice-Hall, 1970), p. 47.
(5) 大隈重信「米国の排日問題に就て」『東洋経済新報』一九〇七年三月十五日。
(6) 大隈重信「対米問題」『東洋経済新報』一九〇七年七月五日。
(7) 『渋沢栄一伝記資料』(以下、『伝記資料』)、第三五巻、三六四―三六五頁。片桐、前掲書、四二―四六頁。
(8) 『伝記資料』第三三巻、四二二頁。片桐、前掲書、四七、五一―五二頁。
(9) 渋沢雅英『太平洋にかける橋――渋沢栄一の生涯』読売新聞社、一九七〇年、二八二―二九五頁。田中文憲「渋沢栄一に関する一考察(2)――国民外交の展開と挫折」『奈良大学紀要』第五〇号、二〇二一年、一二〇頁。
(10) Stockton Axson, *"Brother Woodrow": A Memoir of Woodrow Wilson* (Princeton University Press, 1993), pp. 194-195.
(11) 『伝記資料』第四〇巻、五〇一―五〇三頁。櫻井良樹「日本の国際化と渋沢栄一の『国際道徳』」『国際交流に託した渋沢栄一の望み――「民」による平和と共存の模索』、二八―二九頁。
(12) 『伝記資料』第三三巻、四八一頁、第四二巻、六一九頁、第四六巻、六二八頁。櫻井、前掲論文、三〇―三一頁。
(13) 『伝記資料』第四〇巻、三五八頁。櫻井、三二頁。
(14) 大沼保昭「遥かなる人種平等の理想――国際連盟規約への人種平等条項提案と日本の国際法観」、大沼保昭編『国際法、国際連合と日本』弘文堂、一九八九年、四二七―四八〇頁。
(15) 三牧聖子「近代日本とアジア連帯――閉ざされた機会、閉ざした機会」、梅森直之・平川幸子・三牧聖子編『歴史の中のアジア地域統合』勁草書房、二〇一二年、一九三―二一六頁。大沼、前掲論文。
(16) 『伝記資料』第四〇巻、三五八頁。櫻井、前掲論文、三三頁。
(17) 中島、前掲論文、六四頁。

(18) ワシントン会議の結果、極東に「新しい国際秩序」が成立したという見解は、長らく日本外交史の定説となってきた。もっともそうした古典的な研究も、ワシントン会議の結果、まったく新しい国際秩序が誕生したといった説はとっておらず、ニュアンスのある記述をしている。Akira Iriye, *After Imperialism: The Search for a New Order in the Far East, 1921-1931* (Cambridge, Mass.: Harvard University Press, 1965). 細谷千博『両大戦間の日本外交――1914-1945』岩波書店、一九八八年。麻田貞雄「《旧外交》と《新外交》のはざま（一九一八―二二年）――日米デタントとワシントン体制の成立」、同『両大戦間の日米関係――海軍と政策決定過程』東京大学出版会、一九九三年、一二八―一三二頁。佐藤誠三郎「協調と自立との間――日本」、日本政治学会編『国際緊張緩和の政治過程』岩波書店、一九六九年、九九―一四四頁。

(19) 代表的な例として、中谷直司『強いアメリカと弱いアメリカの狭間で――第一次世界大戦後の東アジア秩序をめぐる日米英関係』千倉書房、二〇一六年。

(20) 中島、前掲論文、六四頁。

(21) Duncan Hall, "A Political and Legal Cooperation," *Institute of Pacific Relations, Honolulu Session, June 30-July 14, 1925- History, Organization, Proceedings, Discussions, and Addresses* (Honolulu, Hawaii : Institute of Pacific Relations, 1925), pp. 136-138.

(22) "Development of the Plan for a Conference on Problems of the Pacific Peoples," *Ibid.*, pp. 13-15.

(23) 中島、前掲論文、六九頁。

(24) Chester H. Rowell, "American Sentiment of Problems of the Pacific," *Institute of Pacific Relations 1925*, pp. 102-106.

(25) E・H・カー『危機の二十年』原彬久訳、岩波書店（岩波文庫）、二〇一一年。

(26) T.Z. Koo, "A Chinese View of Pacific Relations," *Institute of Pacific Relations 1925*, pp. 68-70.

(27) 「我経済界の三大急務」『銀行通信録』第三九巻二三一号、一九〇五年。于臣「中国メディアによる報道と渋沢栄一のジレンマ」『国際交流に託した渋沢栄一の望み――「民」による平和と共存の模索』、一九〇頁。于臣『渋沢栄一と中国――一九一四年の中国訪問』不二出版、二〇一六年。

(28) 片桐、前掲書、一三〇―一九六頁。

(29) 周見・西川博史『渋沢栄一と近代中国』現代史料出版、二〇一六年、一六五―一七二頁。

(30) 『伝記資料』第四〇巻、九一―九二頁。周見・西川、前掲『渋沢栄一と近代中国』、一六九頁。

(31) 「米国における排日問題の沿革」（一九二四年五月二十日東京銀行倶楽部晩餐会演説）、『伝記資料』第五一巻、四二―四八頁。

(32) 『伝記資料』第四三巻、一七頁。櫻井、三五頁。

終章

福沢諭吉と渋沢栄一
——アメリカへの眼、そして脱亜入欧か

樺山紘一

一九〇一年、福沢諭吉の退場

この年の二月、天保年間生まれである福沢諭吉（一八三五—一九〇一）は、満六十五歳で生涯を閉じた。当時としては、十分に長寿といえる。文明開化以降、わが国の論壇の正面をかざってきた福沢の死は、たしかに改新の世紀の終焉を告げるに十分であった。奇しくもその時、長く波乱にみちた十九世紀が閉じたばかりだったからでもある。そしてなによりも、福沢が標榜してきた日本社会とその文明の精華が、曲がりなりにも成果をおさめ、近代国家の一員として十分に評価にたえる地位を確立していた。「独立自尊」を標語として、国家、社会から個別の国民にいたる各層に自信と勇気を与えたことは、確かである。福沢の言論や、慶應義塾をはじめとする社会教育団体の活動は、この世紀末までには、社会の共有財産として尊敬をもって評価されていた。

しかし、惜しまれつつの退場には、なにがしかの不安が伴っていたことも、否定しがたいようである。というのも論敵からの反発や批判ばかりではなく、同伴してきた言論人から政治家や実業人たちにあっても、新世紀の

到来が平滑かつ光明にあふれたものばかりとは、予想されなかったからであろう。明治初年の啓蒙時代や、これをついだ成長への道筋におけるような、希望を予感させる時代感覚ばかりで支えられているわけではなかった。騒動や波乱をふくみこんだ風波が、日本人の周辺に吹きだしているかに思えたようである。すでに生前の福沢が警告を発していたところだが、発展に心酔する日本の周辺には、未経験の難局が予感され始めていた。

ユーラシア大陸の東端にある日本が、とうとう地球全般にわたる国際関係のネットワークに搦めとられたのである。それは、後発の近代国家である日本が、先進諸国からの劣位待遇を脱し、みずからの進路を決断・選択する権限と危険とを身に帯びたということである。直前の一八九四―九五年に勃発して、幸運にも勝利を手にした日清戦争は、まずはその参入セレモニーであった。しかしより重要なのは、世紀末に大詰めの折衝を続け、最終的にはついに一九一一年に達成された、いわゆる「条約改正」課題の解決である。

幕末の開国にあって、西欧諸国とのあいだで締結した、いわゆる不平等条約は、明治維新から、数十年にわたる改定交渉をしいられた。最恵国待遇を想定しない差別条項をふくむ、安政条約の改定は、相手諸国の強固な貿易政策のために、解決の道をさぐりかねた。十九世紀末には、ほぼ全世界的に実現していた自由貿易の原則は、ここでは多側面にわたって制限され、日本の輸出入政策や在留者身分の保証に歪みをしいられてきた。対象相手ごとに部分改定をほどこしつつ、ようやくイギリス、アメリカとの合意がえられて解決がえられたが、それはじつに半世紀に及ぶ宿願だったことになる。

ついに実現した自由貿易原則と関税自主権の確立は、すでに先進各国間ではとうに確立していたものだが、日本にとっては、両刃の剣ともいえた。というのも、自由貿易は日本側の国際商業活動にも直接のリスクを課すものであり、険しい国際関係の余波が襲いくることも想定される。そしてまた、自由貿易の標語のもとに展開される日本の国際活動も、厳格な国際ルールのもとに縛られることになる。日本は、世界各国との相互的な経済関係のネットワークに裸身で参画したわけだから。

晩年に入る渋沢栄一

こうして迎え入れられた日本の二十世紀は、福沢やその他の先覚者たちの不在のもとで、安んじて繁栄の道をたどることができるであろうか。しかしまさしくその時点で、いまひとりの英知ある明治人が、その欠を埋めようと屹立していた。言うまでもなく渋沢栄一である。その年、栄一は還暦の年を迎えた。一八四〇年生まれで福沢よりも五歳の年少。その時代としては、もう晩年というべき頃合いである。

時の風潮にもあわせて、栄一は積みかさなってきた実業界の少数のおもだった役職のほかは、責任ある地位から引退した。しかしながら本人の意識や希望からすれば、二十世紀の開幕は、引退の儀式ではなく、従来の役務の再整理であり、さらにまたあらたな新規の領野への踏みこみを意味したにちがいない。少なくとも当人の強烈な課題意識には衰えがみえようもなかったから。

その意識のなかでも、きわだって明白なもの。それこそ日本をとりまく新たな国際情勢だったにちがいない。さきに見たように、世紀の変わり目にあたって、自由貿易体制と、国際経済競争の熾烈な展開の始まりを直感して、実業家としての渋沢は、あらためて洞察の眼を世界に向けはじめたようである。一八九八年と一九〇〇年の韓国（朝鮮）訪問についで、一九〇二年には渋沢はじつに三十五年ぶりに欧米視察に向かう。なんと四カ月間に及ぶ、長期の欧米滞在であった。パナマ運河開通前のアメリカ横断は、かなりの労苦であっただろうが、六月にはワシントンにおいて、セオドア・ルーズベルト大統領に拝謁の機会をえられた。ヨーロッパにあっては諸国を歴訪し、その四十年におよぶ不在の間に展開した、めざましい進歩と成熟の姿を実見することができた。

しかし、今般の外遊にあって、もっとも強い印象をあたえたのは、アメリカ合衆国のダイナミックな姿であった。印象というよりも衝撃といってもよいだろうか。渋沢が最初に出会ったアメリカ人ははるか五十年前、幕末の来訪者であったが、それは折しも合衆国を混乱におとしこんだ南北戦争の直後のことであった。明治初年の渋沢あっては、世界を視察する心眼に、戦乱後のアメリカ人はほとんど濃い姿として映らなかったようである。しかし、一八七九年に合衆国が国力の回復を印象づけるべく派遣したグラント将軍は、渋沢にも訴えるものがあったようである。明治政府をあげての歓迎ぶりに、予定を変更してまで訪日を敢行した元大統領は、予想をこえて日本人に強い印象をあたえた。リンカーン大統領の左腕として祖国の分裂を防ぎ、戦後にはその人気から大統領の地位に昇りつめた軍人とその夫人は、かのペリー提督にもまして、人格的魅力を振りまいたようである。官を辞したばかりの渋沢は、みずから名乗りでて、歓迎の宴をはり、東京では増上寺や上野公園での植樹行事をも取りしきるほどであった。おそらくは、ヨーロッパ諸国でかつて垣間見た職業軍人と比較して、よりフランクで紳士然とした元大統領は、ほとんど初めて個人的に親しく接触したアメリカ要人であった。このグラント体験は、渋沢にとってのアメリカ人像の原形となったことであろう。

とはいえ十九世紀の日本にとって、強い訴求力をもった外国はじつはイギリスであった。貿易量の過半を占める相手は、このヨーロッパ国家であった。懸案の条約改正にあって指導力を発揮したのもイギリスであり、アメリカはその陰で外交的振る舞いを演じたにすぎない。なによりも植民地統治をふくめた国際的主導力は、そこに結集されていた。いわゆる「帝国主義国際関係」は、イギリスを中軸に展開していた。いまだその力関係を的確には把握しかねていた渋沢は、世紀末葉になっても、明確な国際関係図を脳裏に描くことはかなわなかっただろう。

アメリカの現地踏査へ

こうした状況にもかかわらず、二十世紀冒頭に還暦後の渋沢が好んで選んだ訪問先は、まずアメリカであった。

むろんそののちの旅程でヨーロッパ諸国を踏破したとはいえ、冒頭にかのグラント将軍の祖国を選び、しかも名のみ篤く親しんできたアメリカ社会で若く強力な実業リーダーたちとの会見を望んだ。すでに日本にあって親しみをもって語られていた発明家エジソンとの面会や、起業家・開発者カーネギーやロックフェラーの世評は、同行者たちにも絶大なインパクトを与えたことであろう。これらの実業家たちは、新来の日本人経営者たちと、はなはだフランクに対話した。その敷居の低さも日本人たちを魅了したようである。すでに、断片的ながら分厚い社会力や経済力のありかたを寸見していたフランスやドイツ、あるいはワールドパワーとして絶頂にあるイギリスなどヨーロッパ列強とはことなり、いささか白紙の状態で現地踏査に臨んだアメリカ合衆国。それは二十世紀パワーの源泉として、渋沢たちに驚きと共感をうながしたことであった。

かねてから、ことにイギリスは、巧妙な外交力を駆使して、日本人を魅了してきたといえる。とりわけ明治の日本人にとって、福沢諭吉が力説した強国イギリスの観察記録、その『文明論之概略』は、なお十九世紀末にあっても、説得力を維持していた。しかしその福沢の視野の及ばぬところから、福沢没後の二十世紀に、アメリカというもうひとつのアングロ・サクソン社会が、日本人につよい訴求力を行使しはじめるとは。渋沢の第一次訪米はその開始ベルであった。

渋沢の第二次訪米は、一九〇九年のことである。初回でいちおうの目途をつけたからであろうか。この第二回では、日本を代表する大規模な実業団訪米チームを結成した。九月から十一月にいたる三カ月あまり、実業界の指導者を中心として、選抜チームを結成し、じつに五十名をこえる大デレゲーションを組織した。渋沢が六十九歳の高齢で派遣団長をつとめるという、構えの大きな派遣団。文字どおり日本実業界と言論界の総意を体現するイベントとなった。十分に計画された参観団はアメリカ各地を見学するとともに、エジソンをはじめとする現地要人との交流を達成した。これは日本の実業界にとっても記念すべき事件であった。力強い成長を記録するアメリカ実業界の現実を直接に目にした要人たちの興奮はいかばかりであったろうか。見方によれば、明治初年に西洋各国を視察した岩倉視察団にも比定すべき、大イベントであると言ってもよい。派遣団の見学は、タフト大統領との会見で掉尾をかざり、日米関係の展開を誇示するに十分であった。

渋沢の訪米は、一九一五年の第三次に受けつがれ、この度はウィルソン大統領との会見も設定された。両国のあいだには、日米関係委員会が設置される。これと並行するかのようにイギリス、フランスなどとの協調も試みられたとはいえ、太平洋をはさむ日米両国の関係は、アメリカが参戦をためらった第一次世界大戦という困難な状況のもとで、将来性のある外交・通商関係の進行をうながすものであった。

渋沢の第四回渡米は、一九二一年。このときはすでに第一次世界大戦は終結し、国際平和を担保すべき国際連盟が発足していた。日本にとっても、国際状況はすでに新しいフェーズを迎えていた。実はこの時には、日本は対米関係のあらたな困難に直面するところであった。知られるとおり、合衆国における日本人移民の処遇という難題が生起していたからである。世紀初めに端を発し、大戦をはさんで一九二〇年代には日本人移民の排斥をともなう極度に深刻な状況を迎えた。渋沢はこの問題について、直接の対応と調停を提起した。破局も予想される日米関係であったが、訪米によってつちかわれた友好の土壌をも利用しつつ、アメリカ側の態度軟化をうながした。その努力はそれなりの成果をおさめたといえる。

渋沢にとって、アメリカという土地は、けっして居住して慣れ親しんだ郷ではないし、英語を操る才をもってもいなかった。しかし、アメリカ人の対人態度の明朗さや率直さは、かれの日常生活の根底にもひとしく秘むところであった。極度な多忙のなかでも、訪れ来る客人には辛抱づよく面会し、けっして玄関口で拒むような冷淡な対応はとらなかった。西方の島国からの訪問者にも、親しく面会する大統領の姿に、渋沢はつよい親近感をもよおしたにちがいない。

第四回の訪米は、ワシントンで開催される軍縮会議に、日本代表団の顧問として参画することを目的とした。この会議は、アメリカの正義感が表面にでた理想主義トーンの集会であったが、八十一歳の老渋沢は根気づよく議論の行方を見守ったようである。

　実際のところ、一九二〇年代の老渋沢は、その後の渡米は試みなかったが、大戦後に樹立された国際連盟には、多大な期待をかけた。議会上院の反対で加盟が許されなかった合衆国とも対話を進め、日本国内にあっては国際連盟協会を立ちあげて、国際協力の必要性を、粘りづよく訴えた。アメリカのみならず、イギリス、フランスなど主要な国ぐにによる平和の維持・推進が不可欠な国際政策だと、正論をとなえつづけた。それは、大正時代という温和なリベラリズムが伸長する時代にあって、広い合意をもとめうる途であったろう。

アジアへの眼はどうか

　ただし、晩年の渋沢については、容易な説明が困難な主題がついてまわる。アメリカへの共感から、国際平和への展開という行動パターンのなかで、アジア諸国との関わりは、いかに構想されたか。あるいは、より具体的に、中国や朝鮮（韓国）との関係は、どのように理解されたか。フランス・イギリスからの学習や、アメリカへの共感の体験は、近隣アジア諸国との関係調整といかに調和させられるのか。この問題は、渋沢の晩年の評価にあって、もっともナーバスな論点である。

　広く知られるとおり、渋沢は生涯一貫して、日本古来の精神的伝統を固持し、とりわけ『論語』を座右の書として、講読し講話した。ことに最晩年には、儒学者・三島中州の論説に心酔して、中州が主宰する二松学舎の舎長を勤めるなど、中国思想の一端につよく固執した。名著として広く親しまれた『論語と算盤』は要職引退後の渋沢の真骨頂を表現するものと言ってよい。

　しかし、この東洋思想伝統の尊崇は、近代日本の東アジア対応の動向といかに連関していたのか。あるいは渋沢が近代日本の東アジア政策と適合したかどうかは、速断不能の設問である。理論的整合性をもとめる思想家とは縁も薄かった渋沢は、中国・朝鮮（韓国）への合理的理解に固執したわけではあるまい。それだけに、日清戦争から日露戦争、韓国併合、そして、辛亥革命へと展開する東アジア世界への対応スタンスを、整合的に理解することはむずかしい。

ここでは、ひとつの試みとして、この問題の解決をもとめて、一本の補助線を引いてみたい。いささか時代をさかのぼらせるが、福沢諭吉に再登場を依頼してみる。というのも、維新以来、日本の立ち位置をもとめて世論をリードしてきた福沢は、アジア太平洋をふくむ諸外国と日本との関わりについて、思慮ある方向性を求めていたからである。かつてしばしば論じられていたとおり、福沢は日本を中核とするアジア諸国と、先進のヨーロッパ文明との関わりについて、多様な議論を提起していた。そのもっとも先鋭的なかたちは、いわゆる「脱亜入欧」の方向性である。かねて、福沢が論陣をはった『時事新報』にあっては、明治の後半における論潮が、当初の民権尊重から国権擁護に向かい、富国強兵や産業勃興へと強調点を移動させて行ったと解説されている。その方向性のもとで、福沢にあっては、ヨーロッパ世界の価値体系の全面的な受容と、それと平仄をあわせるようにアジア世界の牢固な後進性からの離別を推奨したとも。それを表示する標語として「脱亜入欧」が採用される。この有名な熟語は一八八〇年代に論壇に登場し、『時事新報』もまたその路線を踏襲したとも解説される。

かつてこの問題域は、日本の研究者のあいだで盛んに論じられた。しかし現在では福沢の「脱亜思想」評価は、大方の信頼を失った。国際政治のなかで微妙な地位測定に腐心する福沢の思考に、関心が移行しているかにもみえる。一九〇一年の福沢退場の直後に始まった日本の国際化の新段階では、脱亜入欧という単純な発想は共鳴を失いつつあった。渋沢が、アメリカ訪問以降、急速に日本を取りまく国際関係に関心を高めるとき、問題配置は脱亜入欧ではなく、複雑系に向けて展開する世界情勢のなかでの、日本の選択というフィールドに移っていった。渋沢はその大勢を、まずはアメリカとの協和のうちに見いだし、やがては世界大戦ののちに展開する広汎な国際関係として理解しようとした。

たしかに渋沢は、「脱亜」の対極にあるアジア的教養体系に強く共感をしめし、のちに『論語』をとおして表現される東洋の英知に、社会行動の公準をもとめた。しかしながら、このアジア的価値は、かねて日本で伝統的に受けいれられた朱子学的思惟体系に、オーソドックスに準拠するわけではない。中国近世以降の高度な形而上学を基盤とした朱子学は、そもそものわが国に本格的に根づくことなく、むしろ儒教という教説は、社会秩序や日本倫理の基盤とし受容されていた。渋沢の『論語』理解は、穏和な生活倫理や対人関係を前向きに展開する平易なコトバの連続としてであった。むしろ、のちの二十世紀後半の現代社会で急速に共鳴をよんだ新儒教主義の穏健さにすら接近するものとも言える。

それはたしかに、福沢が排斥しようとした頑迷な儒教主義とは背反するであろうが、さりとて渋沢の日本倫理の聡明さを排除するわけでもなかった。「脱亜入欧」のニュアンスは、福沢が積極的に採用したかどうかは微妙なところであるが、二十世紀初頭の渋沢にとっては受けいれがたい立場であった。一八八〇年代を風靡したかにみえるこの問題設定は、二十世紀初頭には、多様な勢力配置のなかを貫く、国際関係のなかに解消してゆくであろう。福沢没後の渋沢は晩年の老苦をおして、国際協調原則の学習と体験に向け、あらたな道の開拓を目指すことになる。その努力は、わが国における大正リベラリズムの風を受けて、しばらくは順調な展開をみせて、渋沢の最晩年をかざることになろう。それの終末をしるすのは、一九三一年九月に突発した満州事変であり、これとともに日本の近代社会は、急速に戦争態勢に向けて変貌してゆく。そのさなかの十一月十一日、天保年間生まれである渋沢栄一は、九十一歳という長寿に終止符を打った。

近代日本社会の創造者・渋沢栄一の諸相
——日仏シンポジウム「渋沢栄一とフランス」の結びに代えて

井上潤

はじめに

一九二四年、渋沢栄一は駐日フランス大使ポール・クローデルとともに財団法人日仏会館を設立し、その母体となった日仏協会の名誉会員のまま同館の初代理事長に就任した。日仏会館設置の目的は、第一次大戦後の日本にフランスの言語と文化を普及させると同時に、フランスに日本の文化を紹介し、両国の文化学術の交流を増進させることであった。その日仏会館が創設されて百周年を迎えたことに際してシンポジウムが開催された。会館創設当初の目的に副うべく、改めて渋沢の視点から、日仏関係を振り返ることが試みられたのである。経済、国際関係、思想・文化、教育、労働問題等多岐にわたる様々な側面から渋沢の事績・思想が論じられた。当時の日仏の関係性に焦点があてられるだけでなく、現代社会さらには将来にむけての示唆が得られる内容だったように思われる。本稿では、シンポジウムにおいて論じられた、多面体とも言えるその渋沢の諸側面を改めて検証してみたい。

一　渋沢栄一とフランス

今回のシンポジウムのテーマが「渋沢栄一とフランス」とある。本題に入る前に、あえて述べる必要はないとは思うが、先述の日仏会館創設に加え、両者の関係性を改めて簡単に紹介したい。

最初は、渋沢栄一にとって人生の一大転機となった初の海外体験、一度目の渡仏である。

一八六七年、十五代将軍徳川慶喜の実弟昭武が、同年フランスで開催されたパリ万国博覧会に将軍名代として派遣された際、渋沢も随行した。これが、渋沢とフランスの最初の出会いである。随行者は合計三十三名で、このなかで渋沢は庶務や会計等を担当した。渋沢にとって、このパリ万博参加をきっかけにした約一年半にわたる渡欧体験は、フランスをはじめ欧州各国の先進技術や、社会・経済に関する組織、制度に触れることをもたらし、その後渋沢が日本の近代化を進めるべく様々な事業を起こし育成していく際に大きな影響を与えたのである。

次は、一九〇二年九月の二度目の渡仏である。渋沢は、東京商業会議所の会頭として、米欧視察旅行の途次に日仏経済交流の促進を企図してパリ商業会議所を公式訪問した。この時渋沢は、すでに知己であった銀行家アルベール・カーンから彼の自宅に招待され、またパリの街を案内されるなどしている。渋沢はそのほかにも、パリ証券取引所や、ノルマンディーのガイヨンに所在する「ドエール国立感化院」などを訪問したのである。

そして、一九三〇年三月にフランス西南部で発生した大水害罹災者への対応があげられる。日仏会館理事長に在任中だった渋沢は、日仏協会と連合で義捐金を募り、外務省を通じてフランス政府に送ったのである。その額は合計で三五九六円、仏貨に換算して四万五二〇一フランであった。渋沢が義捐金を集め、フランスに送った目的や背景は、明確な形で把握されていないが、関東大震災が発生した際フランス国より受けた有形無形の厚い援助に酬いると同時に、友邦として不慮の災厄に同情の意を表わすために義捐金を募り送金したと考えられる。渋沢はフランスで罹災した人びとに対しても、温かい眼差しを向けていたのである（「フランス国西南部水害義捐金募集」については『渋沢栄一伝記資料』第四〇巻、七〇―七一頁を参照）。

二　渋沢栄一の事績・思想から見える諸相

本シンポジウムにて論じられた渋沢の諸相を以下の八つの側面から検証する。

(1) 公益を追求

最初にとりあげるのは、渋沢栄一が、よりよい社会を目指すという強い信念を持ち〝私〟より〝公〟を第一に考えたという側面である。成し遂げた事績、生涯関わった約五百の企業に六百もの社会事業という数がそれを物語っていると言える。その渋沢が、その強い信念を貫くための規範としたのが『論語』であり、その『論語』を根拠とした考えが「道徳と経済は一致させることが重要だ」と説いた「論語・算盤説」「道徳経済合一説」である。同説が提示する中心的課題の一つは「正当な利益追求」であり、他の一つは「公益が第一」であった。

利益を求めることと、道徳観を有することとが相反すると理解されていた中で、利益を求めることは決して悪と捉えず、むしろ「利益を得ること自体、国を富ませることであり、世が発展するための基底をなすのは経済活動だ」と考えたのである。ただし、その経済活動を行うにあたっては、道徳観や倫理観を決して忘れてはいけないと強く主張している。

道徳と経済の一致をみなければ持続的な成長はないと考えたわけである。つまり「商人にとっては信用こそが根本で、不正直に商売をして一時は大きなもうけを得ることはできるかもしれないが、そのような利益は決して永続するものではない」とのごとく、誠実に商売をしてこそ、安定的で持続的な利益を獲得することができるとしたのである。

未来志向者らしく、その実現のために事業の永続が必要と未来像を描き、そして事業・事業体の存続は、労働意欲、地域貢献、社会のニーズへの対応につながると考えていた。

「公益が第一」の考えにおいては「自己の利益を第一としない」ということに違和感を持たれるかもしれない。「ルールを遵守すれば、自己利益の追求は問題なし」というのが市場経済の常識だからである。しかし渋沢は、皆が自己利益第一で商売をすれば、利益の奪いあいから共倒れになり、経済が成り立たないので、まずは他者利益を第一に図ってこそ、円滑な経済活動が可能になると考えたのであった。ただ、自己利益の追求自体を戒めるものでは決してなく、企業や個人が十分な利益を得ることもまた不可欠だと考えていた。

渋沢の「道徳経済合一説」、またその説を基盤に据えて唱えた「合本《がっぽん》主義」は、二〇〇八年のリーマンショック前後から国の内外で見直され、注目を集めた。私益の追求に過度に走りがちな市場経済に対する人々の不信感や危機感が背景にあるように思われる。渋沢の考えこそが、これからの新しい資本主義のあり方や新興国の経済発展の方策を考える上での一つの方向性やヒントを与えるのではないだろうか。

（2）恒久平和を希求

次は、とりわけ晩年の渋沢栄一が平和な国際社会を強く希求した側面である。

渋沢が創設したり運営を支援した平和を目的とした団体の中に、一九〇六年に発足した大日本平和協会があり、渋沢は一九一二年から同協会にて名誉評議員として積極的に活動したのであった。また、一九二〇年四月から、国際連盟の活動と理想を支援するため結成された社団法人国際聯盟協会の初代会長をつとめている。渋沢は国際連盟を世界平和への新しい希望の礎とみていたのである。

渋沢は、一九一二年五月に平和協会で行った演説で、戦争が一国の経済を助けるという考え方を否定し、戦争が富を増すと考えることは、とりもなおさずその人間の経済的真理に対する無知をさらけ出すものとする意を主張した（「実業界より見たる平和」『竜門雑誌』第二八九号、一九一二年。『渋沢栄一伝記資料』第三五巻所収）。

渋沢は、人間性と正義の原理は商工業の利益となんら矛盾するものではないと論じ、また、個人的および国家的貪欲、人間対立、国際紛争という三つの原因から起きる戦争に対して、それが経済的価値を生むという理由に強く反対の意思を表したのである。つまり経済的利益に着目しつつ、世界が生き延び、豊かになるためには国際協力がいかに重要であるかを力説したのであった。このように、渋沢は戦争の否定的要素を強調した。彼にとって平和こそ、産業を振興し人類の幸福を増進する道であったのである（「戦争と経済」『竜門雑誌』第三二二号、一九一五年。『伝記資料』第四六巻所収）。

また、国際秩序は平和的な経済戦争によってもたらされるべきだ、と信じていた渋沢は、生産と通商の振興こそが近代世界のなかで生存し発展していかなければならず、各国に共通な課題で、武器によらず、知識および生産の促進による経済戦争こそ、将来の戦争であると考えたのであった。「経済に国境なし」。人々が自らの利益を増進するため他人を傷つける必要はないことに気づくとき、恒久平和が確立し、無駄な戦争はなくなるであろうと思っていたのである（「戦争と経済」『竜門雑誌』、前掲）。

渋沢は、さらに「国際道徳と世界平和」（『竜門雑誌』第三一二号、一九一四年）において次のような考えも説いている。

元来争うという行為は生物の本能で、闘争は生ある者の常態なのである。ただ、諸々の関係から徐々に理解し合えるようになり、次第に情愛が芽生え、争いも少なくなる。人類は文化の発達に従い動物的本能は次第に衰え、兵器は兇器、戦争は変事として、これらを避けるようになり、平和論が唱道され、国内に止まらず、国際的にも平和を持続させるべく種々の行動が実行されてきたが、そのような中で軍備が漸次増加するは何故なのだろうか。自分も、我国において軍備問題が内閣の死活問題となり、大物政治家の頭を悩ましたことを目にした。もし国際平和が可能ならば、軍備拡張は不必要だが、盛んに軍備を拡張するところを見ると、国際平和論は全く空論なのかと感じる。自分が観るところでは国際平和は決して空想でないし、軍備拡張の必要は近き将来において無くなると信じているのである。それには、国際道徳の発達に待たなければならない。

そもそも道徳は文明の真髄をなすものであって、道徳が発達しない物質的文明は真の文明でなく、この意味における道徳は、社会の生産殖利に一致したものでなければならないと考える。

殖利は常に道徳によって実行され、道徳は殖利によって促進されるようになって始めて文明は進歩し、平和の維持も得られるのである。国民道徳が、その範囲を国際間に拡張するようになれば、真の平和が実現されるのであるとした。

渋沢は、国際協調を願う世界中の人たちから、非公式ながらも国際関係改善を目ざす運動、つまり「民間外交」の傑出した実践者であることを認められ、アメリカでは「グランド・オールドマン」として讃えられた。また、一九二六年とその翌年の二度にわたってノーベル平和賞の候補にあげられている。この隠れたエピソードとともに、渋沢の思いと行動を見直し、現代社会における平和な国際社会を捉え直したいと思うのである。

(3) 近代化の影に視線を向ける

次は、福祉の側面である。日本では、明治新政府が「富国強兵」をスローガンに掲げ、近代化を積極的に推進させたが、すべての人々がより良い生活を営めたかというと、必ずしもそのようにはいかなかった。少なからずドロップアウトしてしまう人が出ていたのである。だが新政府は社会的な弱者に目を向けることはせず、困窮者の救済に当てられた費用は、歳出全体のわずか〇・一パーセント前後に過ぎなかったと言われている。

このような状況下において、財源のない新政府は不換紙幣である太政官札を乱発し、増収を図ったのであるが、逆に物価は上昇し、かえって状況は悪化した。さらに、新政府は東京各地で町民が飢饉や災害に備え貯蓄していた大事な共有財産にまで手をつけ、それらを道路建設や軍事費に流用し、近代国家建設を優先させたのであった。

一八七四年、政府は太政官達として困窮者を救う目的で「恤救《じゅつきゅう》規則」を布達した。この法律は、貧困者のうち独身で労働不能の七十歳以上の老衰または重病の者、障害者、病人、そして十三歳以下の児童等に一定の米代を支給することを定めたもので、非常に限定された救貧法であった。しかも、前提として、貧民の救済はあくまでも相互扶助の精神でなさるべきとして多くの貧困者に対して突き放す姿勢を示していたのである。

このような情勢のなかで貧民救済などの社会事業に取り組んだ一人に渋沢栄一がいた。渋沢の福祉事業への端緒であり、強く傾注した事業の代表に東京養育院がある。

一八七二年、ロシアの皇子来日の際、当時の東京は、幕府崩壊後、職を失った旧武士身分の人たちや行き倒れの人たちが多く徘徊している状態だったので、そのような人たちを旧加賀藩邸の脇にあった長屋に一時収容した。そのことがきっかけとなり事業をスタートさせ、やがて所在地を移すとともに、本院・分院と分けて老人養護施設、児童養護施設、更生施設、長期療養施設を設けたりするほか、今でいう看護師や保育士の養成も行うというように、機能とともに事業を拡大したのが養育院であった。渋沢は一八七四年から養育院の運営事務に関与し、事務長を経て、亡くなるまで約五十年にわたって初代院長を務めたのである。

一八七九年以降、地方税によってまかなわれるようになった養育院の経費に対して、次第に非難の目が向けられ、一八八一年には、東京府が支出する養育院の経費は全国総救育費の半分以上を占めていたことを問題として、東京府会や一部マスコミが養育院廃止論を唱え始めた。そして、東京府会は一八八四年に養育院への府からの費用打ち切りを決定したが、これに抵抗したのが渋沢であった。東京府知事に同事業は将来を推考すれば、到底廃棄すべきものではないとする建議書を提出すると同時に、事業を継続させるべく、民間委託経営の道へと舵をとったのである。

日清戦争後、工業化が進展したことにより、日本は豊かになった一方で、資本主義化の進行にともない、しばしば不況の風が吹き荒れるようになった。貧富の差も拡大し、養育院の入所者は増え続け、設立当時から一八九五年には約二倍に膨らんだのである。こうした事態に渋沢は「国の繁昌は増したいが、それは同時に貧民を増やすことでもあるのだ」という複雑な念を年々深くしていったのであった（「東京市養育院の沿革」『青淵回顧録』、一九二七年）。

渋沢がめざす国力の増強とは、産業の振興と経済の発展にあった。ただ、資本主義社会の中にあっては貧富の差が生じる状況は避けられない自然の道理と認識し、本当の意味でのより良い社会、豊かな生活環境を維持させるには、経済政策の進展と同時に、必ずや生じる負の部分にも策を講じなければならないと気づくのであった。生活困窮者の問題が今なお存続する今日、真の繁栄、持続可能な社会をつくるために渋沢の福祉に対する思い、行動に改めて目を向ける時ではないだろうか。

（４）国の担い手をつくる

そして次は、人づくり（教育）の側面である。新たな世、国づくりに奔走した渋沢は、その担い手づくりの必要性を認識し、教育事業にも取り組んだ。国による教育制度の整備が進む中、渋沢は、当時、とりわけ高等な教育とは無縁なものとされていた商業教育と女子教育の重要性に着目し、特に商業実務や女子を対象とした民間の教育事業発展のために尽力したのである。

明治の世になったといえ、未だ江戸時代以来の商業蔑視観は拭い去れない一方、国として富国策がとられ、商業の重要性にも目が向き始めつつもあったのである。そのような中、森有礼（のちに初代文部大臣）が、一八七五年にアメリカのビジネススクールをまねて始めた私塾・商法講習所を、森自身が清国公使として赴任するに際し、東京会議所（今の東京都議会にあたる）で引き受け、学校経営にあたったのである。同会議所の会頭を務める渋沢は、その経営の任に当たり、実務能力を向上させるだけでなく、グローバルな視点で経営活動を行える人材の養成を求めた。東京商業学校から東京高等商業学校へ、さらに東京商科大学へと導き、商業教育の向上、高等化への道筋をつけたのである。今日、一橋大学として受け継がれている（「実業教育の創始と沿革」『青淵回顧録』、一九二七年）。

女子教育の代表的な実践としては、まずは、社交界で通用する女性の育成をめざして一八八六年創立された女子教育奨励会・東京女学館があり、一九二四年には館長（理事長）を務めている。

そして、一九〇一年創立の日本女子大学校も挙げられる。創立の際に成瀬仁蔵（一八五八―一九一九）に協力し、その後の運営にも積極的に携わり、亡くなる半年前には校長に就任している。渋沢は、最も進歩しているといわれる欧米ですらも、女子大学は疑心を以て見られ、ましてや日本が旧思想のなかにあったので、先行させた女子教育奨励会・東京女学館の運営の困難さも経験したことから、学校経営等をも不安視し、躊躇していたのであった。ただ、女子教育の不振ということは少なからず憂慮していたので、力を添えようと決心するに至り、維持費の支出から基盤整備、そして女子大学の総合大学化に尽力することになっていったのであった。

ところで、渋沢は当時の「教育」そのものに対してどのような思いを持っていたのだろうか。一つは、小学校教育の重視である。日本の教育が高等教育に重きを置き過ぎて、小学校が不完全であることが根本的に間違っていると考えていた。学制に基づいた国民教育が整備されているとはいうものの、軽んじられていた教員等の処遇に関し、将来国の重任を負う生徒の大切な時期を教育する教員等には相応の待遇をすべきとし、同時に、教員に対しても薄志弱行の人であってはならないとしたのであった。

二つ目は、個性の尊重である。自分ということを考えずして、ただ学問をやりさえすればどうにかなるという風潮を憂えており、自己の将来に適した学問をすることを望んだのである。明治初年の教育は、多数の者に一様に施され、画一的になり、平均的には良い結果を得たが、個性を尊重するという点からすると良くない結果を来したと認識していたのである。

個性という意味では、人に対してだけでなく、地域によって実状も相違するから、その地域に適切なる教育を求めてもいた。

そして最後は、教育が理論に重く、実際を軽んずる傾向にあることを遺憾だと思っていて、現代教育の弊害であるとしたのである。渋沢はさらに、身体の健康と同時に意思の健康、精神堅固な人を育てるべきとも感じていた。

（5）理化学振興を思う

次は、真に世の繁栄を願う渋沢が理化学面の振興にも尽力した側面である。理化学研究所（以下、「理研」とする）設立を事例にその側面を見てみよう。

理研を設立するきっかけとなったのは、一九一三年、米国より帰国した日本の化学者にして実業家である高峰譲吉（一八五四―一九二二）が、「日本の工業は、世界列強に比べて、今なお幼稚で、機械工業は漸く進歩したようであるが、化学工業に至っては、誠に貧弱で、今後世界の進運が電気及び化学の産業的勢力に待つところ大なるものある以上、日本も、大いにこの方面に発展の道を講じなければならない。今や機械工業の時代は過ぎて科学工業の時代に移り、各国競って科学の研究に日も足らざる有様である」また、「日本人は、模倣に長じてはいるが独創力に乏しいという弊があるが、この模倣性に富んだ国民の傾向を一転して独創力に富んだものとするには、純粋理化学の研究を奨励するより他に道が無い」として、理研設立の必要を渋沢に説いたことにあった。

渋沢も日本で欠乏しているのは化学上の発明であると考えていた。年々莫大の正貨が海外へ流出するのも、外国の高価な発明品を買うからであり、輸入を抑え、輸出を盛んにするには、その根本に溯って理化学の発明を盛んにしなければならないと常に考えていたのである。当時、明治以前に漢学を主とした教育の下で育ったことから、とかく科学を軽蔑したり排斥したりして、科学的といえば直ぐ「西洋かぶれ」とけなしたがる人がほとんどで、高峰の説に政界・財界の人で本気になって聞く人がいなかった中、渋沢が真っ先に耳を傾け、自ら先頭に立って有志の間を説いて廻った。その甲斐あって理研が誕生に至ったのである。

以後、学界・官界・財界が一体となり、研究所設立にむけて議論を繰り返した。渋沢も設立委員会特別委員、発起人、創立委員長を務め尽力している。その結果、一九一七年に皇室からの下賜金、政府からの補助金、民間からの寄付金を基に我国の産業の発展に資することを目的に「財団法人理化学研究所」が設立されたのである。設立後も渋沢は、評議員、副総裁、そして理事となり没年まで務めた。

世間では往々にして、直ぐに効果があらわれることを期待し、理研が急速に国家の理化学工業に貢献することを望むところがあったが、渋沢は、理研の企図するところは独創的学者を生み出し、育てることにあって、この目的を達成するには、一朝一夕にしてその効果を得るような性急な態度をとってはならないという思いを持っていた。

事業なり、ある計画を援助する場合、骨を折るのはその成立当初に限っていて、のちになると全く我関せずということになりやすいものであるが、渋沢は、理研の産みの親であるばかりでなく、設立された後も時々訪ねては色々意見を述べた。ある時は、理研設立者の一人である農芸化学者・鈴木梅太郎博士（一八七四―一九四三）の講演をわざわざ聞きに行き、その後で「養蚕家が今少し科学に着目しないと今に人絹に駆逐されてしまうだろう」といってその研究を理研に促したこともあったりした。一時の思いつきでなく、亡くなるまで終始熱心に援助したのである（「理化学研究所設立の経過」『日本魂』第二巻六号、一九一七年。『伝記資料』第四七巻所収）。

渋沢は、理化学というものとは縁の遠そうな人ではあったが、国家のために有用と認めたものに対しては、新しいものでも古いものでも常にその長所を認めて、同分野においても、これを伸ばすために活眼を開いていた人で、実に大きな器量の人であった。

思いのほか長引いたコロナ禍に悩まされたが、渋沢が存命であれば、国内におけるワクチン開発のありように対して一言申しいれしたかもしれない。

（6）真の災害復興のあり様を示す

次は、災害への対応、復興への考え方といった側面である。

日仏会館設立と同様に関東大震災からも百年という年月が経った。その間も大地震を含めさまざまな災害に遭遇し、近年においても毎年どこかしこで被災の状況を目の当たりにさせられている。百年前、関東大震災の被災者の一人であった渋沢は、長期的かつ国際的な視野から、迅速かつきめ細やかな対応が出来る「民」の力を結集し、政府に協力しながら、震災復興に尽力したのであった。

一九二三年九月一日、渋沢は兜町の事務所にて被災したが、事務所所員とともに、飛鳥山の屋敷にようやく逃れることができた。その時、八十三歳の渋沢に対して身の安全を考え、息子たちは出身地の埼玉県深谷に移って静かにしていたほうがいいと進言するが、「こういう時に働いてこそ生きている申し訳がたつようなものだ」と、東京にとどまり、大震災がもたらした難局に敢然と立ち向かったのである。

震災当日、次期首相の就任前だったこともあり、翌日、渋沢は、当時の内田康哉臨時首相、さらには東京府知事や市長、警視総監などの要人に、まず緊急の対策として食糧の供給、仮設住宅の建設、人々の心を沈静化させるために暴徒の取締りに注意を促した。自身も埼玉県から米を取り寄せる等の手配を行い、飛鳥山の私邸を食糧配給本部としたのである。

同日組閣した山本権兵衛首相は、さっそく戒厳令を敷き、内務大臣に、前東京市長の後藤新平を内務大臣に起用した。後藤はすぐに、大震災復興のための四原則、すなわち（一）遷都は行わないこと、（二）震災復興のために必要な予算は約三十億円、（三）欧米先進国の最新の都市計画を取り入れ、日本にふさわしい新都を造ること、（四）新都市計画を実行するにあたり、地主に対しては断固たる態度をとること、を発表した。この四原則に則り、労使協調を主としていた協調会の代表として、渋沢がまとめ役になり、復興に向けて民間の立場からその支援策を考えていくことになった。収容所、炊出し場の設置や情報を正確に伝える案内所と掲示板の設置等を行い、臨時の病院の開設にも着手している。

その後、渋沢は服部金太郎ら財界の人間に声をかけ、東京商業会議所（現在の東京商工会議所）に四十名ほど集めて大震災善後会を設立した。当座の復興支援・救済策から最終的な復興のことまで目を向けた対応を考え始めた。座長の渋沢は、〝民〟の立場から救護と復興に関する組織を立ち上げることを提案した。十一日には貴族院・衆議院議員有志が加わり、大震災善後会が結成された。事務局は東京商業会議所に設置され、民間による救援活動の拠点としたのである。

労働者のためや、罹災した在日外国人に対する援助のために何をするかというところにまで目を向けて動いている。

さらに大震災善後会の副会長であった渋沢は、自ら五万円の寄付を行うと同時に、米国の知人二十四名に大震災の状況を知らせる手紙を送り、十三日には援助依頼の電報を打った。鉄鋼王ゲーリー、銀行家ヴァンダーリップ、材木商クラークなど米国の実業家が、激励のメッセージを日本の各方面や渋沢へ送ると同時に、予想以上の義援金や大量の救援物資が届けられた。

一方で渋沢は、帝都復興審議会の委員として、首都東京を商業都市として復興させるという考えを発してもいる。ただ、渋沢の提案は、復興予算の縮小と伊藤巳代治などの反対などにより、このときは実現しなかったのである。

渋沢は人々が平和な生活を取り戻すためには、「物質の復興」の根底にある「精神の復興」が不可欠であると考えていた。政争に明け暮れる政治家や私利私欲に走る実業家を強く戒めてもいたのであった。

関東大震災百年に際し紹介した渋沢の関東大震災への対応は、災害時における救済、復興に対する示唆を得ると同時に、防災に対する意識の高まりにつながるのではないだろうか。

（7）地方の振興・地方創生も図る

次は、地方振興・地方創生に考えを有していた側面である。

渋沢というと、世界中のさまざまな文化を尊重し、グローバルな視野の下で数多くの事業展開を図った人物としての像を描かれることが多い。ただ、渋沢は「新たに享けた文明的教育、霊的作用が唯その頭脳のみに止まって四肢五体の細胞に能く血管の運行が届かぬので終には文明の出来損ないになりはせぬか」（「地方繁昌策」『竜門雑誌』第二九一号、一九一二年）という人間の身体になぞらえた自身の言葉が示す通り、地域へのまなざしも有しており、世の中の繁栄とは、中央のみならず、地方・地域の振興もあってのものと考えていた。

日本では、明治後期に至って産業の振興がはかられ、経済の発展が見られるようになると、教育の進歩なども相まって、都市部の人口が膨らみ、それをもって世の中の繁栄と目に映ったようである。そのような状況を目の当たりにした渋沢が異を唱え、地方・地域の振興についての考えを述べている。

精密な調査を遂げなければ断言できないとしつつ、東京その他の都市における人口増加をもってその土地の繁栄の証しとしているが、別の一面から見れば都会の人口の増した分だけ地方の人口が減少し、生産力が減退している。また、地方を去って都市に集まった人が適当なる職業に就くことができず、甚だしい場合は、飢渇に迫り心にもなき悪事を働くとか、行き倒れの身となり、社会の救助を受けるというような状態となり、生産力が減ずることになるので、単に人口の増加のみをもって都市の富も増したとは言えないとするのである。

これは単に人口だけの問題ではない。都会における集中的大規模な事業の発達を図ると同時に、各地方に適当となる小規模な事業の発達をも図らなければならない。地方には地方にて適当の事業があるに違いないとし、現に広島において僅か二十―三十万円の小資本で経営している水力電気事業が相当の利益を挙げつつあるという事例も紹介する。

ただ、資本が無いために手をつけられないという実情の存在を指摘する。有利となる事業には資本は自然と集まるのであるが、その原因を衝いて、地方の起業家に対して以下のような内容をもっての注意喚起をする。「あたかも日本人が外国人と共同経営事業を為すと同じように、地方の人は都会の資本家に対して資本を投じてくれるのは良しとするが、地方の利益をそがれるのではと懸念したり、このような条件でなければ一緒に事業は出来ないとか、自分等のみ都合が好くて資本を投ずる者に安心の出来ない条件を主張する傾向がないとは言えない。だから資本家も応諾せず、事業と資本とが伴わないために起業出来ないで徒らに資本の欠乏を嘆くだけにしか見えない。地方の起業家は常にこの点に鑑み、勉めて開放主義を以て資本家との結合を図ることが必要であろう。」資本の供給を豊かにして地方の富源の開発をはからねばならないということなのである（「地方事業の振興策（地方繁昌策）」『竜門雑誌』第二六四号、一九一〇年）。

また、各地域は、中央で考えられた、または他地域での成功策を導入しようとするのではなく、あくまでも参考とするところから、その土地に見合う最適の施策を見出すことの必要性、さらには、その施策遂行のための人材育成を考えるべきとし、自治意識の育成そして維持を主張したのである。

渋沢は、自身の考えを示す時、米国の鉄道王ジェームス・ヒルの演説筆記を見て痛切にこの感を深からしめたところから「地方は真に国家の元気の根源である」を象徴的に用いるのであった。

日本社会では地方分権、地方創生・振興が提言されることがあるが、とかく理屈にのみ走って実際の事を粗略にする憂いを感じる。今改めて渋沢の提言に目を向けてもと思う。

（8）情報の効果的活用を見出す

そして最後に取り上げるのは、情報の送受信に関する側面である。

渋沢は、新しい制度の構築、事業の展開をはかり、一つひとつを確実に実現させたが、それを進めて行く上で、多くの情報を駆使した。少年期以降の学問享受での影響から、自らの考えに相反するものまでも含めできるだけ多くの情報に接し、総合的に判断する術を身につけたからであり、情報の重要性を認識していたからのものであった。

その渋沢が当時の情報ツールとしての新聞について語っている（「新聞の思ひ出」『竜門雑誌』第三九〇号、一九二〇年）。渋沢が初めて新聞というものを知ったのは、一八六七年の幕府使節の一員として渡欧した時であった。万国博覧会開会式でのナポレオン三世の演説内容が翌朝の新聞に報道されていて、直ぐに内容を知ることができたことに驚き、小にしては世間万般の出来事より大にして国家緊要の重要問題に至るまでを報道し、世間一般に広く知らしめるという面白いもので、非常に重要なものと感じたのであった。ただ、その時点では、これは日本には近き将来においてできるものとは思わなかったようである。

その渋沢は、帰国後、新聞の重要性をジャーナリストでもある福地源一郎（一八四一―一九〇六）に話して、ぜひ日本にもできるようにと望んだ。フランスでの新聞との最初の接触から十五、十六年程過ぎた頃、機が熟していよいよ福地が東京日日新聞（現毎日新聞）を起こすことになり、渋沢は資金を投じて起業に加わった。渋沢が直接に新聞に関係した初めである。

新聞はその後、単に新事実の報道のみにとどまらず、広く世間を教育する力を持つようになり、新聞の社会上に有する力は大なるものとなったが、反面重い責任を負わされ、その力を善用するか悪用するかにより、社会を善良に導くこともできれば、堕落に導くこともできると感じるのであった。

その情報発信について「新聞記者の使命」（『竜門雑誌』第三九四号、一九二一年）において、遺憾に思う点として以下のようなことを述べる。

まず、扇動的傾向があるということである。問題が起こるごとに、盛んにその火の手を煽って、事件の拡大を期し、問題が大きくなることに痛快感を叫ぶがごとき態度が見られると指摘する。

新聞記者に対して、民衆教化の絶大なる責任を有している立場にあることへの自覚を促すと同時に、民衆を誤るような筆を弄さないようにしたいものであり、民衆の大部分は、新聞記事を無条件に信頼して、一種の教科書としているから、この点に深い注意を払ってもらいたいとする。

醜悪な事件に対して、攻撃をなし、筆誅を加えることは、社会政策上から言っても必要なことで、新聞の立場としては何ら怪しむところではないが、ただ、それを追究するあまり私的生活にも立ち入って、それを攻めるということはどうであろうかと疑問も呈する。

いずれの国においても新聞は悪をつくことが多く、善事を表彰することは比較的に少ない。これでは読者の道徳率は向上しないので、新聞自らこれが向上を計ってもらいたいとも述べている。

さらに一言加え、単に個人のみならず政府に対して攻撃する時に、道理をわきまえない人間に対するような態度に出ず、相当の敬意と襟度とを示して、実を尽くし、真を披瀝して条理を立てて攻撃したならば、政府に対しては攻撃の効き目があり、読者は気を悪くせずに済むと思うとする。

渋沢は、情報を安易に鵜呑みするのではなく、自分の中でしっかりと分析して、確固たる指針を導き出し、自分の考えや信念を貫いた。だからこそ、小さい失敗はあったが、大筋間違った方向に進むこともなく、生涯において、多くの事業を成功裏に導けたのである。

情報化社会の今日、情報の発信や活用といった面で渋沢の思い、行動に改めて注目すべきであろうと思う。

おわりに

以上、渋沢が有する諸側面の検証を試みたが、さらに芸術・文化面へのまなざしも見える。渋沢の場合、新たな制度、事業、生活文化の創出の部分のみに視点を当てられるが、伝統文化の継承といった側面にも目を向けていたことを付記しておきたい。

渋沢は、二〇二四年に改札された新一万円札の肖像に描かれ、その名こそ広く知られるようになったが、真の姿が広く知られているかというと、未だそのような状況に至ったとは言えないと思う。これを機に、単なる実業家にとどまるのではなく、福祉・医療、教育事業等を含めた近代日本社会を創造し、社会全体を組織化したオルガナイザーとしての像が、新札の広がりとともに広く世に浸透することを期したい。

結びに、百周年という節目の時に、日仏両国の文化学術の交流を増進させる場として設けられた日仏会館にて大層意義深いシンポジウムが開催されたことは、百年という長い年月を経てもなお、設立者の意向がしっかりと受け継がれていると感じられ、渋沢、クローデル両名の思いがより一層強く放たれた時であったように思う。日仏会館開館六十周年を記念して設立された「渋沢・クローデル賞」の授与を含め、今後もさらに多くの実績が積み上げられていくものとしていくことを祈念したい。

【参考文献】
『渋沢栄一自伝――雨夜譚・青淵回顧録（抄）』角川ソフィア文庫、二〇二〇年。
井上潤『渋沢栄一――近代日本社会の創造者』山川出版社、二〇一二年。
井上潤『渋沢栄一伝――道理に欠けず、正義に外れず』ミネルヴァ書房、二〇二〇年。

渋沢栄一略年譜

（作成＝三浦信孝）

年号	齢	渋沢の主な活動	日本と世界
一八四〇（天保一一）	0	武蔵国血洗島（現在の埼玉県深谷市血洗島）に生まれる。	アヘン戦争開始（～四二年）。
一八四七（弘化四）	7	従兄の尾高惇忠から四書五経や『日本外史』など漢籍を習う。	
一八五三（嘉永六）	13		ペリー提督、浦賀に来航。
一八五四（安政元）	14	家業の養蚕、藍玉の製造・販売を手伝い始める。	日米和親条約調印。
一八五六（安政三）	16	岡部の陣屋で御用金の納付を申しつけられ身分制の不条理を痛感。	アロー戦争開始（～六〇年）。
一八五八（安政五）	18	尾高惇忠の妹千代と結婚。	日米修好通商条約、安政五カ国条約調印。
一八六〇（万延元）	20		桜田門外の変（井伊大老暗殺）。
一八六一（文久元）	21	江戸に出て海保漁村の塾生になり、千葉道場に出入りする。	アメリカで南北戦争開始（～六五年）
一八六三（文久三）	23	高崎城の乗っ取り、横浜居留地焼討ちを企てるも中止、京都に出奔。	
一八六四（元治元）	24	従兄の喜作と共に一橋家に仕える。名前を篤太夫と改める。	

一八六七（慶応三）	27	将軍徳川慶喜の弟昭武の随員としてパリ万博参加のため渡仏、欧州歴訪に従う。	大政奉還、王政復古。
一八六八（明治元）	28	一一月、帰国。静岡で謹慎蟄居中の慶喜に面会する。	戊辰戦争開始（〜六九年）。
一八六九（明治二）	29	静岡藩に商法会所を設立。一一月、大隈重信に説得され民部省租税正に、一二月、改正掛長に任じられる。	
一八七〇（明治三）	30	官営富岡製糸場設置主任となる（開業は七二年）。	普仏戦争開始、第二帝政崩壊。
一八七一（明治四）	31	『立会略則』刊行。紙幣頭を兼任。『航西日記』【1】刊行。	パリ・コミューン樹立。廃藩置県の詔。岩倉使節団（〜七三年）。
一八七二（明治五）	32	東京営繕会議所が東京会議所に改称、翌年、養育院を上野に仮設。	新橋－横浜間鉄道開通。
一八七三（明治六）	33	大久保利通と対立、井上馨と共に大蔵省を辞職。抄紙会社（後の王子製紙）設立が許可される。第一国立銀行総監役（七五年頭取）。	地租改正公布。
一八七五（明治八）	35	商法講習所開設に尽力（八四年に東京高等商業学校に改称、一九二〇年に東京商科大学に昇格）。	
一八七六（明治九）	36	東京会議所会頭、東京府養育院事務長（七九年院長）、東京府瓦斯局事務長を兼任。	日朝修好条規調印。
一八七七（明治一〇）	37	択善会（後の東京銀行集会所）を組織。	西南戦争勃発（西郷隆盛）。
一八七八（明治一一）	38	東京商法会議所会頭。岩崎弥太郎との屋台船事件（「独裁か合本法か」）。	大久保利通暗殺。
一八七九（明治一二）	39	東京海上保険会社を設立。グラント将軍（元米国大統領）歓迎会を開催。	
一八八〇（明治一三）	40	東京銀行集会所を創立。	
一八八一（明治一四）	41	帝国大学文学部に出講、三年間、日本財政論を講義。	

一八八二(明治一五)	42	共同運輸会社を創立。千代夫人コレラで急逝（翌年、伊藤兼子と再婚）。	
一八八三(明治一六)	43	大阪紡績会社工場落成、発起人（後に相談役）を務める。	井上馨の鹿鳴館外交（〜八七年）。
一八八四(明治一七)	44	日本鉄道会社理事委員（後に取締役）。	福沢諭吉「脱亜論」。
一八八五(明治一八)	45	日本郵船会社を創立。東京瓦斯会社を創立(後に取締役会長)。	
一八八六(明治一九)	46	渋沢を慕う書生たちにより深川邸に「竜門社」が創立され、『竜門雑誌』を創刊。東京電灯会社を設立。	
一八八七(明治二〇)	47	高峰譲吉と東京人造肥料会社、日本煉瓦製造業会社、京都織物会社（技師長は稲畑勝太郎）を創立。帝国ホテル発起人総代を務める。東京手形交換所を設立。	
一八八八(明治二一)	48	札幌麦酒会社を創立（後に取締役会長）。東京女学館開校、会計監督を務める。	
一八八九(明治二二)	49	石川島造船所創立委員。北海道炭鉱鉄道会社を創立。	大日本帝国憲法発布。
一八九〇(明治二三)	50	貴族院議員に選出される（翌年辞任）。	教育勅語。第一回帝国議会。
一八九一(明治二四)	51	東京商業会議所会頭(〜一九〇五年。後任は中野武営)。娘婿の穂積陳重に渋沢家家法を定めさせ渋沢同族会を組織する。	足尾銅山鉱毒事件(田中正造)。大津事件(ロシア皇太子襲撃事件)。
一八九二(明治二五)	52	全国商業会議所連合会発足。東京貯蓄銀行を創立。	
一八九三(明治二六)	53	王子製紙取締役会長、日本郵船取締役、東京人造肥料株式会社取締役社長。	
一八九四(明治二七)	54	東京瓦斯取締役会長、東京海上保険取締役、札幌麦酒取締役。	露仏同盟。シベリア鉄道起工（一九〇五年完成）。日清戦争開戦。
一八九五(明治二八)	55		下関条約調印。露・独・仏の三国干渉により遼東半島返還。
一八九六(明治二九)	56	東京銀行集会所会長、農商工高等会議長。	

一八九七(明治三〇)	57	澁澤倉庫を開業。	金本位制を導入。
一八九八(明治三一)	58	韓国を訪問（一九〇〇年、〇六年にも再訪）。	米国、米西戦争で勝利しフィリピンを併合。ゾラ「私は告発する」。カーン世界周遊奨学金制度創設。
一八九九(明治三二)	59		ハーグ平和会議開催（第二回は一九〇七年）。
一九〇〇(明治三三)	60	男爵を授かる。大蔵商業学校開校（一九一九年に大倉高等商業学校）。『雨夜譚』【2】発表。	義和団事件。第五回パリ万博。
一九〇一(明治三四)	61	日本女子大学校開学・会計監督（校長は成瀬仁蔵）。飛鳥山邸を本邸とする。京釜鉄道株式会社取締役社長。	福沢諭吉、中江兆民死去。
一九〇二(明治三五)	62	兼子夫人同伴で米欧視察旅行、ルーズベルト大統領と会見。英国を回って二度目の訪仏。日本興業銀行設立（初代総裁は添田寿一）。	日英同盟締結。韓国で第一銀行券発行。
一九〇四(明治三七)	64	インフルエンザから中耳炎、肺炎を併発し長期静養。	二月、日露戦争開戦。
一九〇五(明治三八)	65		ポーツマス条約調印。日比谷焼討事件。
一九〇六(明治三九)	66	サンフランシスコ大地震に義援金を送る。	鉄道国有化法。サンフランシスコ市日本人学童隔離問題。
一九〇七(明治四〇)	67	帝国劇場取締役会長（開業は一一年）。	日仏協約、日露協約、日米紳士協定で移民を自主規制。
一九〇八(明治四一)	68	アメリカ太平洋沿岸実業家一行を招待。アルベール・カーン、三度目の来日。	第一回ブラジル移民出発。
一九〇九(明治四二)	69	古稀を迎え、第一銀行を除く大半の関係企業役員を辞任。八月、渡米実業団を率いて二度目の渡米、タフト大統領と会見。三島中洲から古稀を祝う「論語算盤」の一文を贈られる。	ハルピンで伊藤博文暗殺。

一九一〇（明治四三）	70		韓国併合。
一九一一（明治四四）	71	日仏銀行相談役。スタンフォード大学ジョルダン総長来日、英国ウェッブ夫妻応接。工場法制定（施行は一九一六年）。	大逆事件（幸徳秋水）。清で辛亥革命（孫文）。日米通商航海条約改正（関税自主権確立）。
一九一二（明治四四／大正元）	72	日仏銀行を創立。大日本平和協会名誉評議員（副会長は阪谷芳郎）。成瀬仁蔵の呼びかけに応じ姉崎正治らと帰一協会設立。『青淵百話』【3】刊行。	友愛会設立。
一九一三（大正二）	73	日米同志会会長。明治神宮造営有志委員会委員長、孫文と中国興業株式会社を日中合弁で設立。東北振興会会長（一九一七年に東北六県巡回旅行）。	カリフォルニア州排日土地法制定。
一九一四（大正三）	74	孔子廟参拝を名目に中国訪問、袁世凱と会見。	七月末、欧州大戦勃発。八月、日本がドイツに宣戦布告。
一九一五（大正四）	75	パナマ運河開通記念万博を機に三度目の訪米、ルーズベルト前大統領、ウィルソン大統領と会見。アメリカ労働総同盟（AFL）大会に友愛会の鈴木文治を派遣、自身もサミュエル・ゴンパース会長と会見。	袁世凱政権に対華二十一カ条要求。
一九一六（大正五）	76	二月、日米関係委員会を設立、常務委員。喜寿を迎え第一銀行頭取を辞し、実業界から完全に引退。タゴール初来日、日本女子大学校を案内、歓迎午餐会ののち対談。『論語と算盤』【4】刊行。	
一九一七（大正六）	77	日米協会名誉副会長（会長は金子堅太郎）。理化学研究所を創立（高峰譲吉が提唱）。	四月、アメリカがドイツに宣戦布告。ロシアで十月革命（レーニン）。
一九一八（大正七）	78	日仏協会名誉会員（理事長は古市公威）、仏国大使ルニョー送別午餐会に出席。『徳川慶喜公伝』全八巻完成。田園都市株式会社創立発起人を務める。	ウィルソンの平和十四カ条。米騒動。シベリア出兵。一一月一一日、連合国とドイツの休戦協定。

一九一九（大正八）	79	リヨン大学使節団来日。協調会を設立、副会長（常務理事に添田敬一郎）。	パリ講和会議。韓国で三・一独立運動。北京で五・四運動。ヴェルサイユ条約調印。
一九二〇（大正九）	80	四月、日本国際連盟協会会長。日華実業協会会長。子爵となる。サンフランシスコ米日関係委員会アレクサンダー一行、続いて東海岸の有力実業家ヴァンダリップ一行を招き日米協議会を開く。	国際連盟発足。カリフォルニア州第二次排日土地法制定。
一九二一（大正一〇）	81	ワシントン会議視察で四度目の訪米（翌年一月末帰国）。ハーディング大統領と会見。	原敬首相暗殺。ワシントン軍縮会議（一一月から翌年二月まで）。
一九二二（大正一一）	82	帝国ホテルで仏国特派使節ジョフル元帥歓迎会。シドニー・ギューリック博士招待、スタンフォード大学名誉総長ジョルダン夫妻招待。	
一九二三（大正一二）	83	シルヴァン・レヴィ夫妻を飛鳥山に招待。大震災善後会副会長。	九月一日、関東大震災。
一九二四（大正一三）	84	三月、日仏会館理事長。タゴール二回目の来日（二九年にも）。	四月、米国議会で排日移民法可決。
一九二五（大正一四）	85	太平洋問題調査会（IPR）第一回ハワイ会議。『論語講義』【5】刊行。	治安維持法公布、普通選挙法公布。ロカルノ条約調印（独仏緊張緩和）。
一九二六（大正一五／昭和元）	86	日本太平洋問題調査会評議員会長（二九年から新渡戸稲造理事長）。仏大使クローデルとアシャール博士らを飛鳥山に招待。日本放送協会顧問。一一月一一日の平和記念日にラジオ放送（～二九年）、ノーベル平和賞候補となる（翌年にも）。	
一九二七（昭和二）	87	蒋介石を飛鳥山邸で応援。日本国際児童親善会会長（青い目の人形交流）。『青淵回顧録』【6】刊行。	金融恐慌。山東出兵。
一九二八（昭和三）	88	ＩＬＯ事務局長アルベール・トマを迎え労働問題懇談会を開催。『渋沢栄一滞仏日記』【7】刊行。	普通選挙実施。パリ不戦条約調印。

一九二九（昭和四）	89	IRP第三回京都会議。	一〇月、ウォール街の株式大暴落。
一九三〇（昭和五）	90		ロンドン軍縮会議（若槻礼次郎出席）。
一九三一（昭和六）	91	中華民国水災同情会会長。一一月一一日に永眠。上野の谷中墓地に埋葬。	九月一八日、満州事変勃発（三三年に国際連盟脱退）。

［参考］渋沢栄一主要著作出版履歴

【1】『航西日記』、杉浦譲（愛蔵）との共著、一八七一（明治四）年（現代語訳『航西日記』、講談社学術文庫、二〇二四年）。

【2】『雨夜譚』、初出は『青淵先生六十年史』一九〇〇（明治三三）年所収、単行本は岩波文庫（長幸男校注）、一九八四年（現代語訳『渋沢栄一自伝』〔『雨夜譚』・『青淵回顧録』（抄）〕、角川ソフィア文庫、二〇二〇年）。

【3】『青淵百話』、一九一二（明治四五）年、同文館。

【4】『論語と算盤』、一九一六（大正四）年、東亜堂書房（『現代語訳　論語と算盤』、ちくま新書、二〇一〇年）。

【5】『論語講義』、一九二五（大正一四）年、二松学舎出版部（『論語講義』、講談社学術文庫、全七冊、一九七七年）。

【6】『青淵回顧録』二巻、一九二七（昭和二）年、青淵回顧録刊行会（現代語訳『渋沢栄一自伝』〔【2】に前掲〕に抄訳）。

【7】『渋沢栄一滞仏日記』（『航西日記』・『巴里御在館日記』・『御巡回目録』）、一九二八（昭和三）年、日本史籍協会編、復刻版、東京大学出版会、一九六七年。

【8】『澁澤榮一自叙傳』、一九三七（昭和一二）年、澁澤翁頌徳会。

＊【2】【3】【5】【7】【8】は、国立国会図書館デジタルコレクションで閲覧可能。【4】は、渋沢栄一記念財団の「論語と算盤オンライン」で閲覧可能。

あとがき

本書は二〇二四年三月七日、八日の両日に日仏会館で開催された日仏会館創立百周年記念日仏シンポジウム「渋沢栄一とフランス」をもとにして編まれた論集である。

日仏会館では、日仏会館百周年の節目に向けて渋沢栄一に関わる講演会等を数年前から以下の通り続々と企画してきた。

・フランス文化講演シリーズ「渋沢栄一の対外態度――フランスとのかかわりを中心に」／講師：片桐庸夫（群馬県立女子大学名誉教授）／二〇一四年十二月十日
・日仏経済交流会講演会「孫だから語れる渋沢栄一の秘話」／講師：鮫島純子（エッセイスト）／二〇一八年十月三日
・日仏文化講演シリーズ「地方における渋沢栄一」／講師：中村尚史（東京大学）、フランク・ミシュラン（帝京大学）、佐藤政則（麗澤大学）／二〇二一年七月二十日（『日仏文化』九一号、二〇二二年、所収）

・日仏文化講演シリーズ「渋沢栄一と朝鮮半島」／講師：鎮目雅人（早稲田大学）、金明洙（啓明大学校）／二〇二二年七月十一日（『日仏文化』九二号、二〇二三年、所収）

・日仏文化講演シリーズ「渋沢栄一と日仏会館、国際平和への夢」／講師：三浦信孝（中央大学名誉教授、（公財）日仏会館顧問）／二〇二三年五月二十九日（『日仏文化』九四号、二〇二四年、所収）

・日仏会館講演会「渋沢栄一と孫娘市河晴子──忘れられた天才的文筆家」／講師：高遠弘美（明治大学名誉教授）／二〇二三年九月二十日

・日仏会館教養講座「渋沢栄一の時代──世界と日本の歴史のなかで」／講師：樺山紘一（（公財）渋沢栄一記念財団理事長）／二〇二四年一月～二月（全四回）

なお本書とかかわりの深い企画に左記のシンポジウム・座談会がある。

・渋沢栄一記念財団シンポジウム「渋沢栄一とアルベール・カーン──日仏実業家の交流と社会貢献」／パネリスト：今橋映子（東京大学）、ジル・ボー＝ベルティエ（オードセーヌ県立アルベール・カーン博物館）、木村昌人（財団法人渋沢栄一記念財団）／二〇一〇年三月二十一日（『渋沢栄一とアルベール・カーン──日仏実業家交流の軌跡』渋沢栄一記念財団史料館、二〇一〇年）

・渋沢栄一記念財団シンポジウム「一八六七年パリ万国博覧会と幕末日本──人物で読み解く」／講師：鹿島茂（明治大学）／パネリスト：久住真也（大東文化大学）、寺本敬子（跡見学園女子大学）、國雄行（首都大学東京）、町田明広（神田外国語大学）、関根仁（渋沢史料館）／討論者：齋藤洋一（松戸市戸定歴史館）、ジュリア・ヨング（法政大学）、渡辺靖（慶應義塾大学）／司会：木村昌人（（公財）渋沢栄一記念財団）／総合司会：桑原功一（渋沢史料館）／二〇一七年十一月十九日

・座談会「渋沢栄一がフランスで得たもの、日本にもたらしたもの」／座談：鹿島茂・寺本敬子・三浦信孝（『ふらんす』二〇二〇年三月号初出、「web ふらんす」二〇二一年三月八日再録 https://webfrance.hakusuisha.co.jp/posts/4440）

これらの企画を受けて、このシンポジウムでは渋沢栄一の視点から日仏関係を振り返ることを目標に掲げ「渋沢栄一とフランス」のかかわりを多面的に考えることとした。シンポジウムの趣意書にはこうある。「幕末のフランス歴訪で渋沢が遭遇したフランスの思想と文化、渋沢の田園都市構想とフランス企業、渋沢栄一の国際主義と女性像、サン＝シモン主義や儒教とのかかわり、日米関係と日仏関係――これら多彩な論点からは百年前の渋沢栄一が現代に投げかけたメッセージも読み取れるでしょう」。このシンポジウムの目標が本書でさらに深められて達成されたかどうかは読者諸賢のご判断に待つほかないが、編者としては錚々たる論客をあつめた本書がこの主題に少なからぬ貢献をなし得たのではないかとひそかに自負しているところである。なおシンポジウムの動画は、公益財団法人日仏会館の YouTube チャンネルで配信されている（報告言語は日本語とフランス語）。

本書の編集を終えて思うのは、やはり渋沢栄一という人物の多面性である。幕末の志士から維新政権の官僚へ。実業家でありながら社会政策の実践者であり女子教育にも目を向けた教育者。儒教とサン＝シモン主義を融合した思想家であるとともに世界平和を希求する国際主義者。渋沢はまたフランスに強い関心を向けながらもドイツ、アメリカはじめ各国の事情にも通暁していたこともその多面性を物語る。こうした渋沢の人物像についてはこれまで枚挙にいとまがないほどの研究が積み上げられてきたが、本書はここに「フランス」という新しい視点を付け加えることを試みた。渋沢が日仏会館の創設にかかわったご縁もあるが、本書ではより深く、渋沢が生きた時代の日本とフランスの立ち位置や国際情勢にも論点を届かせている。本書のこうした視点が新しい渋沢像を結ぶことにささやかながらでも役立つことを願うばかりである。なお本書のフランス側報告者の原稿は、共編者の三浦信孝・矢後和彦が分担して訳出し互いにチェックした。

本書のもとになったシンポジウム開催に際しては、公益財団法人・日仏会館、日仏会館・フランス国立日本研究所、およびＬＶＭＨモエ ヘネシー・ルイ ヴィトン・ジャパン、FIVES Japan、クレディ・アグリコル・ＣＩＢジャパン各社の支援・協賛をたまわった。本書の共編者として御礼申し上げる。またご多用の折に原稿をお寄せいただき、編者からの注文にもお応えいただいた執筆者のみなさまにも感謝する。とりわけ、当初は原稿をお願いしていなかった渋沢史料館顧問・井上潤氏は、急な原稿依頼にもかかわらず詳細な論文をお寄せいただいた。記して謝意を表するものである。出版事情の厳しい昨今にあって本書の刊行をお引き受けいただいた水声社・鈴木宏社主と編集を担当していただいた廣瀬覚氏にも心から御礼申し上げる次第である。

矢後和彦

編者／執筆者について——

三浦信孝（みうらのぶたか）　中央大学名誉教授（フランス文学・思想）、（公財）日仏会館顧問。著書に、『現代フランスを読む——共和国・多文化主義・クレオール』（大修館書店、二〇〇二年）、編著に『ポール・クローデル　日本への眼差し』（共編、水声社、二〇二一年）、共訳書にB・ベルナルディ『ジャン＝ジャック・ルソーの政治哲学』（勁草書房、二〇一四年）などがある。

矢後和彦（やごかずひこ）　早稲田大学教授（フランス経済史・経営史）。著書に、『フランスにおける公的金融と大衆貯蓄』（東京大学出版会、一九九八年）、『システム危機の歴史的位相——ユーロとドルの危機が問いかけるもの』（蒼天社出版、二〇一三年）、*The Financial History of the Bank for International Settlements* (Routledge, 2013) などがある。

＊

クリスチャン・ポラック（Christian Polak）　株式会社セリク代表取締役社長、日仏交流史研究家。著書・論文に、『絹と光——知られざる日仏交流一〇〇年の歴史』（アシェット婦人画報社、二〇〇二年）。« The Washington Conference and the French-Japanese relations », *Transactions of the International Conference of Orientalists in Japan* (Institute of Eastern Culture, 1979) などがある。

島田昌和（しまだまさかず）　文京学院大学教授（経営史）。著書に、『渋沢栄一の企業者活動の研究――戦前期企業システムの創出と出資者経営者の役割』（日本経済評論社、二〇〇七年）、『渋沢栄一　社会企業家の先駆者』（岩波新書、二〇一一年）、『原典でよむ渋沢栄一のメッセージ』（編著、岩波書店、二〇一四年）などがある。

クロード・アモン（Claude Hamon）　元パリ・ディドロ大学准教授（経済史）。著書に、*Shibusawa Eiichi. Bâtisseur du capitalisme japonais*（Maisonneuve & Larose, 2007）、編著に、『近代日本とアジア――地政学的アプローチから』（勉誠出版、二〇一六年）などがある。

エディ・デュフルモン（Eddy Dufourmont）　ボルドー・モンテーニュ大学日本学科准教授（近現代日本思想史・政治史）。著書に、*Rousseau et la première philosophie de la liberté en Asie*（*1874-1890*）. *Nakae Chômin*（Bord de l'eau, 2021）, *Nakae Chômin, La mise en politique d'une philosophie rousseauiste au Japon*（*1874-1890*）（Classiques Garnier, 2024）などがある。

伊達聖伸（だてきよのぶ）　東京大学大学院総合文化研究科教授（宗教学・フランス語圏地域研究）。著書に、『ライシテから読む現代フランス――政治と宗教のいま』（岩波新書、二〇一八年）、編著に、『ヨーロッパの世俗と宗教――近世から現代まで』（勁草書房、二〇二〇年）などがある。

鹿島茂（かしましげる）　明治大学名誉教授（フランス文学・文芸評論）。著書に、『渋沢栄一』（上・下、文春文庫、二〇一三年）、訳書に、渋沢栄一『「青淵論叢」道徳経済合一説』（講談社学術文庫、二〇二〇年）などがある。

パトリック・フリダンソン（Patrick Fridenson）　フランス国立社会科学高等研究院教授（経営史）。著書に、*Reimagining Business History*（Johns Hopkins University Press, 2013. 邦訳『経営史の再構想』蒼天社出版、二〇一八年）、『グローバル資本主義の中の渋沢栄一――合本キャピタリズムとモラル』（共編著、東洋経済新報社、二〇一四年）などがある。

ベルナール・トマン（Bernard Thomann）　フランス国立東洋言語文化大学教授（日本

社会政策史・労働史）。著書に、*Le salarié et l'entreprise dans le Japon contemporain. Genèse, forme et mutations d'une relation de dépendance*（Les Indes Savantes, 2008）, *La naissance de l'État social japonais. Biopolitique, travail et citoyenneté dans le Japon impérial*（*1868-1945*）（Presses de SciencesPo, 2015）などがある。

ジャネット・ハンター（Janet Hunter）　ロンドン・スクール・オブ・エコノミクス教授（日本近代経済史・ジェンダー史）。著書に、*Women and the Labour Market in Japan's Industrialising Economy: The Textile Industry before the Pacific War*（Routledge, 2003. 邦訳『日本の工業化と女性労働――戦前期の繊維産業』有斐閣、二〇〇八年）などがある。

ミッシェル・ワッセルマン（Michel Wasserman）　立命館大学名誉教授（日仏文化交流史）。著書に、*D'or et de neige. Paul Claudel et le Japon*（Gallimard, 2008）、『ポール・クローデルの黄金の聖櫃――〈詩人大使〉の文化創造とその遺産』（三浦信孝・立木康介訳、水声社、二〇二一年）などがある。

三牧聖子（みまきせいこ）　同志社大学准教授（アメリカ政治外交史）。著書に、『戦争違法化運動の時代』（名古屋大学出版会、二〇一四年）、『リベラルアーツと民主主義』（共著、水声社、二〇二四年）などがある。

樺山紘一（かばやまこういち）　東京大学名誉教授（西洋中世史・西洋文化史）、渋沢栄一記念財団理事長。著書に、『歴史のなかのからだ』（岩波現代文庫、二〇〇八年）、『ヨーロッパの出現』（講談社学術文庫、二〇二四年）などがある。

井上潤（いのうえじゅん）　渋沢史料館顧問（日本村落史）。著書に、『渋沢栄一――近代日本社会の創造者』（山川出版社、二〇一二年）、『渋沢栄一伝――道理に欠けず、正義に外れず』（ミネルヴァ書房、二〇二〇年）などがある。

日仏会館ライブラリー —— *4*

Bibliothèque de la Maison franco-japonaise

渋沢栄一とフランス——日仏会館創立百周年記念論集

二〇二五年三月二〇日第一版第一刷印刷　二〇二五年三月三〇日第一版第一刷発行

編者——三浦信孝＋矢後和彦

装幀者——宗利淳一

発行者——鈴木宏

発行所——株式会社水声社

東京都文京区小石川二—七—五　郵便番号一一二—〇〇〇二

電話〇三—三八一八—六〇四〇　ＦＡＸ〇三—三八一八—二四三七

［**編集部**］横浜市港北区新吉田東一—七七—一七　郵便番号二二三—〇〇五八

電話〇四五—七一七—五三五六　ＦＡＸ〇四五—七一七—五三五七

郵便振替〇〇一八〇—四—六五四一〇〇

URL : http://www.suiseisha.net

印刷・製本——モリモト印刷

ISBN978-4-8010-0839-7

【関連書】

ポール・クローデル　日本への眼差し　大出敦・中條忍・三浦信孝編　六〇〇〇円

ポール・クローデルの黄金の聖櫃　ミッシェル・ワッセルマン　三〇〇〇円

＊

《日仏会館ライブラリー》

ボードレール　詩と芸術　中地義和編　六〇〇〇円

フランスのイスラーム／日本のイスラーム　伊達聖伸編　四五〇〇円

レトリックとテロル　澤田直＋ヴァンサン・ブランクール＋郷原佳以＋築山和也編　四五〇〇円

〔価格税別〕